职业院校

汽车类"十二五"规划教材

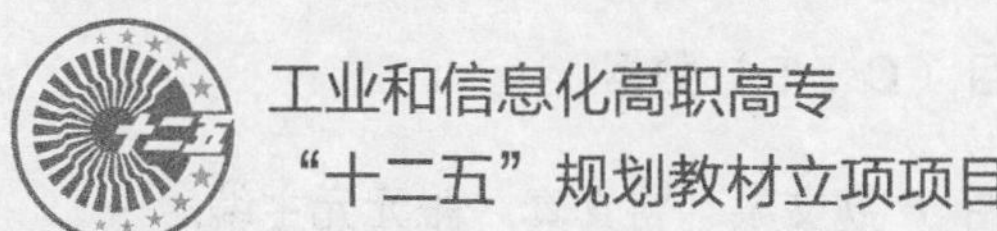

汽车工程制图（第2版）

Automobile Engineering Drawing (2nd Edition)

◎ 魏文杲 蒋真真 张元元 主编

人民邮电出版社

北京

图书在版编目（ＣＩＰ）数据

汽车工程制图 / 魏文杲，将真真，张元元主编. --
2版. -- 北京 : 人民邮电出版社，2014.9（2019.9重印）
职业院校汽车类“十二五”规划教材　工业和信息化
高职高专“十二五”规划教材立项项目
ISBN 978-7-115-35894-3

Ⅰ. ①汽… Ⅱ. ①魏… ②将… ③张… Ⅲ. ①汽车－
机械制图－高等职业教育－教材 Ⅳ. ①U462

中国版本图书馆CIP数据核字(2014)第144780号

内 容 提 要

本书以工作项目为载体来讲授汽车工程制图，全书共10个工作项目，主要内容包括画汽车起重吊钩平面图形、画汽车连杆轴承盖三视图、画汽车挠性万向节减震盘轴测图、画汽车半轴零件图、画汽车转向器下端盖零件图、识读汽车拨叉零件图、画汽车齿轮泵泵体草图、画汽车上螺栓连接图、识读汽车活塞连杆总成装配图、用计算机绘制汽车制动毂零件图等。

本书可作为高职高专院校汽车类相关专业的教材，也可作为汽车制造与装配从业人员的参考书。

◆ 主　　编　魏文杲　蒋真真　张元元
责任编辑　刘盛平
责任印制　焦志炜

◆ 人民邮电出版社出版发行　　北京市丰台区成寿寺路11号
邮编　100164　　电子邮件　315@ptpress.com.cn
网址　http://www.ptpress.com.cn
北京九州迅驰传媒文化有限公司印刷

◆ 开本：787×1092　1/16
印张：13.25　　　　2014年9月第2版
字数：328千字　　　2019年9月北京第5次印刷

定价：29.80元

读者服务热线：(010)81055256　印装质量热线：(010)81055316
反盗版热线：(010)81055315

前　言

“工程制图”是研究用正投影法绘制和识读工程上图样的一门课程。随着计算机应用的普及，计算机绘图也广泛地用于汽车制造专业和汽车维修专业。汽车行业的工程技术人员、维修人员必须具备绘制和识读工程图样的能力，同时也应该具备计算机绘图的初步能力。

以前汽车专业上课使用的《工程制图》教材，通常选用非机械类专业或者近机械类专业的《机械制图》《工程制图》教材，并且都是以学科体系为基本出发点，全面系统地讲授工程制图的投影原理和方法，基本体、组合体的投影，物体的表达方法，标准件，零件图和装配图等。理论体系虽然完整，但学生一旦接触生产中的实际图样，其识图与绘图能力仍不尽人意。本书基于绘制和识读各种工程图样的基本工作过程，以完成一种图样过程为一个教学项目，探索一条以工作项目为载体来介绍“汽车工程制图”的新路子。

本书在修订过程中，注重贯彻国家最新的制图标准，并修改了第一版中存在的错误和纰漏。与其他同类教材相比，本书具有如下特点。

（1）以汽车的零、部件为研究对象，充分体现了汽车产业特点，可操作性强，且呈现方式图文并茂，通过10个工作项目有机整合了“汽车工程制图”课程的知识点。

（2）采用项目教学法，以工作项目为出发点，来激发学生的学习兴趣，教学中注重创设教学情景，采用理论实践一体化模式，项目目标评价与知识点考核相结合。

（3）本着以画为主、画读结合的原则，由浅入深地来系统讲述“汽车工程制图”的理论。

本书的参考学时为68学时，各项目的参考学时见下面的学时分配表。

项　目	课 程 内 容	学时分配	
		讲授（学时）	实训（学时）
项目一	画汽车起重吊钩平面图形	4	2
项目二	画汽车连杆轴承盖三视图	14	2
项目三	画汽车挠性万向节减震盘轴测图	2	2
项目四	画汽车半轴零件图	4	2
项目五	画汽车转向器下端盖零件图	6	2
项目六	识读汽车拨叉零件图	2	2
项目七	画汽车齿轮泵泵体草图	2	4
项目八	画汽车常用螺栓连接图	4	（2）
项目九	识读汽车活塞连杆总成装配图	4	2
项目十	用计算机绘制汽车制动毂零件图	（4）	（2）
课 时 总 计		46	22

本书由大连职业技术学院魏文杲、蒋真真和张元元任主编，大连职业技术学院郭晓红和大连市轻工业学校王全德主审。全书设置10个工作项目，其中，魏文杲编写项目一的部分内容、项目八的部分内容、前言、附录的部分内容；大连职业技术学院蒋真真编写项目四、项目九、项目二的部分内容和附录的部分内容；大连职业技术学院张元元编写项目七部分内容；大连职业技术学院孟庆云编写项目五、项目六、项目七的部分内容；大连职业技术学院邹竹青编写项目二的部分内容；大连职业技术学院宋之东、程显敏编写项目三、项目八的部分内容；大连职业技术学院董彤编写项目十；大连市轻工业学校于翔编写项目一的部分内容。全书由魏文杲统稿。

在编写教材过程中，得到了大连职业技术学院汽车系田春霞、杨连福、张元青、张宪辉、庞成立、孙长德等老师的大力支持，编者在此一并表示感谢。

由于项目教学法正处于经验积累和改进过程中，故本书难免存在着问题和不足，望广大读者批评指正。

编　者

2014年7月

目　录

项目一

画汽车起重吊钩平面图形

一、项目要求

【知识要求】

（1）熟练运用常用制图工具。

（2）掌握基本制图标准。

（3）掌握常见尺寸注法。

（4）掌握几何作图方法。

【能力要求】

（1）能规范绘制几何图形。

（2）能绘制汽车起重吊钩平面图形。

项目实施条件：普通教室、绘图仪器、图板、丁字尺、起重吊钩、测量工具、多媒体教室、课件等。

二、相关知识

（一）常用绘图工具简介

1. 常用制图工具

常用的绘图工具有图板、丁字尺、三角板、比例尺、曲线板等。

2. 绘图用品

绘图用品包括铅笔、绘图纸、橡皮、胶带纸、擦图片、软笔刷等。

3. 绘图仪器

绘图仪器有分规、圆规。

（二）基本制图标准

1. 图纸幅面及格式

图纸幅面及格式依据国家标准 GB/T 14689—2008。其中，

GB —— 国家标准　　　14689 —— 国家标准编号

T —— 推荐　　　　　2008 —— 制定年份

（1）图纸幅面

基本幅面分为 5 种：A0、A1、A2、A3、A4。后一号图幅为前一号图幅的一半（以图纸长边对折裁开），基本幅面尺寸如表 1-1 所示。

表 1-1　　基本幅面

<table>
<tr><th>幅面代号</th><th>$B \times L$/mm × mm</th><th>a/mm</th><th>c/mm</th><th>e/mm</th></tr>
<tr><td>A0</td><td>841 × 1 189</td><td rowspan="5">25</td><td rowspan="3">10</td><td rowspan="2">20</td></tr>
<tr><td>A1</td><td>594 × 841</td></tr>
<tr><td>A2</td><td>420 × 594</td><td rowspan="3">10</td></tr>
<tr><td>A3</td><td>297 × 420</td><td rowspan="2">5</td></tr>
<tr><td>A4</td><td>210 × 297</td></tr>
</table>

绘制图样时，应优先选用基本幅面，必要时允许加长图幅，加长后图幅尺寸是由基本幅面的短边成倍数增加后得出的。

（2）图框格式

图框线用粗实线绘制，其格式分为不留装订边和留有装订边两种，如图 1-1 所示。同一种产品的图样只能采用一种。

（3）标题栏及方位

① 每张图纸都必须画出标题栏。

② 标题栏位于图纸右下角，分为 X 型和 Y 型两种。

X 型 —— 长边水平，并与图纸长边平行。

Y 型 —— 长边与图纸长边垂直。此时看图方向与看标题栏方向一致。推荐学生使用的标题栏格式如图 1-2 所示。

（4）附加符号

① 对中符号。为了使图样复制或缩微摄影时定位方便，均应在图纸各边的中点处分别画出对中符号（从边界开始伸入图框 5 mm，线宽≥0.5 mm 的粗实线），当符号在标题栏范围内，则伸入部分不画。

② 方向符号。为了利用预先印制好的图纸，允许将图纸逆时针旋转 90°，使标题栏处于右上角，方向符号为细实线等边三角形，如图 1-3 所示。

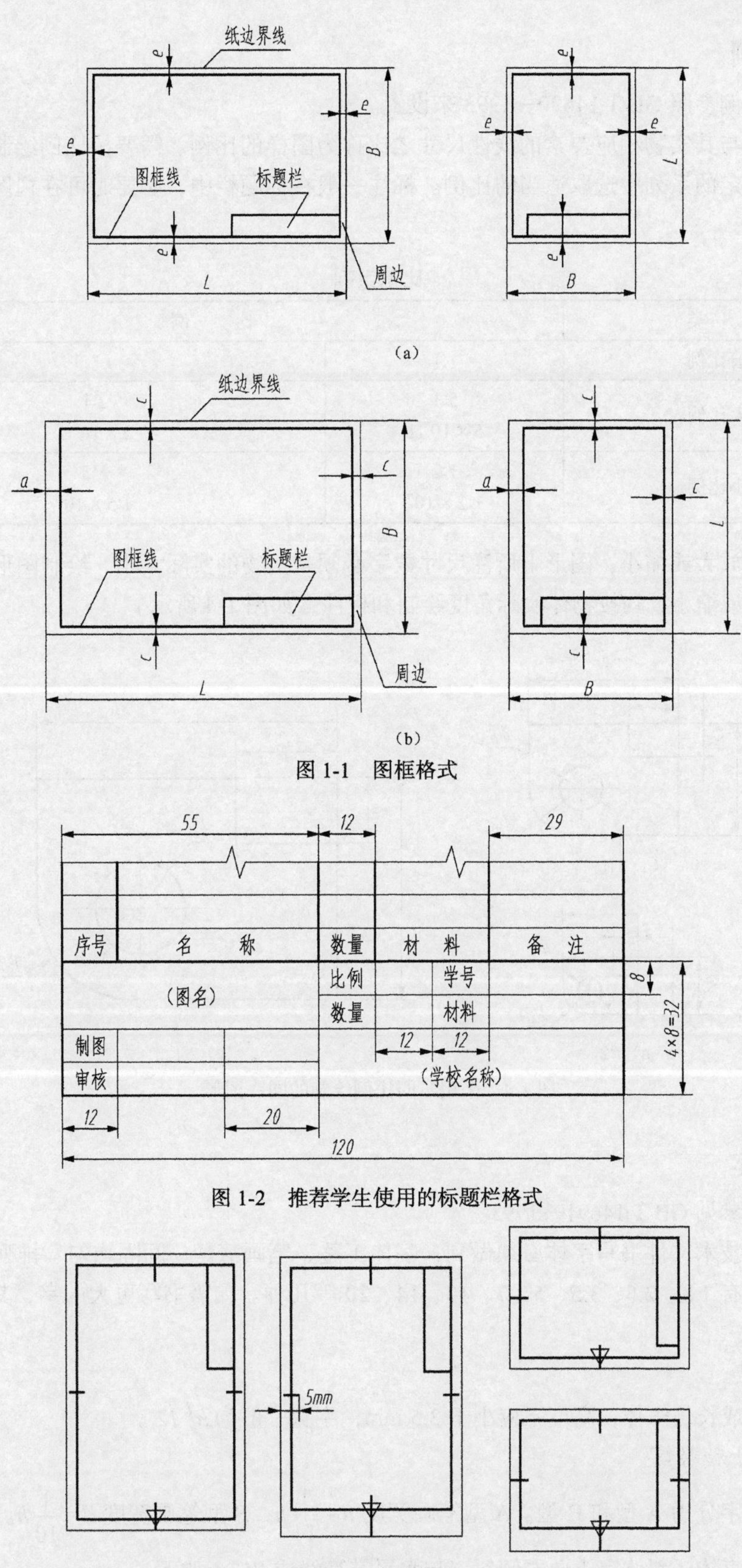

图 1-1　图框格式

图 1-2　推荐学生使用的标题栏格式

图 1-3　方向符号

2. 比例

图样的比例参照 GB/T 14690—1993 来设置。

图中图形与其实物相应要素的线性尺寸之比称为图样的比例。需要按比例绘制图样时，应从表 1-2 所规定的系列中选取适当的比例。标注一般在标题栏中，必要时可在视图名称下方或右侧标注。

表 1-2　比例系列

种　类	比　例	
原值比例	1:1	
放大比例	5:1 5×10^n:1	2:1 2×10^n:1
缩小比例	1:2 1:2×10^n	1:5 1:5×10^n

图样不论放大或缩小，图形上所注尺寸数字必须是实物的实际大小。绘制图形中的角度，不论图形放大或缩小，均按物体实际角度绘制和标注，如图 1-4 所示。

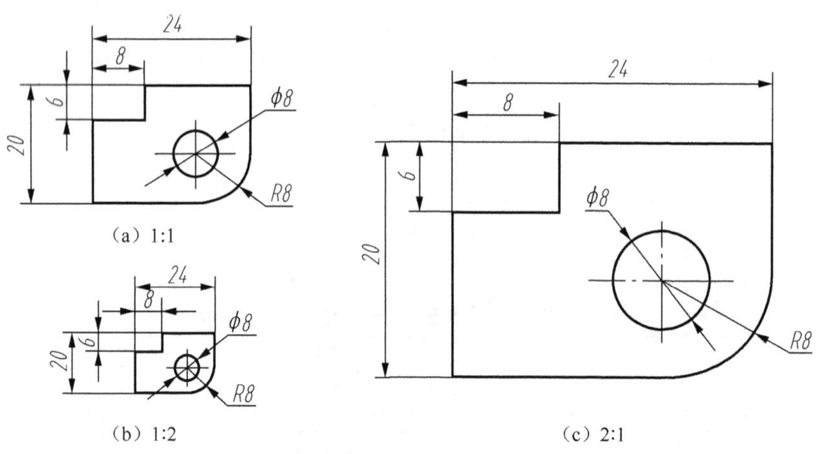

图 1-4　采用不同比例绘制的同一图形

3. 字体

字体设置参见 GB/T 14691—1993。

图样上和技术文件书写字体必须做到：字体工整、笔画清楚、间隔均匀、排列整齐。字体高度公称尺寸有 1.8、2.5、3.5、5、7、10、14、20 等几种。如需书写更大的字，其高度按 $\sqrt{2}$ 的比率递增。

（1）汉字

汉字应写成长仿宋体，高度不应小于 3.5 mm，字宽一般为 $h/\sqrt{2}$ 。

（2）字母和数字

字母和数字分为 A 型和 B 型。A 型笔画宽度 $d=\frac{1}{14}h$，B 型笔画宽度 $d=\frac{1}{10}h$。字母和数字可写成斜体和直体。斜体字头向右倾斜，与水平基准线成 75°，如下：

A B C D E F G H I J K L M N O P Q R S T U V W X Y Z

1 2 3 4 5 6 7 8 9 0

4. 图线

图线的标准参见 GB/T 4457.4—2002。

(1) 图线的种类及应用

图线及其应用如表 1-3 所示。图线及其应用示例如图 1-5 所示。

表 1-3 图线及其应用

图线名称	图线型式	线宽	主要用途
粗实线	————	*d*	可见轮廓线
细实线	————	*d*/2	尺寸线、尺寸界线、剖面线、辅助线、重合断面的轮廓线、引出线、螺纹的牙底线及齿轮的齿根线
波浪线	～～～	*d*/2	断裂处的边界线、视图和剖视的分界线
双折线	—\/——\/——\/—	*d*/2	断裂处的边界线
虚 线	- - - - - - - - - - - -	*d*/2	不可见的轮廓线、不可见的过渡线
细点画线	——·——·——	*d*/2	轴线、对称中心线、轨迹线 齿轮的分度圆及分度线
粗点画线	——·——·——	*d*	有特殊要求的线或表面的表示线
细双点画线	——··——··——	*d*/2	相邻辅助零件的轮廓线、中断线极限位置的轮廓线、假想投影轮廓线

注：表中的 *d* 为粗实线宽度，通常取 0.7～1mm。

图线的宽度（*d*）应按图样的类型和大小在下列数系中选取：0.13、0.18、0.25、0.35、0.5、0.7、1.0、1.4、2。

(2) 图线的画法要点

① 同一图样中同类图线和宽度基本一致，虚线、点画线及双点画线的线段长度和间隔应大致相等。

② 绘制圆的中心线时，圆心是线段的交点。点画线和双点画线的首末两端应是线段而不是短划。当图形比较小用点画线绘制有困难时可用细实线代替。

③ 虚线、点画线及双点画线与其他图线相交时应在线段处相交，不应在空隙处相交。

④ 当虚线圆弧与虚线直线相切时，虚线圆弧应画到切点，而虚线直线应留有空隙。

⑤ 当虚线处于粗实线的延长线上时，虚线应留有空隙，而粗实线应画到交点，如图 1-6 所示。

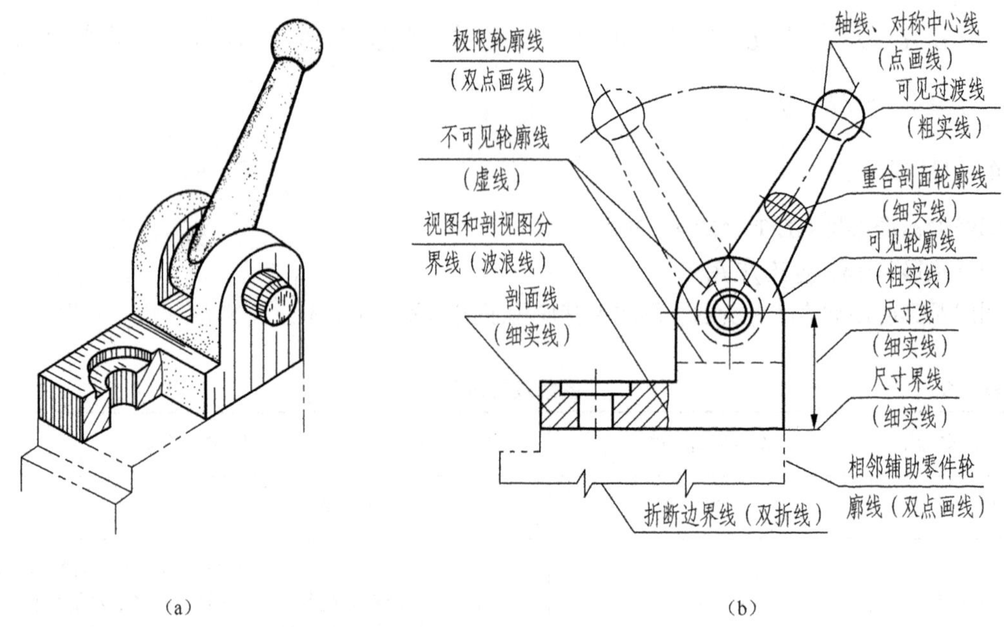

(a)　　(b)

图 1-5　图线及其应用示例

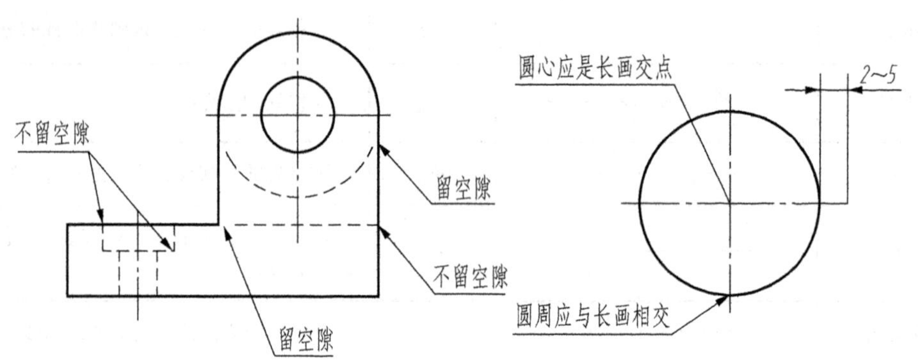

图 1-6　图线的画法

（三）常见尺寸注法

1. 尺寸注法

尺寸标注的基本规则参见 GB/T 4458.4—2003。

① 机件的真实大小应以图样所注的尺寸数字为依据，与图形比例及绘图的准确度无关。

② 图样的尺寸以毫米为单位时不需注写其计量单位的代号和名称，若采用其他单位，则必须注明，如角度“30°”、英寸“1in”。

③ 机件上每一个尺寸，一般只标注一次，并应标注在反映该结构最清晰的图上。

2. 尺寸组成

完整的尺寸应由尺寸界线、尺寸线和尺寸数字三要素所组成。

（1）尺寸界线

尺寸界线用于表示所注尺寸的范围。它用细实线绘制，并由图形中的轮廓线、轴线、对称中心线引出，也可利用这些图线作尺寸界线。

(2) 尺寸线

尺寸线用于表示尺寸量度方向。它用细实线绘制，标注线性时，尺寸线必须与所标注的线段平行。尺寸线不能用图中其他图线代替，也不能与其他图线重合或画在其图线的延长线上。尺寸线的终端有箭头和斜线两种形式。箭头的形式适用于各种类型的图样。斜线形式必须在尺寸线与尺寸界线相互垂直时才能使用，同一机件的图样只能采用一种尺寸线的终端形式，如图 1-7 所示。

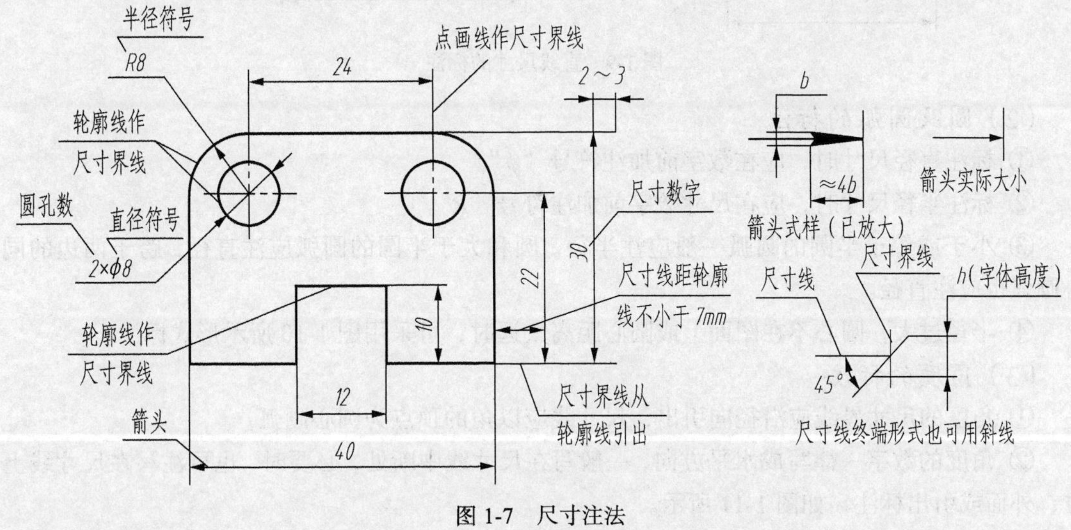

图 1-7　尺寸注法

(3) 尺寸数字

尺寸数字用于表示所注机件的实际大小。线性尺寸的尺寸数字一般注在尺寸线上方，也可注在尺寸线中断处，但同一张图样中标注形式应尽量相同。

尺寸数字书写时，水平方向字头朝上，垂直方向字头朝左，倾斜方向字头保持朝上趋势，尽量避免在 30° 范围内标注尺寸。当不可避免时，可用引出线引出水平方向书写，在不致引起误解时，非水平方向的尺寸数字可水平地注写在尺寸线中断处。图中所注尺寸数字不允许被任何图线通过，当不可避免时，必须把图线断开，如图 1-8 所示。

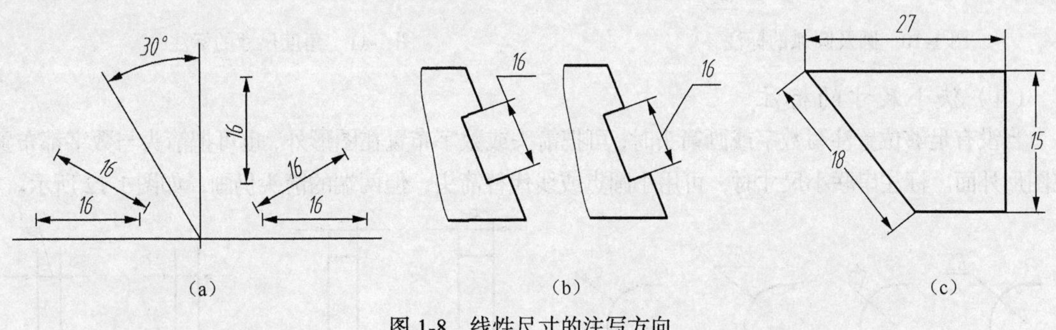

图 1-8　线性尺寸的注写方向

3. 常用尺寸的注法

(1) 直线尺寸的标注

串联尺寸应注在一直线上；并联尺寸应小的在内，大的在外，尺寸线间隔不应小于 7 mm，如图 1-9 所示。

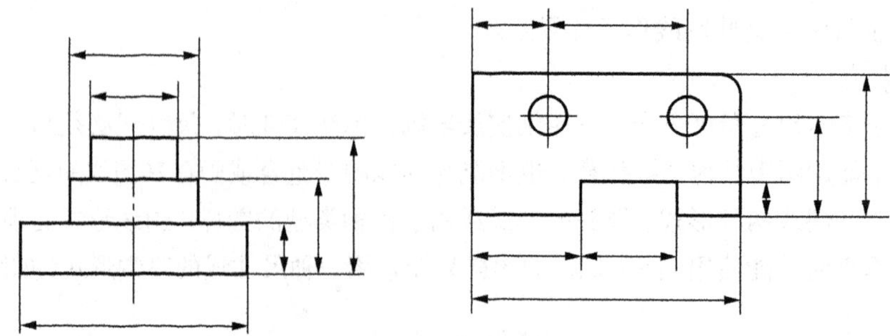

图 1-9　直线尺寸的标注

（2）圆及圆弧的标注

① 标注直径尺寸时，应在数字前加注符号“ϕ”。

② 标注半径尺寸时，应在尺寸数字前加注符号“R”。

③ 小于或等于半圆的圆弧一般应注半径，圆和大于半圆的圆弧应注直径，跨于两边的同心圆弧也应注直径。

④ 半径过大，圆心不在图面上或圆心距离太远时，可采用图 1-10 所示形式标注。

（3）角度的标注

① 角度的尺寸界线应沿径向引出，尺寸线应以角的顶点为圆心画弧。

② 角度的数字一律写成水平方向，一般写在尺寸线中断处，必要时，也可注写在尺寸线上方、外面或引出标注，如图 1-11 所示。

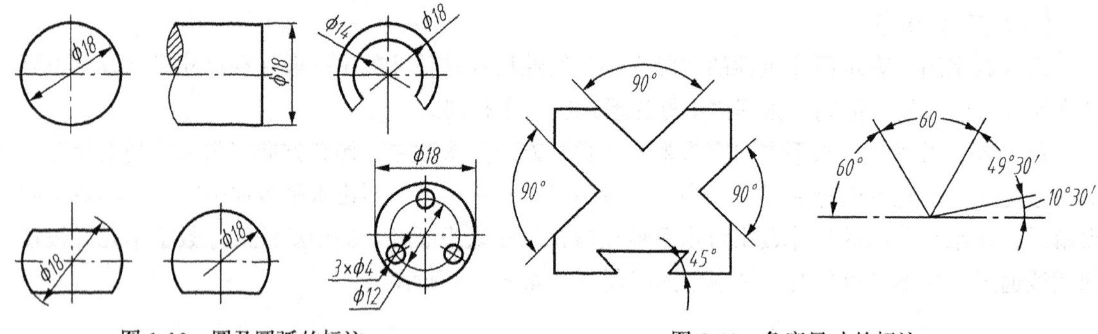

图 1-10　圆及圆弧的标注　　图 1-11　角度尺寸的标注

（4）狭小尺寸的标注

当没有足够位置注写数字或画箭头时，可把箭头或数字布置在图形外，也可把箭头与数字都布置在图形外面。标注串联小尺寸时，可用小圆点或线代替箭头，但两端的箭头仍画，如图 1-12 所示。

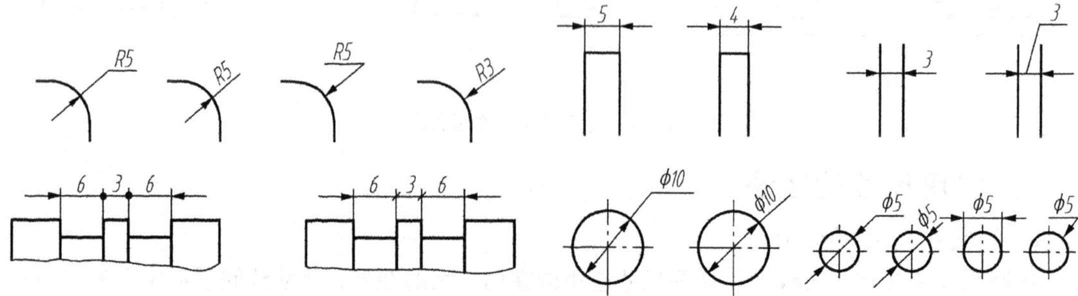

图 1-12　狭小尺寸的标注

（四）几何作图

1. 等分线段

（1）试分法

用分规试分线段如图 1-13 所示。试分时，先凭目测估计出分段长度，用分规自线段的一端进行试分。如果不能恰好将线段分尽，可视其“不足”或“剩余”部分的长度调整分规的开度。再度试分直到分尽为止。

（2）平行线法

如图 1-14 所示，过点 *A* 作任意直线 *A*5，并用分规将其等分。其等分点为 1、2、3、4、5。连接 5*B*，过点 4、3、2、1 作 5*B* 的平行线。与 *AB* 相交的各点即为 *AB* 线段的等分点。

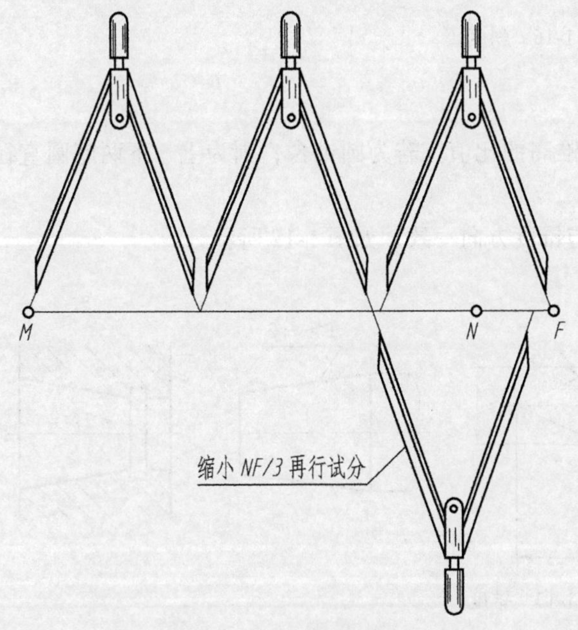

图 1-13 用分规试分线段

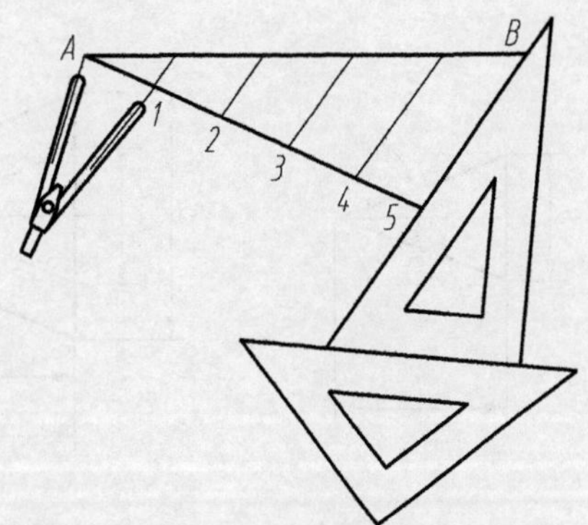

图 1-14 等分线段

2. 等分圆周及作正多边形

① 用丁字尺和三角板等分圆周。

② 用圆规作图的方法如图 1-15 所示。在作图中将各等分点依次连线，即可分别作出圆的正三、正六、正十二边形。

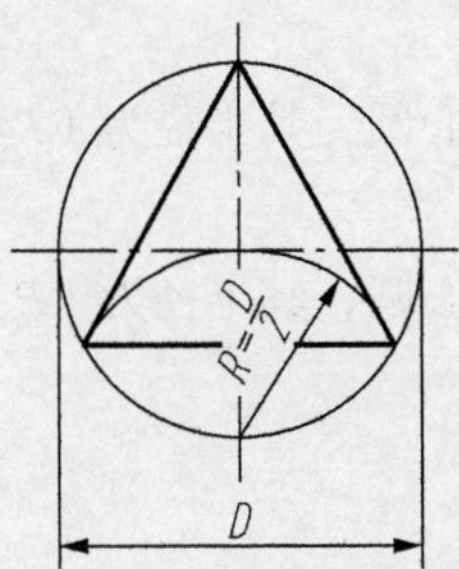

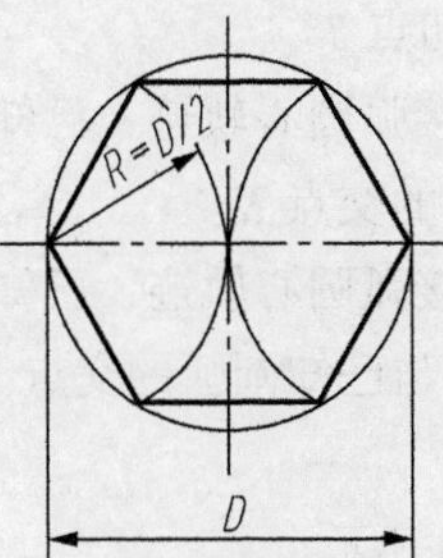

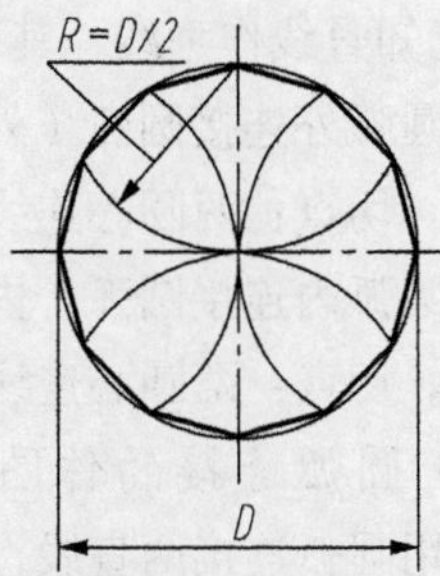

图 1-15 圆周的三、六、十二等分及作正三、正六、正十二边形

3. 斜度和锥度

（1）斜度

① 概念：斜度是指一直线（或平面）对另一直线（或平面）的倾斜程度。其大小用它们之间夹角的正切值表示。

② 符号及标注：符号及标注的方向应与斜度方向一致，如图 1-16 所示。

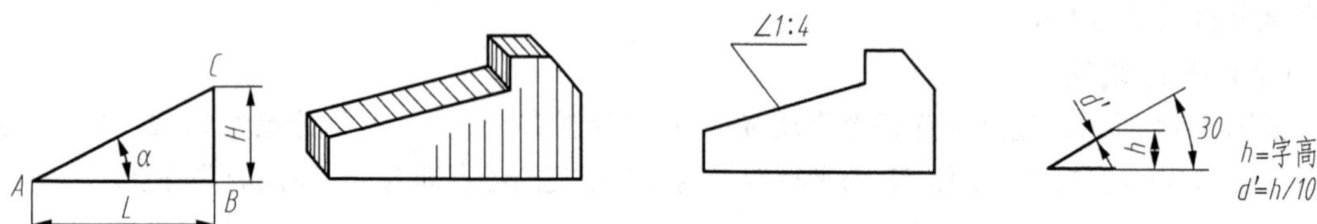

图 1-16 斜度

（2）锥度

① 概念：锥度是指正圆锥底圆直径与锥高的比值。若为圆锥台，则为上、下两底圆直径之差与锥台高之比。

② 符号及标注：符号及标注的方向应与锥度方向一致，如图 1-17 所示。

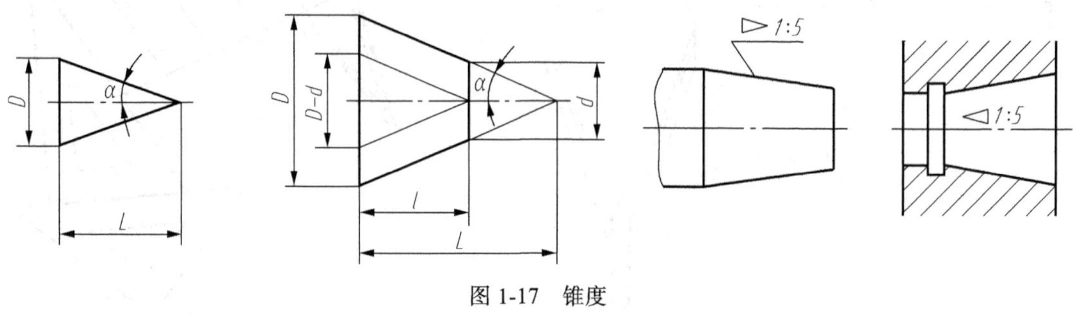

图 1-17 锥度

4. 圆弧连接

所谓圆弧连接就是用一圆弧光滑地连接已知线段或圆弧。关键是准确地找出连接弧圆心及切点。

（1）圆弧连接的作图原理

① 圆弧与直线相切。连接弧圆心轨迹：平行于定直线且相距为 R 的直线。切点：连接弧圆心向已知直线作垂线，其垂足即为切点 T。

② 圆弧外连接圆弧（外切）。连接弧圆心轨迹：已知圆弧的同心圆，其半径为（R_1+R）、（R_2+R）。切点：两圆心连线与已知圆的交点 K。

③ 圆弧内连接圆弧（内切）。连接弧圆心轨迹：已知圆弧的同心圆，其半径为（R_1-R）、（R_2-R）。切点：两圆心连线的延长线与已知圆弧的交点 K。

（2）圆弧连接的作图步骤

① 用圆弧连接两直线，如图 1-18 所示。

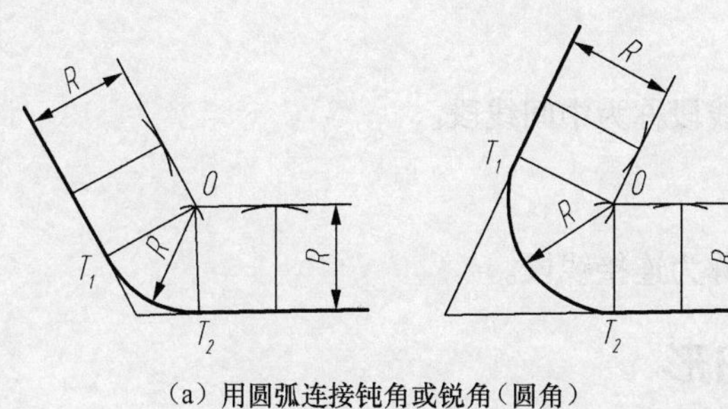

（a）用圆弧连接钝角或锐角（圆角）　　（b）用圆弧连接直角

图 1-18　用圆弧连接两直线

② 用圆弧连接两圆弧，如图 1-19 所示。

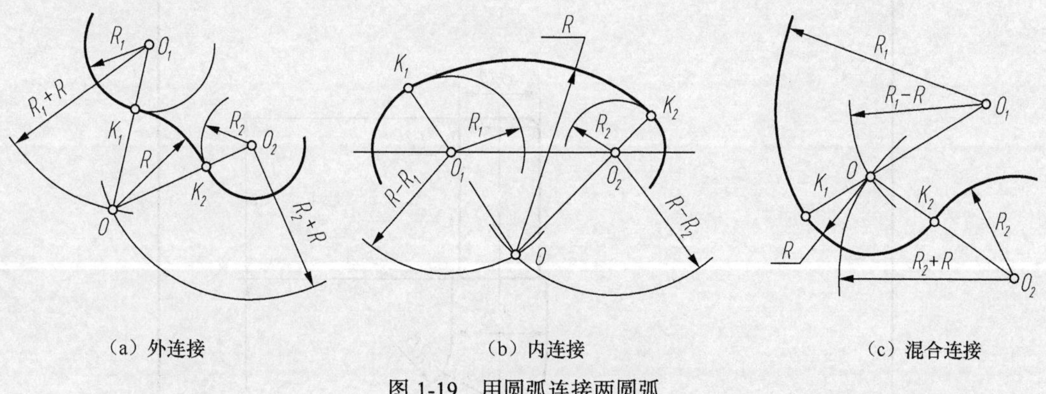

（a）外连接　　（b）内连接　　（c）混合连接

图 1-19　用圆弧连接两圆弧

三、项目实施——画汽车起重吊钩平面图形

（一）平面图形尺寸分析

1. 尺寸基准

尺寸基准用于标注尺寸的起点。

2. 尺寸种类

（1）定形尺寸

定形尺寸用于确定平面图形上线段的长度、圆的直径、圆弧半径，以及角度等的尺寸。

（2）定位尺寸

定位尺寸用于确定平面图形上的各线段或封闭图形之间相对位置的尺寸。

（二）平面图形线段分析

1. 已知线段

具有定形尺寸和齐全定位尺寸的线段称为已知线段。

2. 中间线段

具有定形尺寸和不齐全定位尺寸的线段称为中间线段。

3. 连接线段

只有定形尺寸没有定位尺寸的线段称为连接线段。

（三）画汽车起重吊钩平面图形

图 1-20 所示为汽车起重吊钩平面图形，其作图步骤如下。

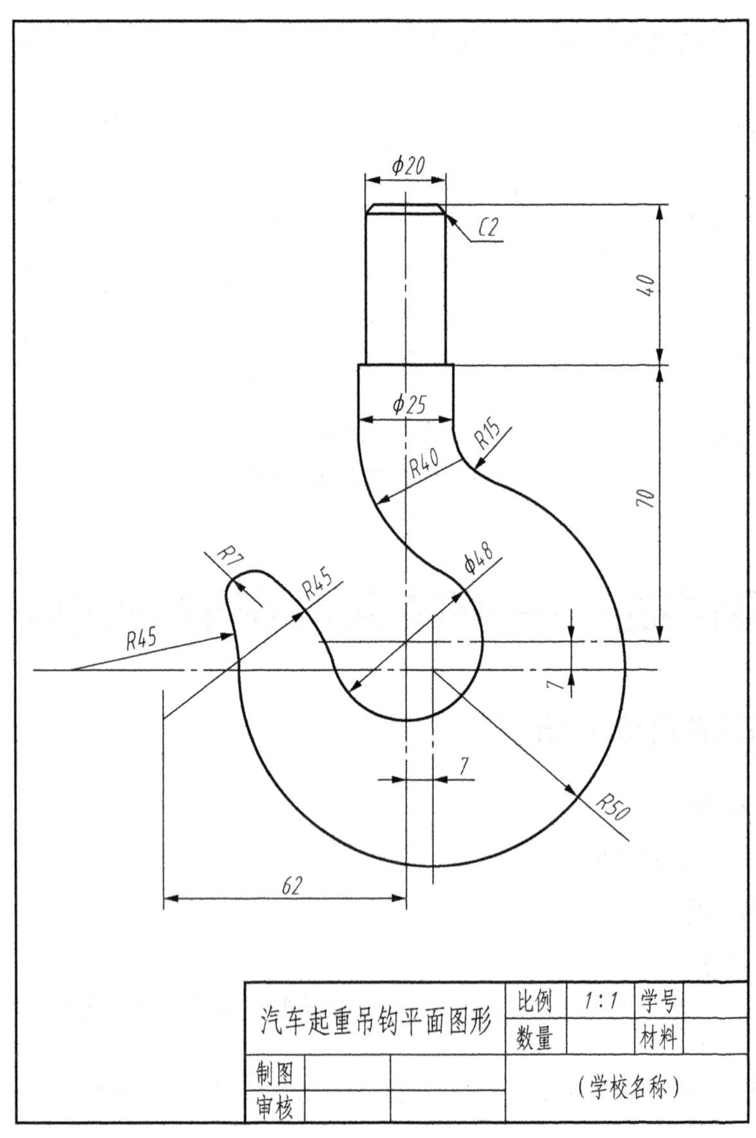

图 1-20　汽车起重吊钩

① 确定尺寸基准并作出图形的基准线。根据该平面图形的特点，选 *R*50 圆弧的中心线为水平、竖直方向基准，如图 1-21（a）所示。

② 画已知线段，如图 1-21（b）所示。

③ 画中间线段。大圆弧 $R45$ 是中间圆弧，圆心位置尺寸只有一个方向是已知的，另一方向位置需根据 $R45$ 圆弧与 $R50$、$\phi 40$ 圆弧外切的关系画出，如图 1-21（c）所示。

④ 画连接线段。$R7$、$R15$、$R40$ 的圆弧只给出半径，所以是连接线段，应最后画出，如图 1-21（d）所示。

⑤ 校核描深。校核作图过程，擦去多余的作图线，描深图形，如图 1-20 所示。

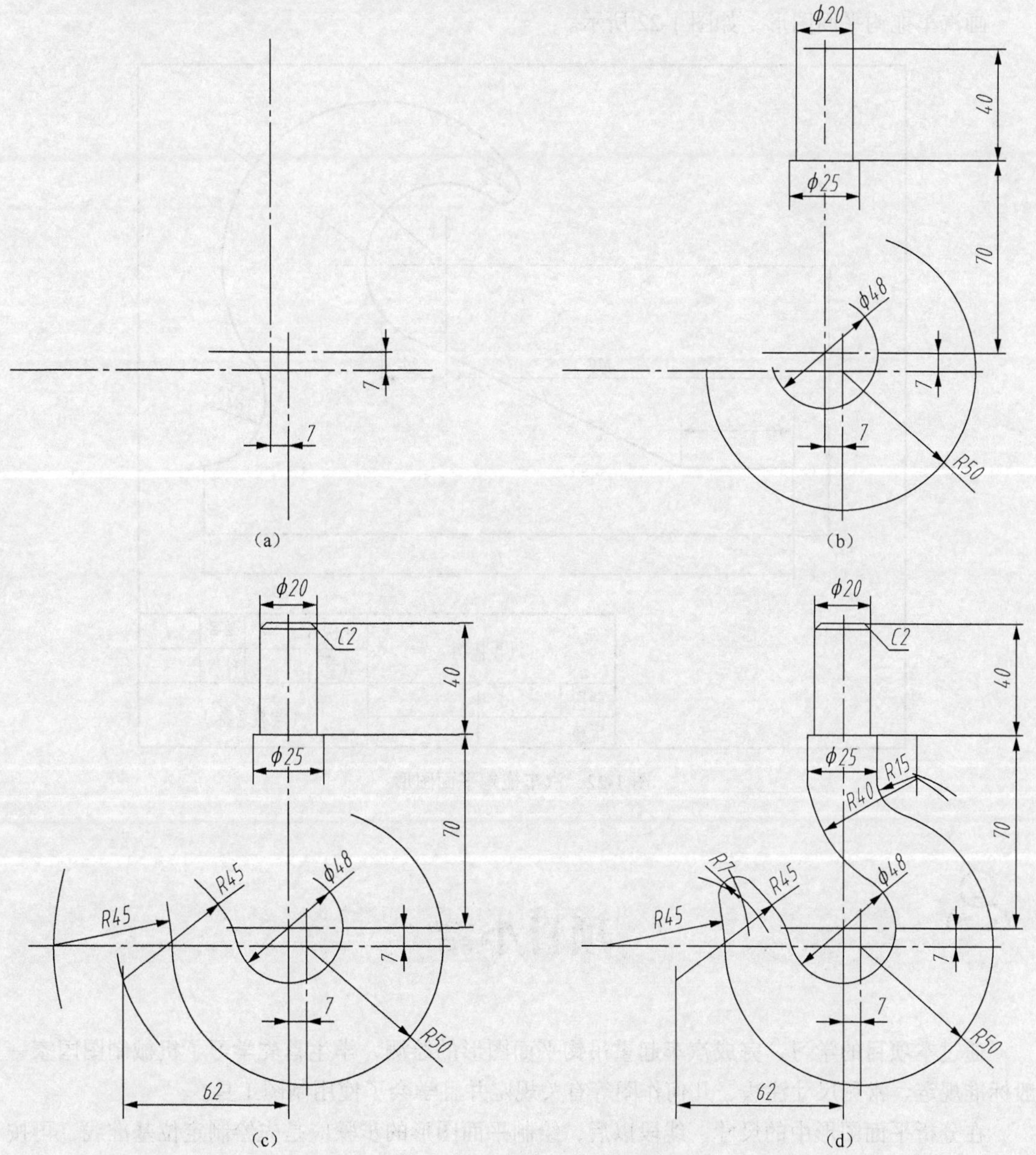

图 1-21　汽车起重吊钩作图步骤

（四）项目考核与评估

1. 项目成果评定（60%）
2. 学习过程评价（30%）

3. 团队合作评价（10%）

四、拓展训练——画汽车拖钩平面图形

画汽车拖钩平面图形，如图 1-22 所示。

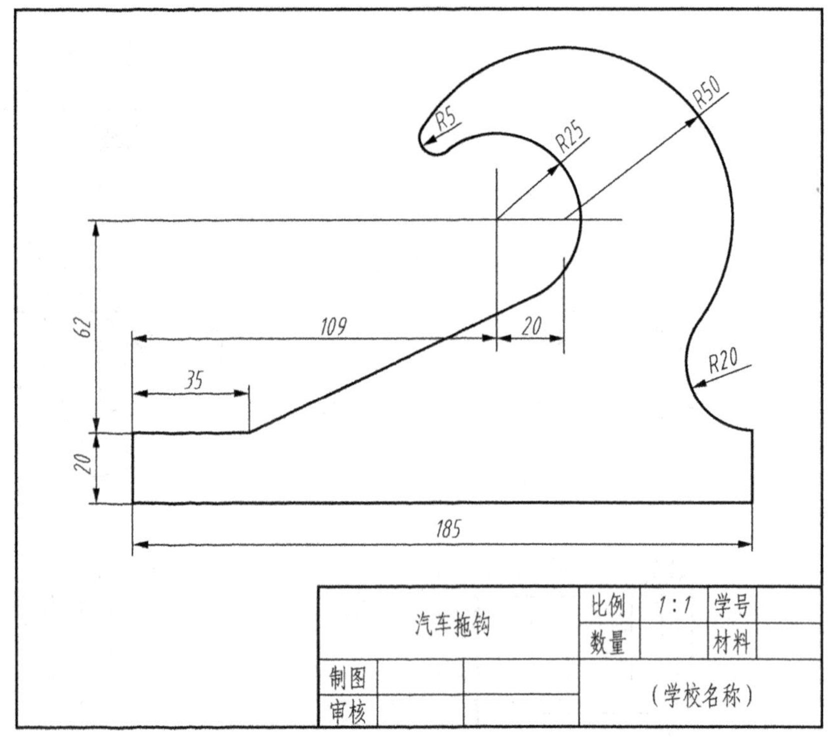

图 1-22　汽车拖钩平面图形

项目小结

通过本项目的学习，完成汽车起重吊钩平面图形的绘测，学生首先学习了机械制图国家一般标准规定、常见尺寸注法、几何作图等有关规定并且学会了使用制图工具。

在分析平面图形中的尺寸、线段以后，绘制平面图形的步骤应是先绘制定位基准线，再按已知线段、中间线段、连接线段的顺序完成全图。

尺寸标准的规范性是初学者易出现的问题。这方面的问题应在以后的学习过程中不断加以提高，掌握此项技能。

一、项目要求

【知识要求】

（1）掌握投影法与三视图。
（2）掌握点、直线、平面的投影。
（3）掌握基本体、组合体三视图的画法。

【能力要求】

能绘制汽车连杆轴承盖三视图。
项目实施条件：多媒体教室、课件、普通教室、绘图仪器、图板、丁字尺、测量工具、汽车连杆轴承盖零件。

二、相关知识

（一）投影法与三视图

1. 投影法

（1）投影法及其投影

在日常生活中，经常可以看到一些投影现象。例如，照相、电影及太阳光照射物体所产生的影子。人们依据生产活动的常规，对上述现象加以抽象和总结，逐渐形成投影法。

所谓投影法即一组投影射线通过物体，向选定的平面投射，而在该平面得到图形的方法。选定平面 *P* 称为投影面，根据投影法在投影面上得到的图形称为投影。

如图 2-1 所示，平面 *P* 为投影面，*S* 为投射中心、*SAa*、*SBb*、*SCc*、*SDd* 为投射线，*abcd*

即为空间平面 *ABCD* 在投影面上的投影。

（2）投影法的种类

工程上常见的投影法有两种：中心投影法和平行投影法。

① 中心投影法。如图 2-1 所示，投射线汇交于一点 *S* 的投影法称为中心投影法。中心投影法所得到的投影不能反映物体的真实形状和大小。因此，工程制图用得少一些。

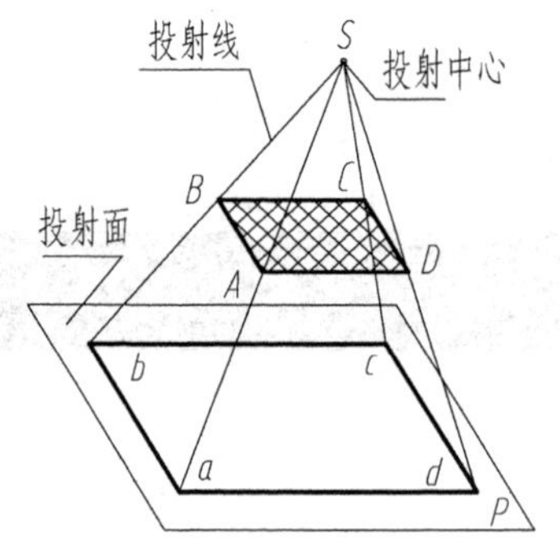

图 2-1　中心投影法

② 平行投影法。设想把图 2-1 中的 *S* 点移到无穷远时，则投射线平行，如图 2-2 和图 2-3 所示。像这种投射线互相平行的投影法称为平行投影法。根据投射线与投影面是否垂直，平行投影法又分为斜投影法与正投影法。

a. 斜投影法：投射线与投影面倾斜的平行投影法，如图 2-2 所示。

b. 正投影法：投射线与投影面相垂直的平行投影法，如图 2-3 所示。根据正投影法所得到图形称正投影。因为正投影反映了物体真实形状和大小，度量性好，便于作图，所以工程上应用较广。

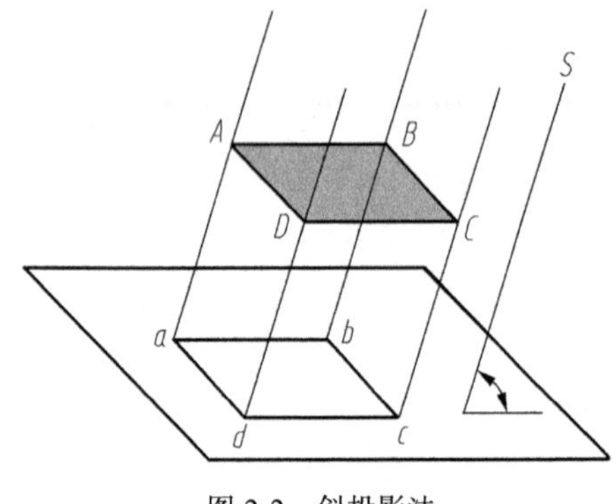

图 2-2　斜投影法

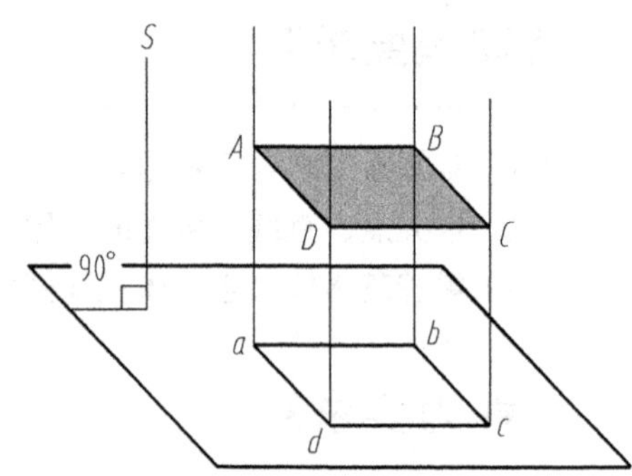

图 2-3　正投影法

（3）正投影的基本特征

① 显示性：当直线或平面与投影面平行时，其投影反映实长（或实形）。正投影的这种特性称为显实性。

② 积聚性：当直线或平面与投影面垂直时，其投影为一个点（或一条直线），正投影的这种特性称为积聚性。

③ 类似性：当直线或平面与投影面倾斜时，其投影变短（或变小），但投影的形状仍与原来的形状相似，正投影的这种特性称为类似性。

2. 三视图

（1）投影面与投影轴

① 三投影面：在投影法中，得到投影的面称为投影面。在三投影面体系中有 3 个相互垂直投影面，如图 2-4 所示。

3 个投影面分别为正立投影面、水平投影面和侧立投影面。

正立投影面：简称正面，用 *V* 表示。

水平投影面：简称水平面，用 *H* 表示。

侧立投影面：简称侧面，用 W 表示。

② 三根投影轴。在三面投影体系中，相互垂直的投影面之间的交线称为投影轴。

相互垂直的 3 根轴分别用 OX、OY、OZ 表示，分别简称 X 轴、Y 轴、Z 轴。3 根投影轴交点称为原点，用 O 表示。

（2）三视图的形成

将物体放置在三投影面体系中，按正投影法向各投影面投射，即可得到物体的正面投影、水平投影和侧面投影，如图 2-5 所示。

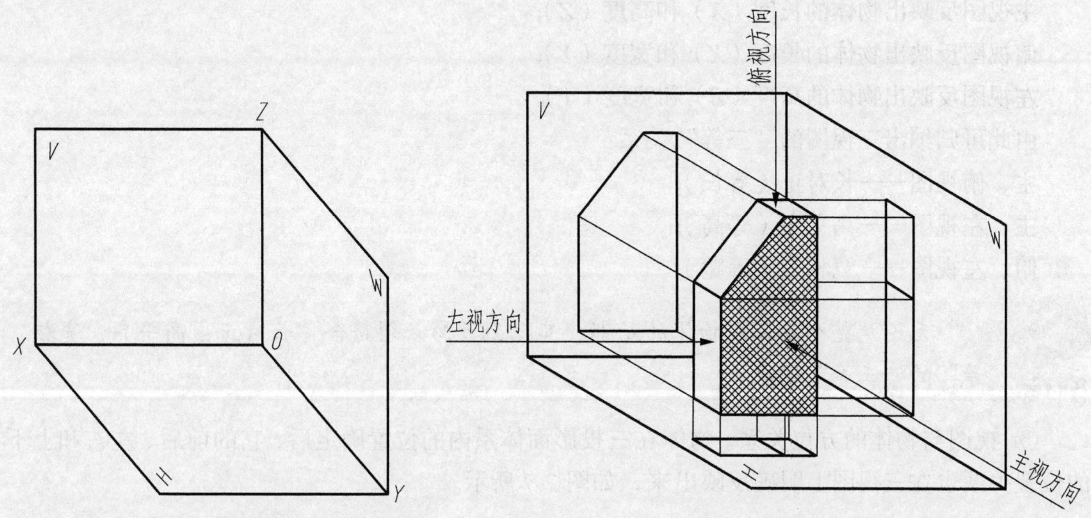

图 2-4 三投影面体系

图 2-5 物体在三投影面体系中的投影

为了画图方便，我们要将相互垂直的 3 个投影面摊平在同一平面上，规定 V 面保持不动，H 面绕 OX 轴向下旋转 90°，W 面绕 OZ 轴向右旋转 90°，使 H、V、W 在同一平面上（这个平面就是图纸），如图 2-6 所示。应注意 H 面和 W 面旋转时，OY 轴分为两处，分别用 OY_H（在 H 面上）和 OY_W（在 W 面上）表示。用正投影法得到的 3 个投影图称物体的三视图，分别为主视图、俯视图和左视图。

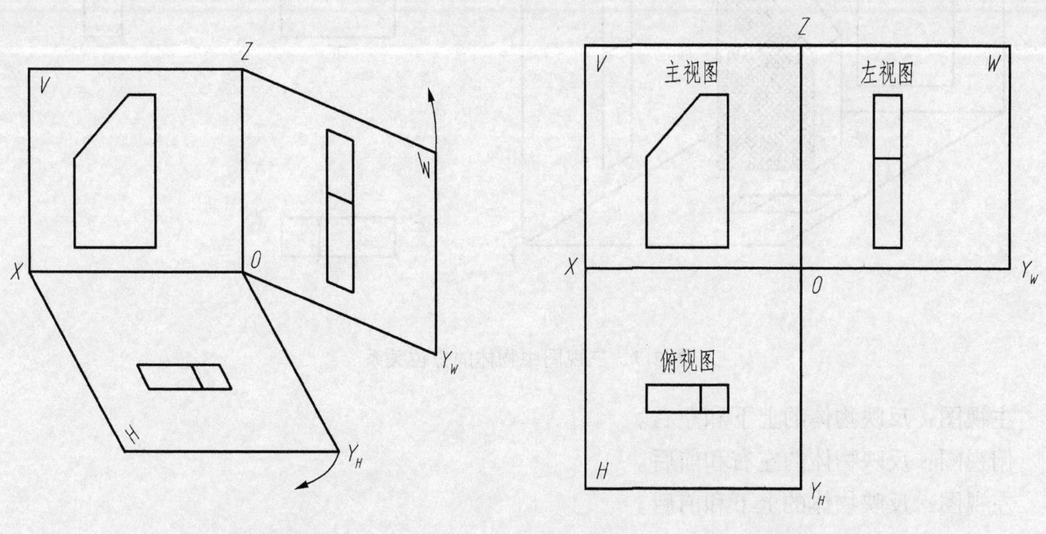

（a）投影面的展开规定

（b）三投影面摊平在同一平面上

图 2-6 三投影面的展开

主视图：物体在 V 面上的投影，也就是由前向后投射所得的视图。

俯视图：物体在 H 面上的投影，也就是由上向下投射所得的视图。

左视图：物体在 W 面上的投影，也就是由左向右投射所得的视图。

（3）三视图之间的关系

① 视图配置关系。以主视图为准，俯视图在它的下面，左视图在它的右面。

② 物体的长、宽、高在三视图上的对应关系。从三视图的形成过程可以看出，每个视图只反映出物体长、宽、高3个尺度中的两个，即

主视图反映出物体的长度（X）和高度（Z）；

俯视图反映出物体的长度（X）和宽度（Y）；

左视图反映出物体的高度（Z）和宽度（Y）。

由此可归纳出三视图的“三等”关系：

主、俯视图——长对正（等长）；

主、左视图——高平齐（等高）；

俯、左视图——宽相等（等宽）。

无论是整个物体或物体的局部，其三面投影必须符合“长对正，高平齐，宽相等”的“三等”规律。

③ 视图与物体的方位关系。物体在三投影面体系内的位置确定后，它的前后、左右和上下的位置关系也在三视图上明确反映出来，如图2-7所示。

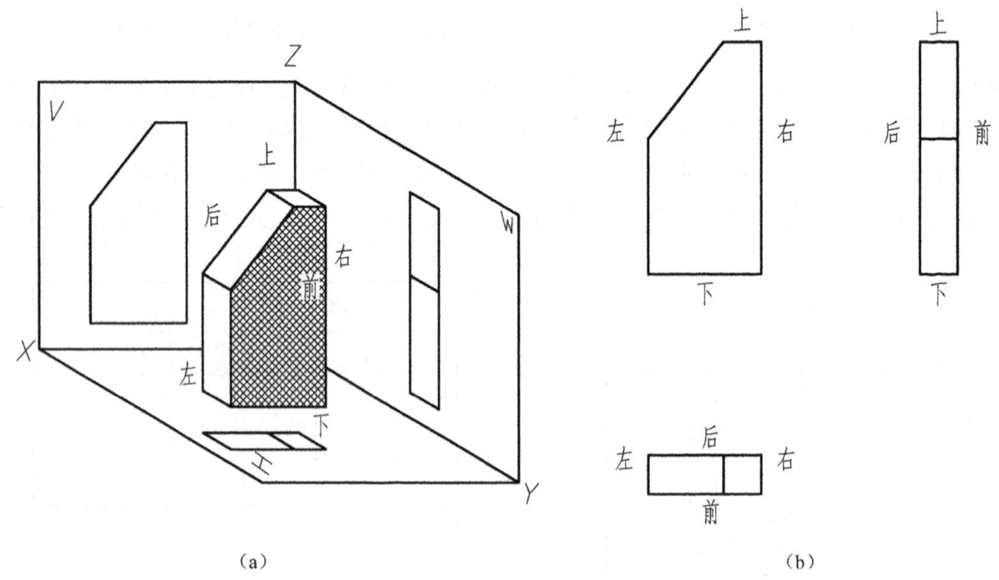

（a）　（b）

图2-7　三视图中物体的方位关系

主视图：反映物体的上下和左右。

俯视图：反映物体的左右和前后。

左视图：反映物体的上下和前后。

一般只有把三视图中任意两视图组合起来看，才能看清物体的上、下、左、右、前、后。俯视图、左视图靠近主视图的一边（里边），均表示物体的后面；俯视图、左视图远离主视图的

一边，均表示物体的前面。

（二）点、直线和平面的投影

点、线、面是组成物体的基本元素，而线、面又可看成是点的集合，因此点是最基本的几何元素，所以首先应掌握点的投影规律。

1. 点的投影

（1）点在三投影面体系中的投影及其规律

空间点 A 位于 V 面、H 面和 W 面构成的三投影面体系中。如图 2-8（a）所示，由点 A 分别向 V、H、W 面作垂线，依次得点 A 的正面投影 a'，水平投影 a，侧面投影 a''。为使 3 个投影面展到同一平面上，V 面保持不动，H 面仍然绕 OX 轴向下旋转 90°，W 面绕 OZ 轴向右后方向旋转 90°，如图 2-8（b）所示。投影图上若省略投影面的边框与投影面的标记 H、V 和 W，展开后的投影图如图 2-8（c）所示。规定大写拉丁字母表示空间点，如 A、B、C…，小写字母表示其在 H 面投影，如 a、b、c…，小写字母加一撇表示其在 V 面的投影，如 a'、b'、c'…，小写字母加两撇表示其在 W 面的投影，如 a''、b''、c''…。由此概括出点在三投影面体系的投影规律。

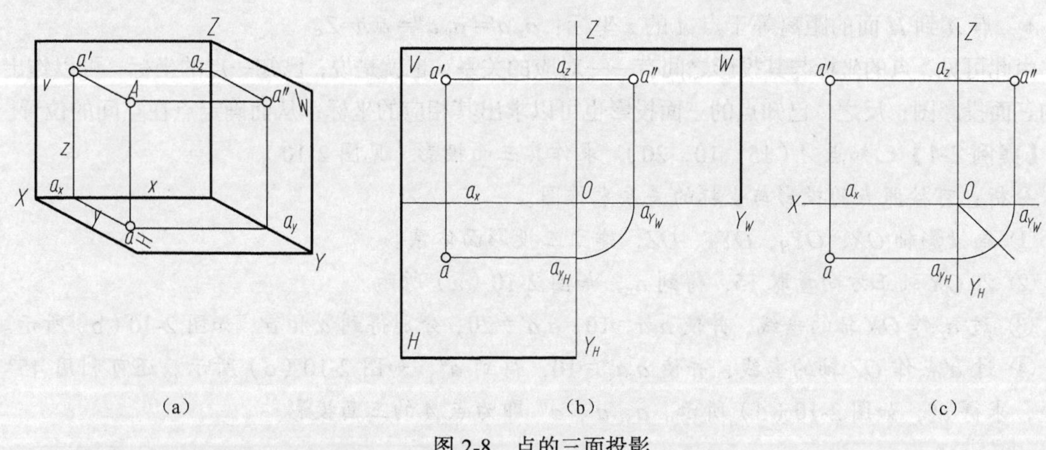

（a）　（b）　（c）

图 2-8　点的三面投影

① 点的两面投影的连线，必定垂直于相应的投影轴，即

点的正面投影和水平投影的连线垂直于 OX 轴，$aa' \perp OX$；

点的正面投影和侧面投影的连线垂直于 OZ 轴，$a'a'' \perp OZ$。

由于水平投影和侧面投影不能直接连线，需借助 45° 斜线或圆弧实现联系，这时 a、a''满足：$aa_{y_H} \perp OY_H$、$a''a_{y_W} \perp OY_W$。

② 点的投影到投影轴的距离，等于空间点到相应的投影面的距离，即

$$a'a_x = a''a_y = \text{点 } A \text{ 到 } H \text{ 面的距离}$$

$$aa_x = a''a_z = \text{点 } A \text{ 到 } V \text{ 面的距离}$$

$$aa_y = a'a_z = \text{点 } A \text{ 到 } W \text{ 面的距离}$$

（2）点的投影与直角坐标的关系

将 3 个投影面体系看作是一个空间直角坐标系，空间点 A 的位置可以用 3 个坐标值 x、y、z 表示，如图 2-9 所示。因为每个投影面都可看作坐标面，而每个坐标面都是由两个坐标轴决定的，

所以空间点在任一个投影面上的投影，只能反映其两个坐标，即 V 面投影反映点的 X、Z 坐标；H 面投影反映点的 X、Y 坐标；W 面投影反映点的 Y、Z 坐标，则点的投影与坐标之间的关系为：

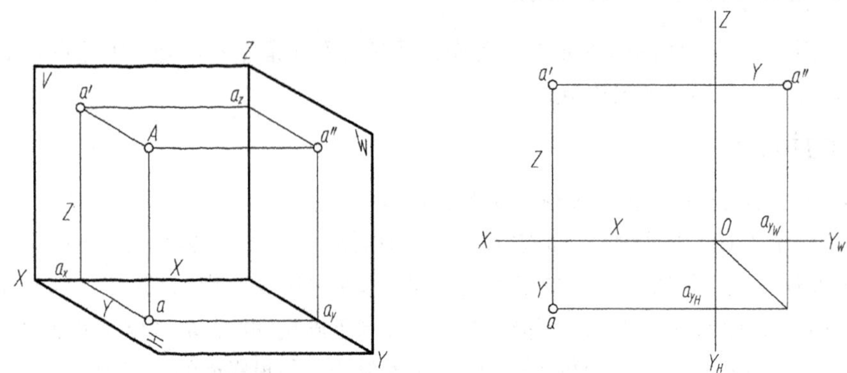

图 2-9 点的投影与直角坐标的关系

- 点 A 到 W 面的距离等于点 A 的 x 坐标：$a_z a'=a_y a= a''A=X$；
- 点 A 到 V 面的距离等于点 A 的 y 坐标：$a_x a= a_z a''= a'A=Y$；
- 点 A 到 H 面的距离等于点 A 的 z 坐标：$a_x a'= a_y a''= a A=Z$。

由此可见，点的坐标与其投影之间有一一对应的关系，也就是说，已知一点的坐标，可以作出点的三面投影图；反之，已知点的三面投影也可以求出其相应的坐标，从而确定点在空间的位置。

【案例 2-1】已知点 A（15，10，20），求作其三面投影（见图 2-10）。

分析：可按照点的投影与坐标的关系来作图。

① 画投影轴 OX、OY_H、OY_W、OZ，建立三投影面体系。

② 沿 OX 轴正方向量取 15，得到 a_x，如图 2-10（a）所示。

③ 过 a_x 作 OX 轴的垂线，并使 $a_xa=10$，$a_xa'=20$，分别得到 a 和 a'，如图 2-10（b）所示。

④ 过 a'点作 OZ 轴的垂线，并使 $a_za''=10$，得到 a''，如图 2-10（c）所示。还可利用 45°斜线，求得 a''，如图 2-10（d）所示。a、a'、a'' 即为点 A 的三面投影。

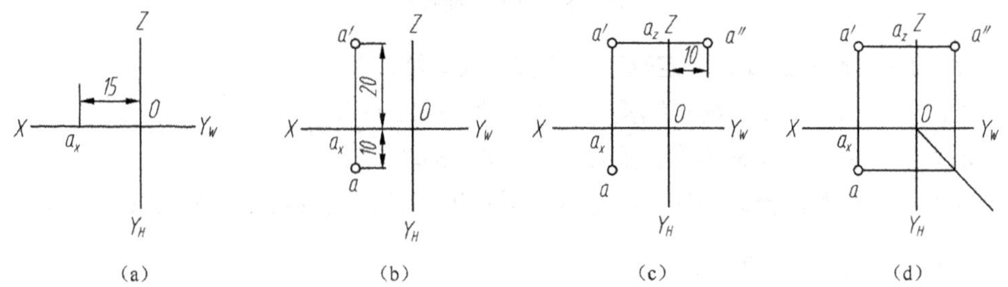

图 2-10 已知点的坐标求作点的三面投影图

（3）两点的相对位置与重影点

① 两点的相对位置。两点的相对位置是指空间两点的上下、左右、前后的位置关系。位置关系可以通过投影图上各组同面投影的坐标差来确定。

判断方法如下：

两点间的左、右位置关系，由 x 坐标值来确定，x 坐标大者在左边；

两点间的前、后位置关系，由 y 坐标值来确定，y 坐标大者在前边；

两点间的上、下位置关系，由 z 坐标值来确定，z 坐标大者在上边。

如图 2-11 所示，A、B 两点的相对位置可以这样来判断：以 B 点为基准点，已知 $x_A>x_B$、$y_A<y_B$、$z_A<z_B$，所以，可以得出点 A 在点 B 的左、后、下方。

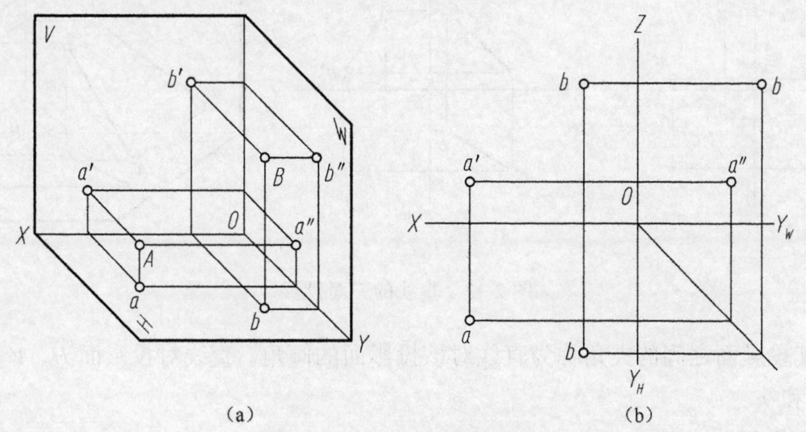

图 2-11　两点的相对位置

② 重影点及其可见性。若两点位于同一条垂直于某投影面的投射线上，则这两点在该投影面上的投影重合，这两点称为该投影面的重影点。重影点的可见性可根据两点不重影投影的投影坐标来判别，即

当两点在 V 面的投影重合时，则 y 坐标大者在前（可见）；

当两点在 H 面的投影重合时，则 z 坐标大者在上（可见）；

当两点在 W 面的投影重合时，则 x 坐标大者在左（可见）。

如图 2-12（a）所示，E、F 两点 $x_e=x_f$、$z_e=z_f$，位于垂直于 V 面的同一条投射线上，e'和 f' 重合，由于 $y_e>y_f$，这表示点 E 位于点 F 的前方。根据"前遮后"的原则，可判断 e'可见，f' 不可见，用（f'）表示，如图 2-12（b）所示。

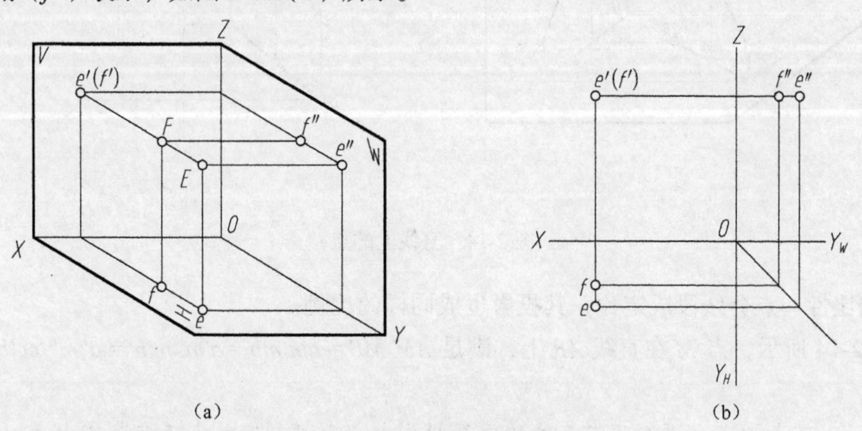

图 2-12　重影点可见性的判断图

2. 直线的投影

（1）直线在三投影面体系中的投影

直线的投影一般仍为直线。求作直线的三面投影时，可分别作出直线两端点的三面投影，然后将同一投影面上的投影用直线连接起来，即得直线的三面投影。如图 2-13（a）所示，首

先作出直线上两端点 A、B 的三面投影，然后连接直线上两端点的同面投影（即同一投影面上的投影），ab、$a'b'$、$a''b''$ 即为直线 A、B 的三面投影，如图 2-13（b）所示。

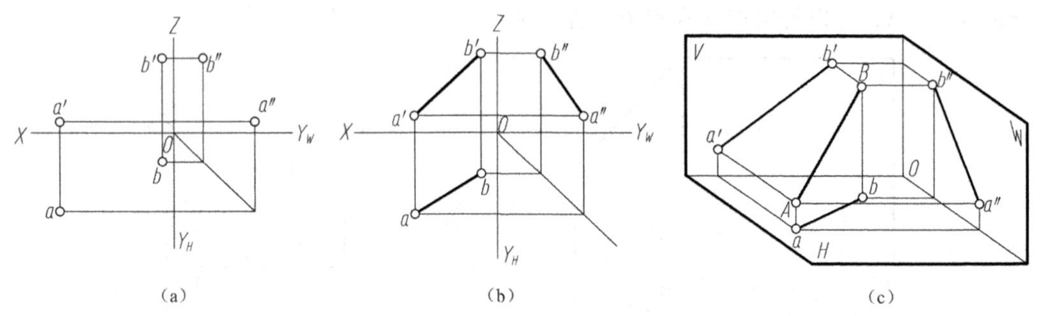

图 2-13　直线的三面投影

直线与其投影面之间的夹角称为直线对该投影面的倾角。直线对投影面 H、V 和 W 的倾角分别为 α、β 和 γ。

（2）直线上的点

根据投影的基本性质，直线上的点具有如下投影特性。

① 从属性。直线上的点的投影必然在该直线的同面投影上，且符合点的投影规律；反之，如果点的投影都在直线的同面投影上，且符合点的投影规律，那么这个点一定在该直线上。

如图 2-14 所示，m、m'、m''分别在 ab、$a'b'$、$a''b''$上，符合点的投影规律，因此，点 M 在直线 AB 上。

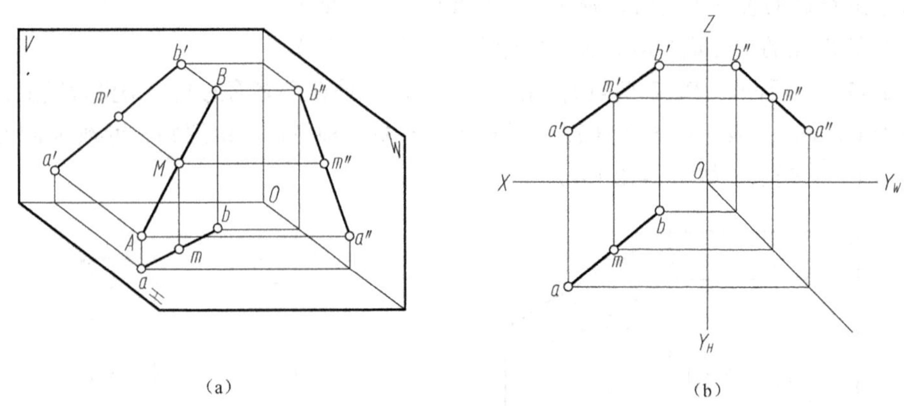

图 2-14　直线上的点

② 定比性。点分线段成定比，其投影也成同样的比例。

如图 2-14 所示，点 M 在直线 AB 上，满足 $AM{:}MB = am{:}mb = a'm'{:}m'b' = a''m''{:}m''b''$。

若点的一个投影不在直线的同面投影上，则可判定该点不在直线上。

（3）各种位置直线的投影

直线相对投影面的位置有 3 种情况：投影面垂直线、投影面平行线、一般位置直线。前两种直线又称为特殊位置直线。

① 投影面垂直线。垂直于一个投影面而同时平行于其他两个投影面的直线，称为投影面垂

直线。直线垂直于 V 面，称为正垂线；直线垂直于 H 面，称为铅垂线；直线垂直于 W 面，称为侧垂线。各种投影面垂直线的三面投影图例及投影特征如表 2-1 所示。

表 2-1　　投影面垂直线的投影图例及投影特性

名称	投影图例	投影特性
铅垂线	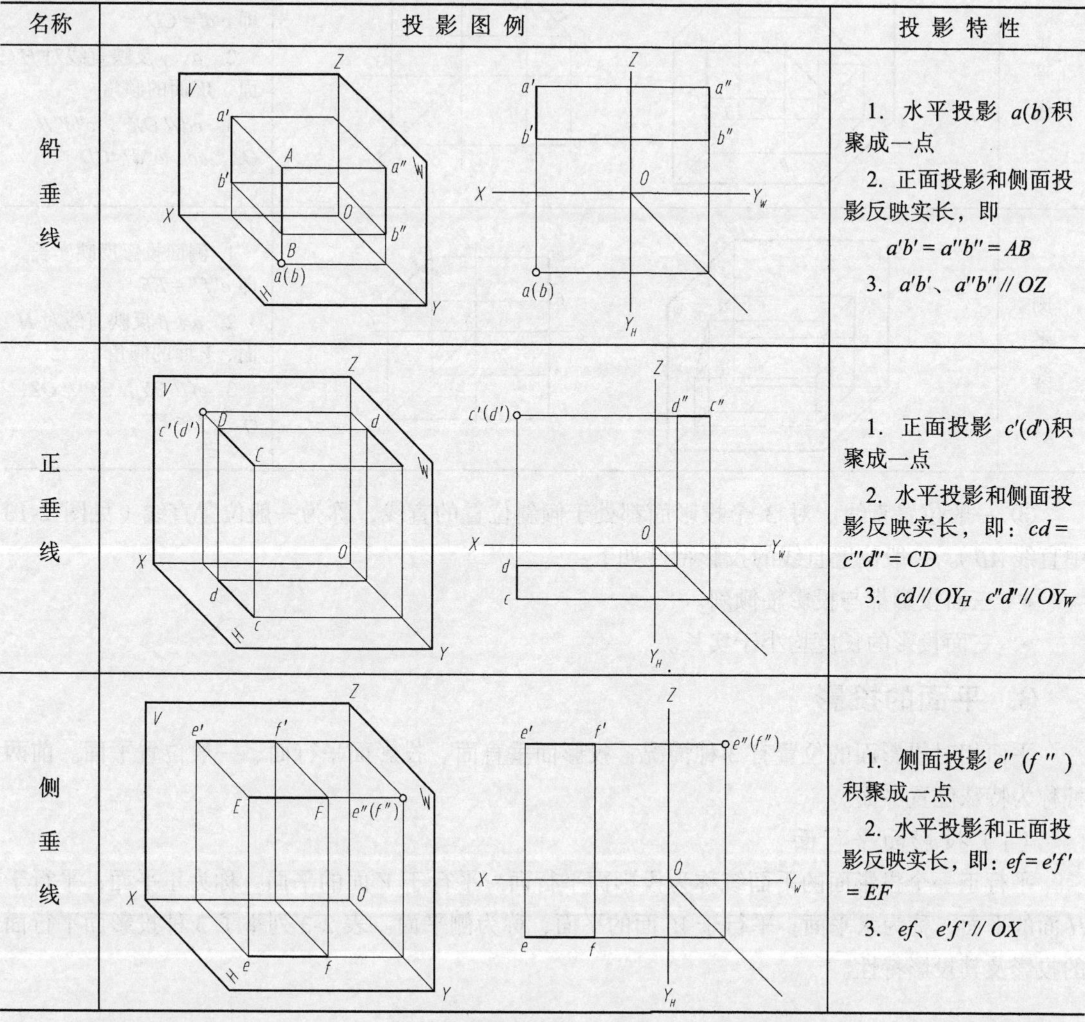	1. 水平投影 $a(b)$ 积聚成一点 2. 正面投影和侧面投影反映实长，即 $a'b' = a''b'' = AB$ 3. $a'b'$、$a''b''$ // OZ
正垂线		1. 正面投影 $c'(d')$ 积聚成一点 2. 水平投影和侧面投影反映实长，即：$cd = c''d'' = CD$ 3. cd // OY_H　$c''d''$ // OY_W
侧垂线		1. 侧面投影 $e''(f'')$ 积聚成一点 2. 水平投影和正面投影反映实长，即：$ef = e'f' = EF$ 3. ef、$e'f'$ // OX

② 投影面平行线。平行于一个投影面而倾斜于其他两个投影面的直线，称为投影面平行线。直线只平行于 V 面，称为正平线；直线只平行于 H 面，称为水平线；直线只平行于 W 面，称为侧平线。各种投影面平行线的三面投影图例及投影特征如表 2-2 所示。

表 2-2　　投影面平行线的投影图例及投影特性

名称	投影图例	投影特性
水平线		1. 水平投影反映实长，即 $ab = AB$ 2. β、γ 反映直线对 V 面、W 面的倾角 3. $a'b'$ // OX, $a''b''$ // OY_W　$a'b'$、$a''b'' < AB$

续表

名称	投影图例	投影特性
正平线	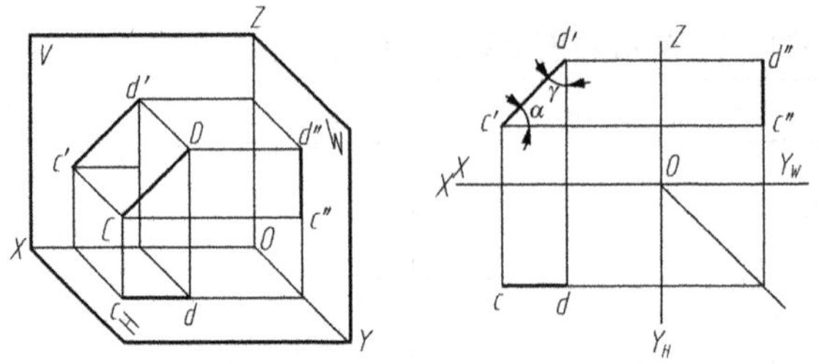	1. 正面投影反映实长，即 $c'd'=CD$ 2. α、γ 反映直线对 H 面、W 面的倾角 3. $cd // OX$ ，$c''d'' // OZ$，cd、$c''d''<CD$
侧平线	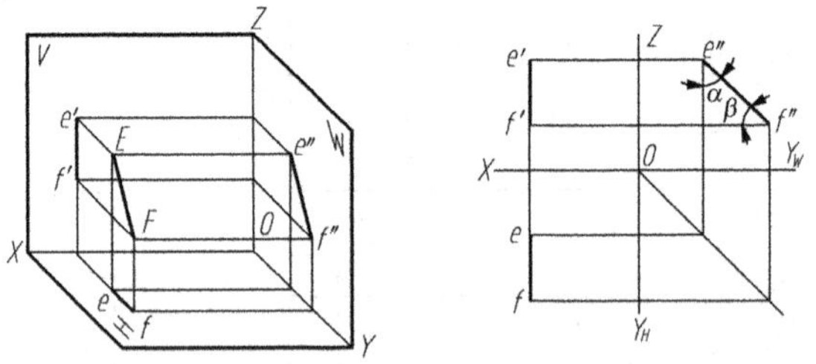	1. 侧面投影反映实长，即 $e''f''=EF$ 2. α、β 反映直线对 H 面、V 面的倾角 3. $ef // OY_H$，$e'f' // OZ$，ef、$e'f'<EF$

③ 一般位置直线。对 3 个投影面都处于倾斜位置的直线，称为一般位置直线（见图 2-13 中直线 AB）。一般位置直线的投影特性如下：

- 三面投影都与投影轴倾斜。
- 三面投影的长度均小于实长。

3. 平面的投影

平面相对投影面的位置有 3 种情况：投影面垂直面、投影面平行面、一般位置平面。前两种称为特殊位置平面。

（1）投影面平行面

平行于一个投影面的平面统称为投影面平行面。平行于 V 面的平面，称为正平面；平行于 H 面的平面，称为水平面；平行于 W 面的平面，称为侧平面。表 2-3 列举了 3 种投影面平行面的投影及其投影特性。

表 2-3　　投影面平行面的投影及其特性

名称	直观图	投影图	投影特性
水平面	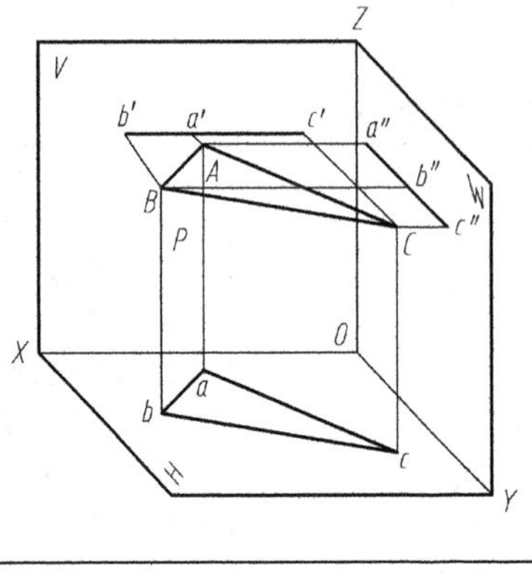	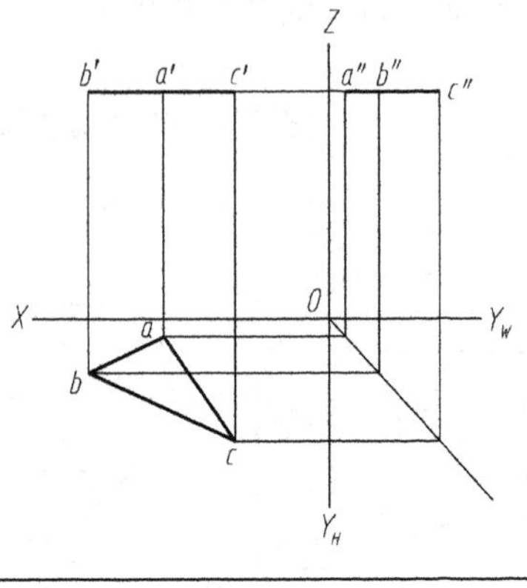	1. 水平投影反映实形 2. 正面投影积聚成直线，且平行于 OX 轴 3. 侧面投影积聚成直线，且平行于 OY 轴

续表

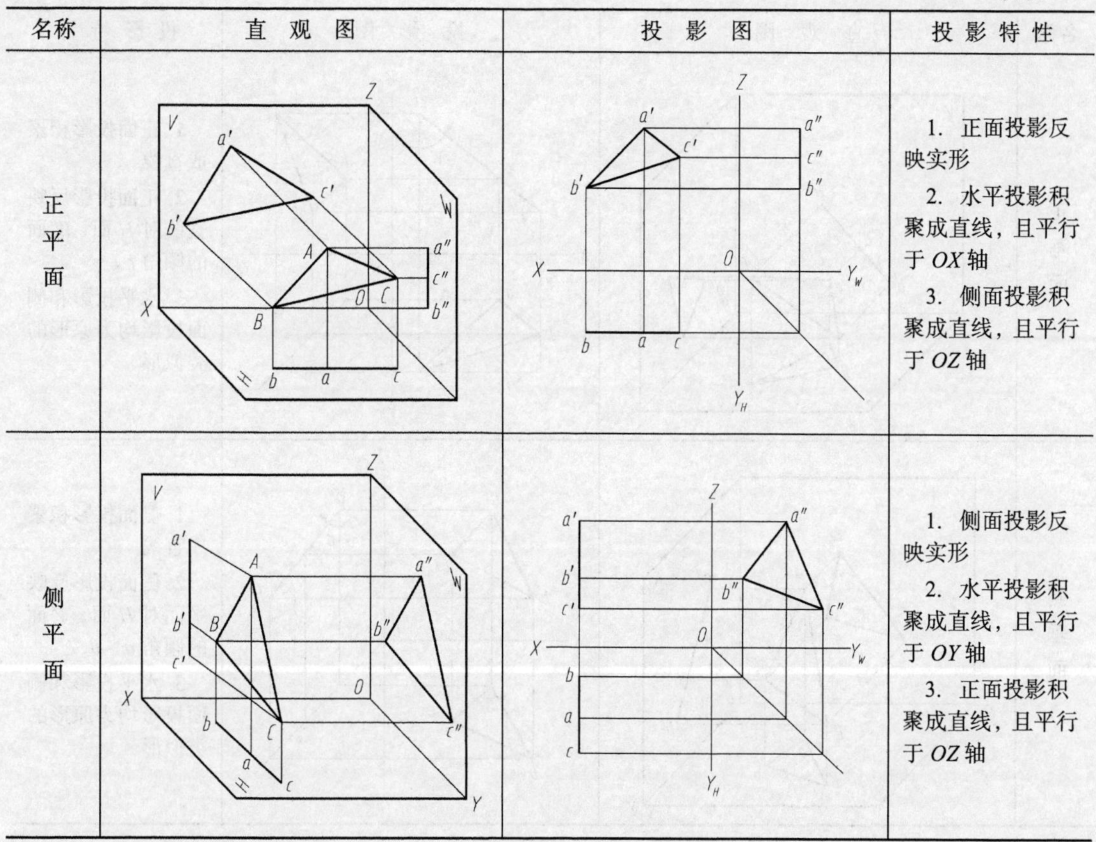

名称	直 观 图	投 影 图	投 影 特 性
正平面			1. 正面投影反映实形 2. 水平投影积聚成直线，且平行于 OX 轴 3. 侧面投影积聚成直线，且平行于 OZ 轴
侧平面			1. 侧面投影反映实形 2. 水平投影积聚成直线，且平行于 OY 轴 3. 正面投影积聚成直线，且平行于 OZ 轴

（2）投影面垂直面

垂直于一个投影面而倾斜于其他两个投影面的平面，称为投影面垂直面。垂直于 V 面的平面，称为正垂面；垂直于 H 面的平面，称为铅垂面；垂直于 W 面的平面，称为侧垂面。表 2-4 列举了 3 种投影面平行面的投影及其投影特性。

表 2-4　　投影面垂直面的投影图例及特性

名称	直 观 图	投 影 图	投 影 特 性
铅垂面			1. 水平投影积聚成直线 2. 水平投影反映直线对 V 面、W 面的倾角 β、γ 3. 正面投影和侧面投影均为原形的类似形

续表

名称	直 观 图	投 影 图	投 影 特 性
正垂面	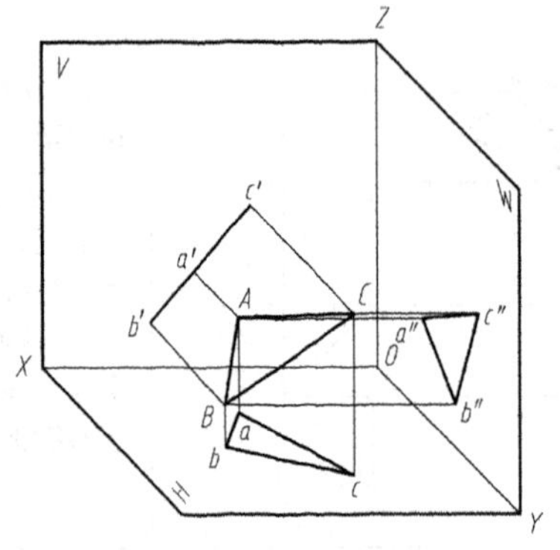	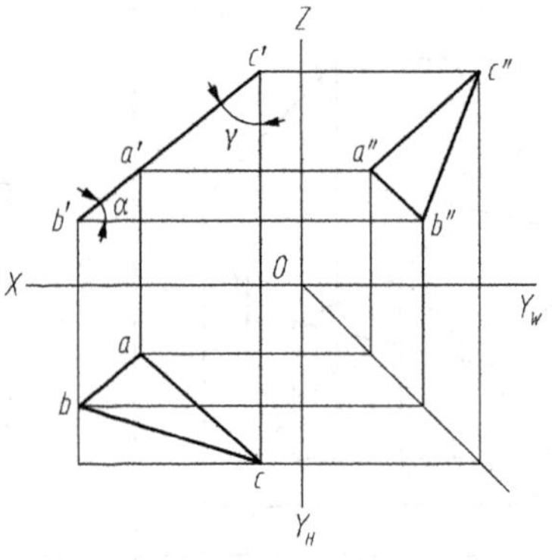	1. 正面投影积聚成直线 2. 正面投影反映直线对 H 面、W 面的倾角 α、γ 3. 水平投影和侧面投影均为原形的类似形
侧垂面	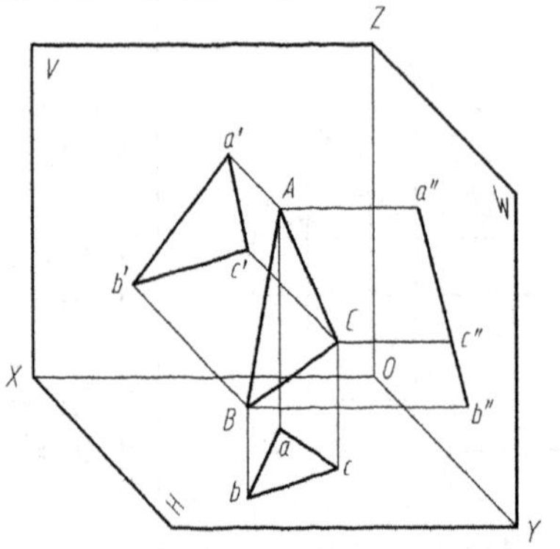	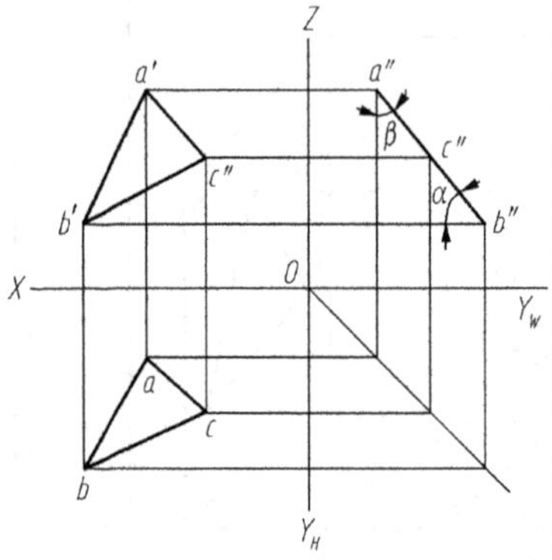	1. 侧面投影积聚成直线 2. 侧面投影反映平面对 H 面、V 面的倾角 α、β 3. 水平投影和侧面投影均为原形的类似形

（3）一般位置平面

对 3 个投影面都处于倾斜位置的平面，称为一般位置平面。图 2-15 所示的斜面 ABC 为一般位置平面。它的三面投影△abc、△$a'b'c'$和△$a''b''c''$均为原形的类似形，不反映实形，也不反映该平面与投影面的倾角。

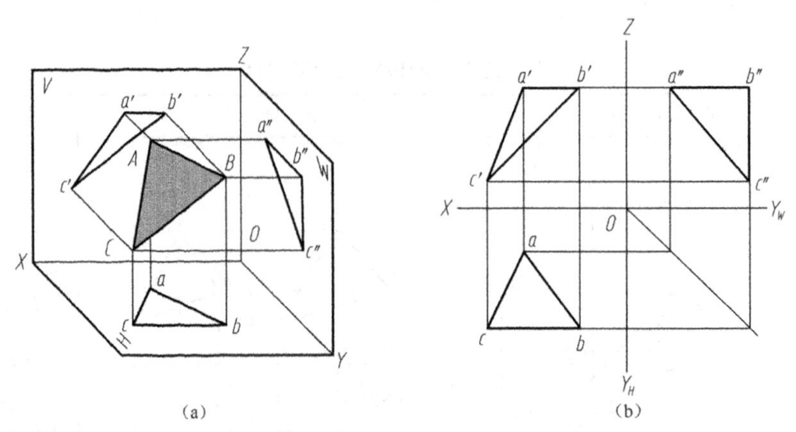

图 2-15　一般位置平面的投影

由于一般位置平面的投影都不是直线，所以在求平面上点的投影时，需要在平面上作一条辅助线。

【案例 2-2】如图 2-16 所示，已知平面△ABC 上的一点 K 的正面投影 k'，求其水平投影 k。

分析：直线在平面上的几何条件是：①一直线经过平面上的两点；②一直线经过平面上的一

点，且平行于平面上的另一已知直线。满足上述两条件中任意一条件，则该直线必在该平面上。据此，首先过点 K 在平面上作直线，则点 K 的水平投影必在此直线的投影上。作图步骤如下：

① 在正面投影上连接 $a'k'$，并将其延长交 $b'c'$ 于 e'，得到直线 AE 的正面投影 $a'e'$。

② 作 $a'e'$ 的水平投影 ae，根据点的投影规律，在 ae 上作出 k，如图 2-29（b）所示。

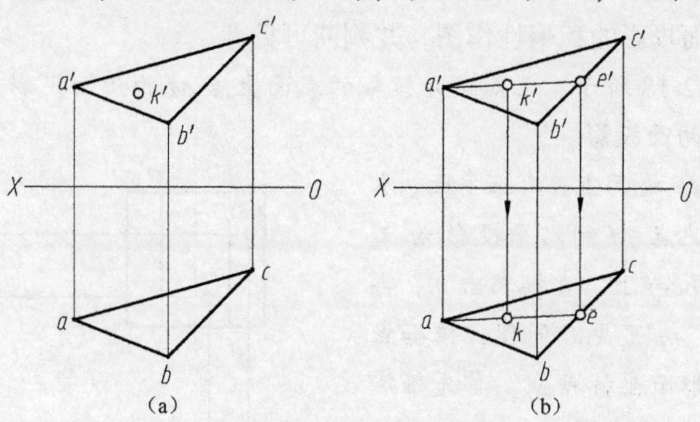

图 2-16　平面上点的投影

（三）基本体

任何物体都可以看成是由柱、锥、台、球、环等基本几何形体（简称基本体）按一定的方式组合而成的。按其表面性质不同，常见基本体通常分为平面立体和曲面立体两类。

1. 平面立体的投影

表面由若干个平面所围成的几何形体，称为平面立体。平面立体主要分为棱柱体和棱锥体两种。要作出平面立体的投影，只要作出其各个表面的平面投影，就可以描绘出该平面的基本视图。

（1）棱柱体

① 棱柱体的三视图。图 2-17 所示为一个正六棱柱的投影情况。它的顶面和底面为水平面，6 个侧面中，前、后面为正平面，另外 4 个为铅垂面，6 条棱线均为铅垂线。俯视图反映了正六边形顶面和底面的实形，其中每条边又都是侧面的积聚投影；主视图反映了前、后正面的实形；主视图的两侧和左视图反映了 4 个铅垂面的类似形，其中上、下两条直线分别是六棱柱的顶面和底面的积聚性投影，其余则是棱线的投影（反映实长）。

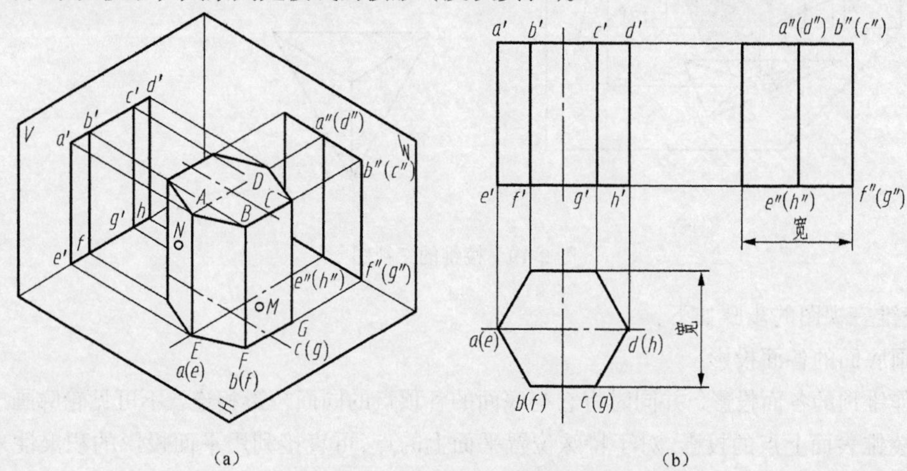

图 2-17　正六棱柱的投影

画棱柱三视图的步骤如下：

a. 画顶面和底面的各面投影，从反映顶面和底面实形的视图画起。

b. 画侧棱线的各面投影，不可见轮廓的投影画成虚线。

② 棱柱表面上点的投影。一般情况下，棱柱的表面均为特殊位置平面，所以求棱柱表面上点的投影均可利用平面投影的积聚性作图，并判断可见性。

【案例 2-3】 如图 2-18 所示，已知正六棱柱的表面上点 *M* 的正面投影为 *m*′，点 *N* 的侧面投影为 *n*″，求各点的另两面投影。

由于点 *M* 在 *BCGF* 棱面上，为正平面，水平投影有积聚性，因此点 *M* 的水平投影 *m* 必在该侧面的水平投影 *bcgf* 上，直接求出 *m*，再根据 *m*′和 *m* 求出 *m*″，*m*″可见。同理，根据点 *N* 的侧面投影 *n*″，量取 *y* 坐标差Δ*y*，首先确定水平投影 *n*，最后求出正面投影 *n*′，*n*′不可见。

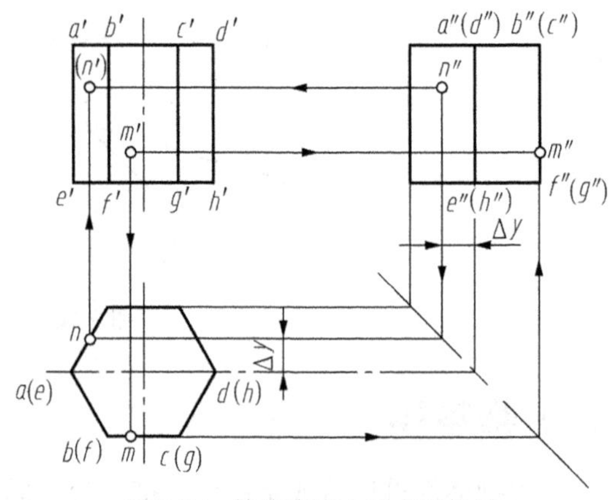

图 2-18　棱柱表面上的点的投影

（2）棱锥体

① 棱锥的三视图。图 2-19（a）所示为一正三棱锥的直观图，它由底面和 3 个棱面所组成。底面为水平面，其水平投影反映实形，正面和侧面投影积聚为一直线。△*SAC* 为侧垂面，侧面投影积聚为一直线，水平投影和正面投影都是类似形。△*SAB* 和△*SBC* 为一般位置平面，其三面投影都是类似形。棱线 *SB* 为侧平线，*SA*、*SC* 为一般位置直线、*AC* 为侧垂线、*AB*、*BC* 为水平线。

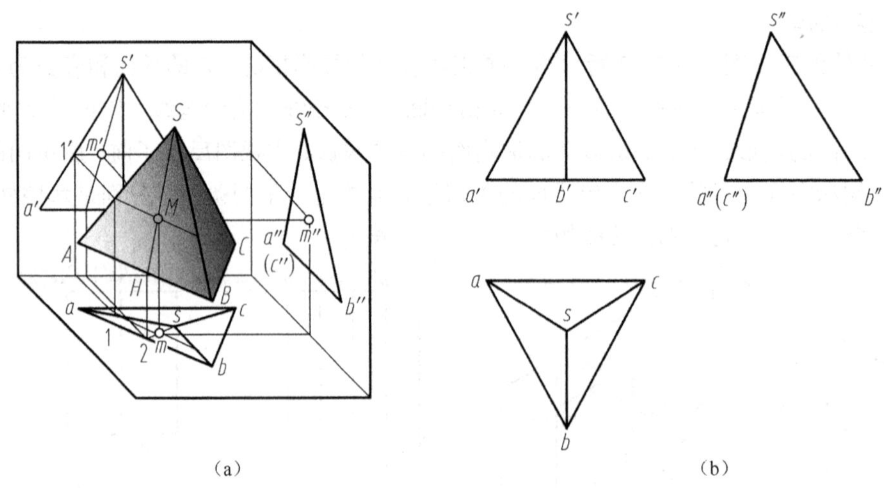

图 2-19　棱锥的三视图

画棱锥三视图的步骤如下：

a. 画底面的各面投影。

b. 作锥顶的各面投影，并同时将它与底面的各顶点的同面投影相连，不可见轮廓画成虚线。

② 棱锥表面上点的投影。对于特殊位置平面上的点，可直接利用平面投影的积聚性来作图。对于一般位置平面上的点，则应利用在平面上取点的方法来作图。

【案例 2-4】如图 2-20 所示，已知棱锥表面上点 *M*、*N* 的正面投影 *m*′、*n*′，求点 *M*、*N* 的另两面投影。

由于点 *N* 所在平面 *SAC* 为侧垂面，可利用其 *W* 面投影的积聚性先求出 *n*″，再由 *n*″和 *n*′求出 *n*，*n*、*n*″均可见。点 *M* 所在平面△*SAB* 为一般位置平面，过点 *m*′作辅助线 *e*′*f*′(*EF* // *AB*)，找到 *EF* 的水平投影 *ef*，按点的投影规律在 *ef* 上作出点 *M* 的水平面投影 *m*。最后根据 *m*′和 *m* 求出 *m*″，3 个视图上点 *M* 的投影均可见。

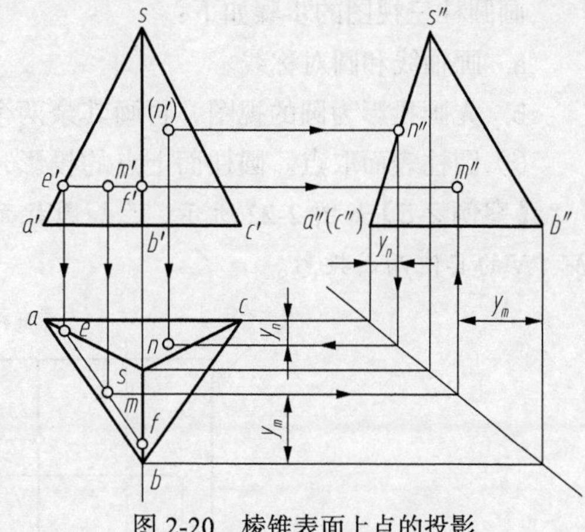

图 2-20　棱锥表面上点的投影

2. 回转体

由一条母线（直线或曲线）围绕轴线回转而形成的表面，称为回转面；由回转面或回转面与平面所围成的立体，称为回转体。最常见的回转体有圆柱、圆锥、圆球等。

（1）圆柱体

圆柱由圆柱面和顶、底平面组成。

① 圆柱面的形成。圆柱面可看成是由一条直母线 AA_1 围绕与它平行的轴线 OO_1 回转而成，如图 2-21（a）所示。母线的任一位置称为圆柱面的素线。

② 圆柱的三视图。如图 2-21（b）所示，圆柱的俯视图是一个圆形线框，它是圆柱面在水平面上的积聚投影，也反映了顶、底平面的实形。

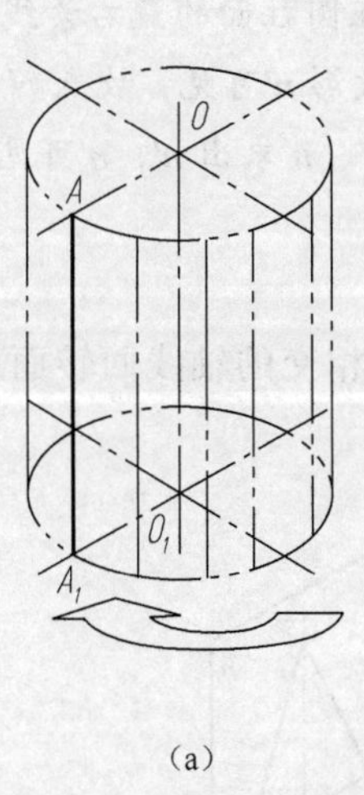

（a）

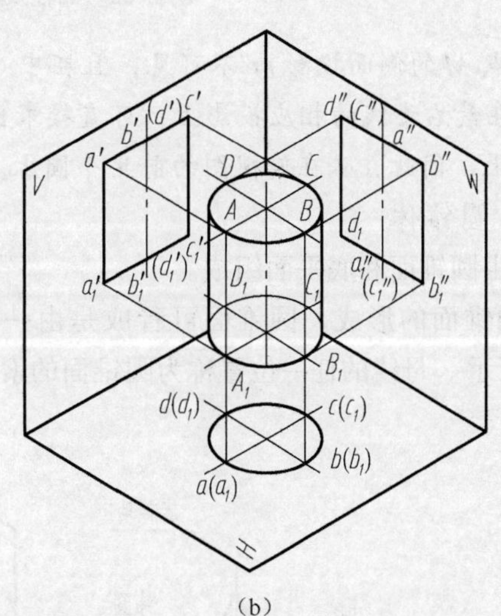

（b）

图 2-21　圆柱面的形成

圆柱在主、左视图上的投影为相同的矩形线框，上、下两边是顶、底面的积聚投影，长为圆柱的直径；主视图矩形的左、右两边分别是圆柱面最左、最右素线的投影，它们是圆柱面由前向后的转向轮廓线，也是主视图上圆柱面投影可见与不可见的分界线，其俯视图分别积聚在前后对称中心线与圆形线框的交点上，左视图与轴线重合；左视图矩形的两边分别是圆柱面最前、最后素线的投影，它们是圆柱面由左向右的转向轮廓线，也是左视图上圆柱面投影可见与不可见的分界线，其俯视图分别积聚在左右对称中心线与圆形线框的交点上，主视图与轴线重合。

画圆柱三视图的步骤如下：

a. 画轴线和圆对称线。

b. 先画投影为圆的视图，再画其余两个视图。

③ 圆柱表面取点。圆柱面上点的投影，均可利用圆柱面投影的积聚性来作图。

【案例 2-5】如图 2-22 所示，已知圆柱面上点 M 的侧面投影 m''和点 N 的正面投影 n'，求点 M、N 的其他两面投影。

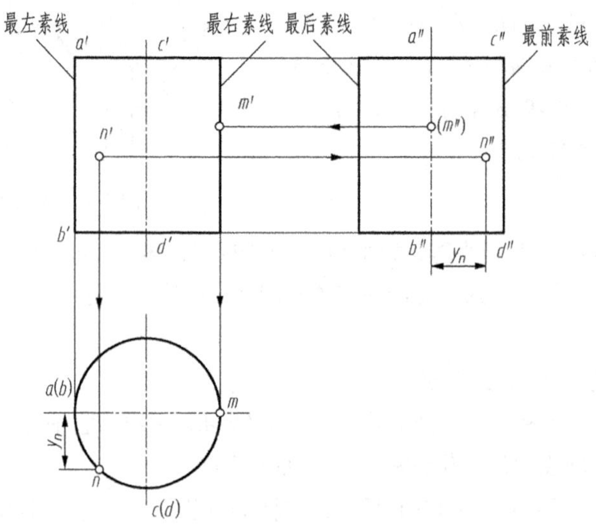

图 2-22 圆柱及圆柱面上点的投影

由于点 M 的侧面投影 m''不可见，且在中心线上，故点 M 必在圆柱面的最右素线上，因此 m'、m 必在最右素线的相应投影上，可直接求出。而点 N 的正面投影 n'可见，故点 N 必在前半个圆柱面上，因此 n 必在俯视图的前半个圆上。先求出 n，根据 n''、n 求出 n'，n'可见。

（2）圆锥体

圆锥由圆锥面和底平面组成。

① 圆锥面的形成。圆锥面可看成是由一条直母线围绕与它相交的轴线回转而成的，如图 2-23 所示。母线的任一位置称为圆锥面的素线。

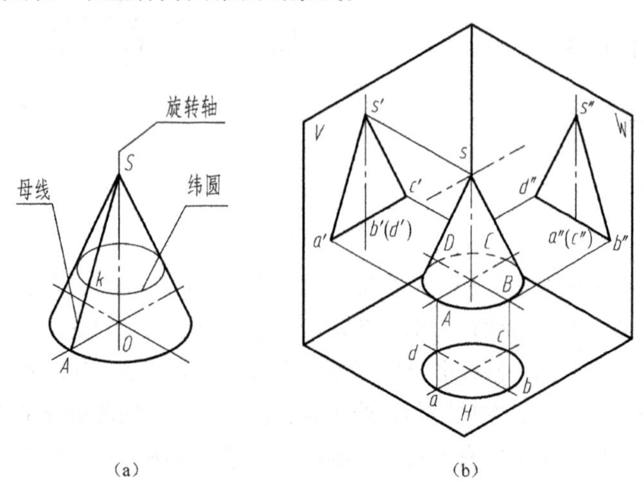

（a）　　（b）

图 2-23 圆锥面的形成

② 圆锥的三视图。如图 2-24 所示，圆锥的轴线垂直于水平面，圆锥的俯视图是一个圆形线框，它既是圆锥面的水平投影，又是底平面实形的投影。

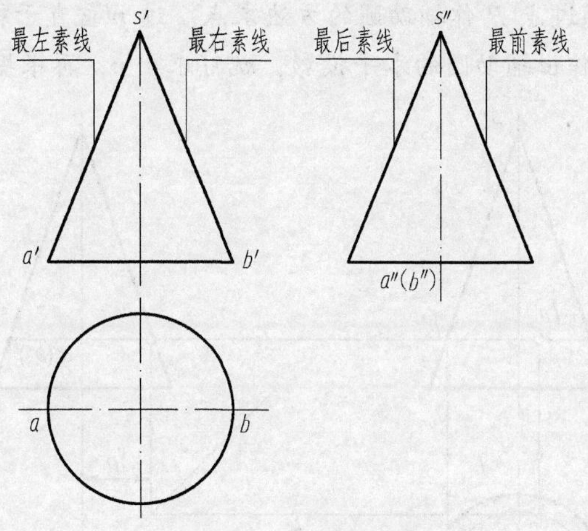

图 2-24　圆锥的视图

主、左视图是两个相等的等腰三角形，它表示了圆锥面的投影，其底边是底圆的积聚性投影。主、左视图三角形的两腰分别是圆锥最左、最右素线和最前、最后素线的投影。

画圆锥三视图步骤如下。

a. 画轴线和圆的对称中心线。

b. 先画投影为圆的视图，再画其余两个视图。

③ 圆锥表面取点。当点位于圆锥表面的 4 条特殊素线上时，可直接利用这些素线的特殊性质作出点的投影，如图 2-25 所示的点 *N*；如果点处于圆锥表面的一般位置，可采用下述两种方法求解。

a. 辅助素线法。利用圆锥面素线来求点的投影的方法称为辅助素线法。

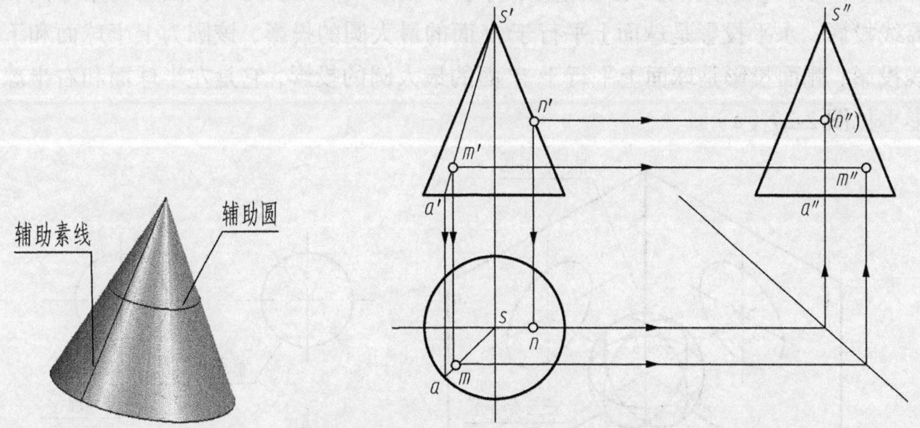

图 2-25　辅助线法求圆锥面上的点的投影

【案例 2-6】如图 2-25 所示，已知圆锥面上点 *M* 的投影 *m'*，求它的其他两面投影。

如图 2-25 所示，可通过点 *M* 作辅助素线的方法求点。在主视图上，过锥顶 *s'*和 *m'*作一辅助线 *s'm'*，并将其延长，与底平面的正面投影交于 *a'*，作出其 *H* 面投影 *sa*，再由 *m'*根据点的投影关系求出 *m*、*m''*。由于点 *M* 在左半个圆锥面上位置，故 *m*、*m''*均可见。

b. 辅助圆法。如图 2-26 所示，在圆锥面上可以作出无数个垂直于轴线的圆，利用这些圆来求点的投影的方法称为辅助圆法。

【案例 2-7】如图 2-26 所示，已知圆锥面上点 P 的投影 p'，求其他两面投影。

如图 2-26 所示，可通过点 P 作辅助圆的方法求点。过 p' 垂直于轴线作一直线 $a'b'$，$a'b'$ 的长就是该辅助圆的直径，作出辅助圆的水平投影，就可求出 p，再根据 p'、p 求出 p''。

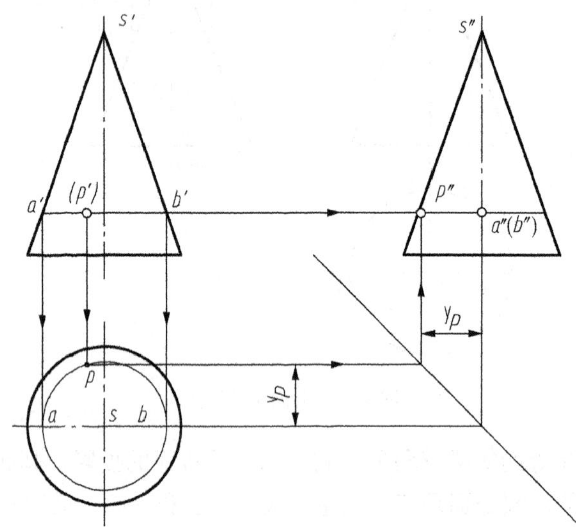

图 2-26　辅助圆法求圆锥面上的点的投影

（3）圆球

① 圆球面的形成。圆球的表面可以看成是由一个圆周母线绕其通过圆心且在同一平面上的轴线回转而形成的。

② 圆球的三视图。图 2-27 所示为圆球的投影。其投影特征是 3 个投影均为圆，其半径与球的直径相等。正面投影上的圆是球面上平行于 V 面的最大圆投影，该圆为前半球面和后半球面的分界线投影；水平投影是球面上平行于 H 面的最大圆的投影，该圆为上半球面和下半球面的分界线投影；侧面投影是球面上平行于 W 面的最大圆的投影，它是左半球面和右半球面的分界线投影［见图 2-27（a）］。

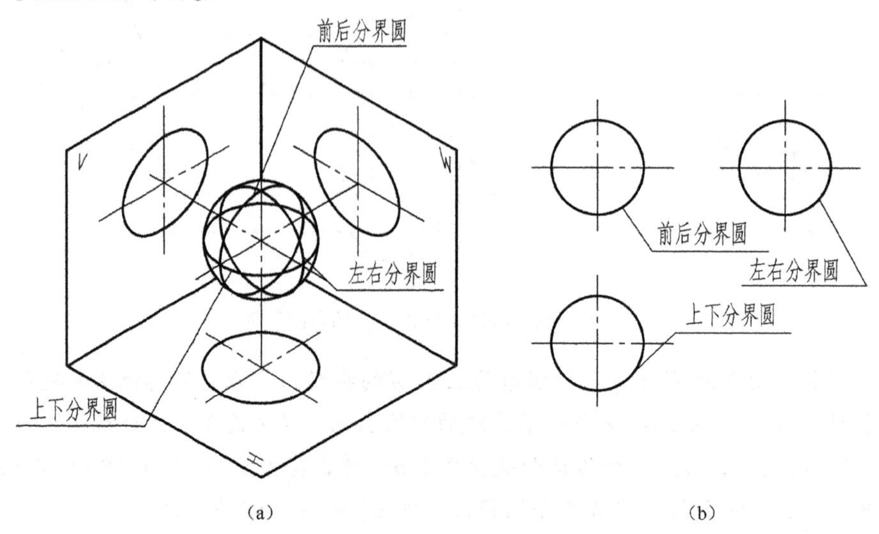

图 2-27　圆球的投影

画圆球三视图的步骤如下。

a. 可先确定球心的 3 个投影。

b. 再画出 3 个与球等直径的圆［见图 2-27（b）］。

③ 圆球面上取点。圆球面转向轮廓线上的点的投影均处于特殊位置，可利用点的投影规律直接求出，如图 2-28（a）所示。其他位置点的投影一般要通过作辅助圆来求解。

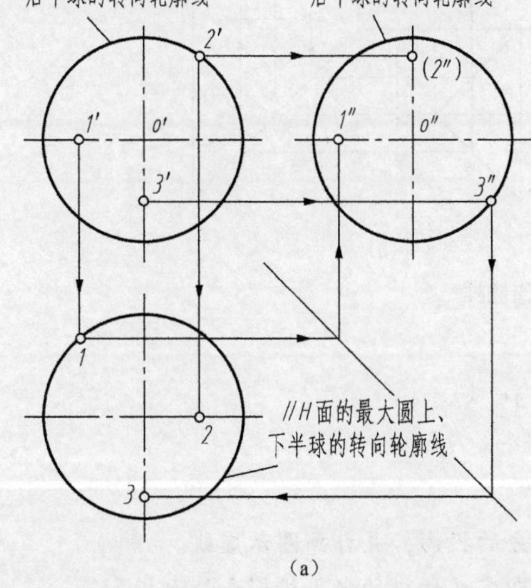

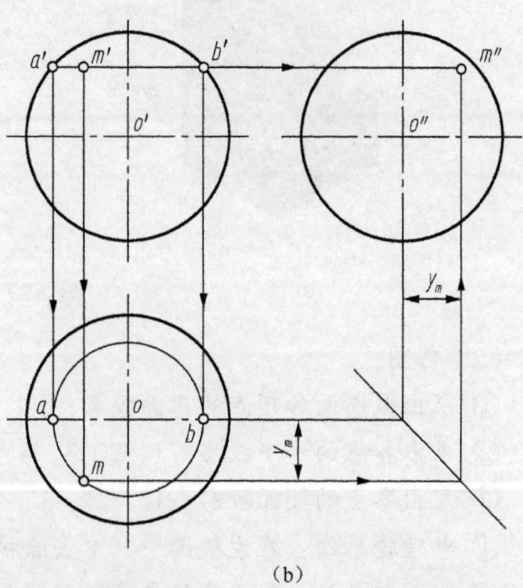

图 2-28 圆球及球面上的点的投影

【案例 2-8】如图 2-28（b）所示，已知圆球面上点 *M* 的 *V* 面投影为 *m*′，求 *M* 点的其他两面投影。

由于 *m*′为可见，所以点 *M* 在球体的前半个球面上。选择在球面上过点 *M* 作平行于水平面的辅助圆的方法求点。过 *m*′作辅助圆的 *V* 面投影 *a*′*b*′，作出圆的 *H* 面投影，其直径等于 *a*′*b*′的长度，按点的投影规律作出 *m* 和 *m*"。由 *m*′的位置可知，点 *M* 在球面的左、上、前部。故 *m*、*m*"都可见。

3. 立体的表面交线

（1）截交线

截切基本形体的平面称为截平面，基本形体被截平面截断后的部分称为截断体，被截切后的断面称为截断面，截平面与基本形体表面的交线称为截交线，如图 2-29 所示。截交线具有下列基本性质：

- 共有性。截交线是截平面与形体表面的共有线。
- 封闭性。由于形体是有一定的范围的，因此截交线应为封闭的平面图形。

① 平面立体的截交线。求平面立体的截交线的投影就是利用形体表面取点的方法求出截交线上各顶点的投影，然后依次连接，完成作图。

【案例 2-9】如图 2-29（b）所示，已知切口的正面投影，完成被切正四棱柱的三视图。

（1）分析

截平面与棱柱顶面及 4 个侧棱面相交，故截交线由 5 条交线组成，截断面为五边形。五边形的各顶点分别是截平面与棱柱表面的 5 条被截棱线的交点。由于截平面为正垂面，故截断面的正面投影积聚成直线段，水平投影与侧面投影为五边形。

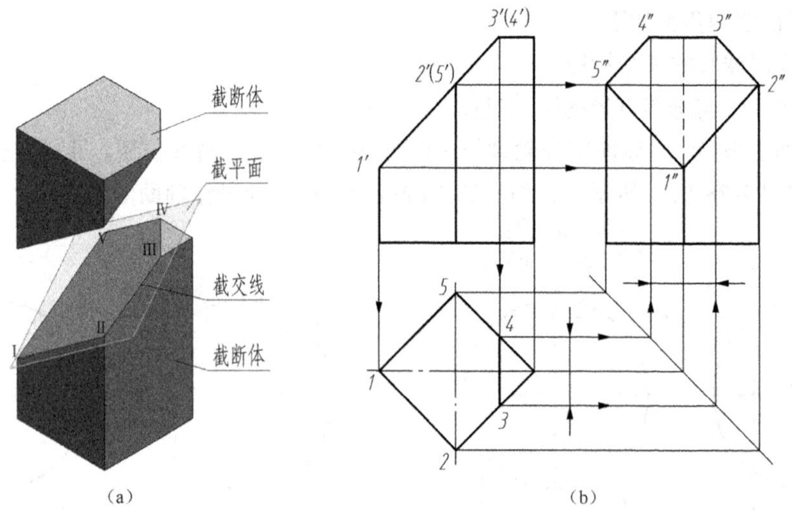

图 2-29　截切正四棱柱

（2）作图

① 求出截断面各顶点的正面投影：1′、2′、3′、4′、5′。

② 求出各点的水平投影：1、2、3、4、5。

③ 求出各点的侧面投影：1″、2″、3″、4″、5″。

④ 整理轮廓线：在左视图中，应去除被截去部分的投影，并补画图示虚线。

⑤ 判别可见性，依次连接各顶点的同面投影，即完成切口的水平投影和侧面投影。

② 曲面交体的截交线。求曲面立体的截交线的投影要先作出截交线的特殊点，然后按需要求出若干一般点，最后判别可视性，依次光滑连接各点的同面投影。

a. 圆柱的截交线。根据截平面与圆柱轴线的相对位置不同，截交线有 3 种形状，如表 2-5 所示。

表 2-5　　**圆柱的截交线**

截平面位置	垂直于圆柱轴线	平行于圆柱轴线	倾斜于圆柱轴线
立体图			
圆柱面上的截交线形状	圆	两平行直线（截断面为矩形）	椭圆
三视图			

【案例 2-10】如图 2-30 所示，完成被正垂面截切后的圆柱的三视图。

（1）分析

由于截平面为正垂面，倾斜于圆柱轴线，且完全切在圆柱面上，故截交线应为椭圆。截交线的正面投影积聚成直线；俯视图中圆柱面的投影具有积聚性，故截交线的水平投影与圆柱面的积聚投影重合，侧面投影一般情况下为椭圆，其长短轴要根据截平面与轴线的夹角而定（特殊情况即截平面与轴线的夹角为 45° 时，左视图投影为圆）。

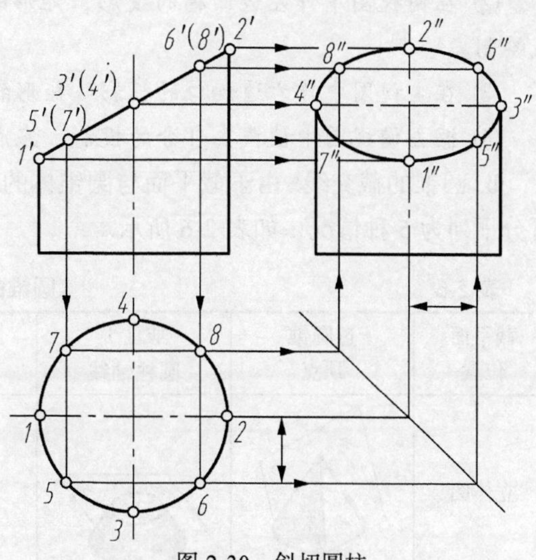

图 2-30　斜切圆柱

（2）作图

① 求特殊点。圆柱的 4 条特殊位置素线与截平面的交点是截交线上的特殊点，利用主视图上截交线的积聚投影，确定 4 个特殊点的正面投影 1′、2′、3′、4′，其中，1 在最左素线上，为最低、最左点，2 在最右素线上，为最高、最右点，两点的连线 1、2 为椭圆的长轴；最前、最后素线上的两点 3、4 分别为最前、最后点，其连线 3、4 为椭圆的短轴。根据投影关系求出各点的其他两面投影。这 4 个特殊点的三面投影一旦确定，截交线的走向和大致范围基本确定。

② 求作一般点。根据具体情况作出适当数量的一般点，如图中的 5、6、7、8。

③ 整理轮廓线。擦去左视图中被截去部分的投影。

④ 判断可见性，光滑连接各点。左视图中，截交线可用粗实线将各点依次连接起来，完成全图。

【案例 2-11】如图 2-31 所示，已知汽车万向联轴节是一圆柱的两端被切，完成它的三视图。

（1）分析

如图 2-31 所示，汽车万向联轴节的左端凹槽是用两个水平面和一个侧平面切割而成的。凹槽侧面的截交线为矩形；凹槽底面的截交线由两段圆弧和两条直线组成。右端每个切口都是用一个正平面和一个侧平面切割而成的，其截交线分别为矩形和圆弧。

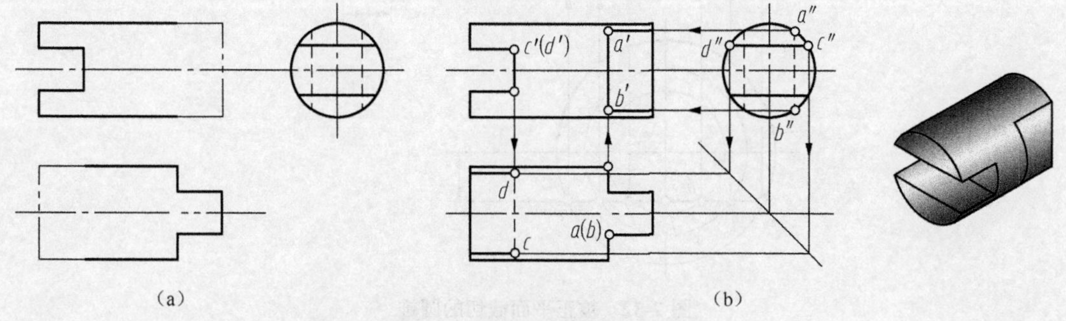

图 2-31　汽车万向联轴节的投影

（2）作图

① 从左视图中知凹槽和切口的积聚性投影：两条粗实线和两条虚线（c″d″、a″b″…）。

② 在俯视图中作左边凹槽的投影，矩形的宽 *cd* 由 *c″d″* 确定，槽底不可见部分的投影用虚线绘制。

③ 在主视图中作右边切口的投影，矩形的高 *ab* 由 *a″b″* 确定。

④ 擦去俯视图中被截去部分的投影，完成全图。

b. 圆锥的截交线。由于截平面与圆锥体的相对位置不同，圆锥面上的截交线的形状也不同，可分下列为 5 种情况，如表 2-6 所示。

表 2-6　圆锥的截交线

截平面位置	过圆锥顶点	垂直于圆柱轴线	倾斜于圆柱轴线	平行于圆柱轴线	平行于任一圆锥表面素线
立体图					
截交线形状	两相交直线	圆	椭圆	双曲线	抛物线
三视图					

【案例 2-12】 如图 2-32 所示，已知切口的侧面投影，完成被正平面截切的圆锥的三视图。

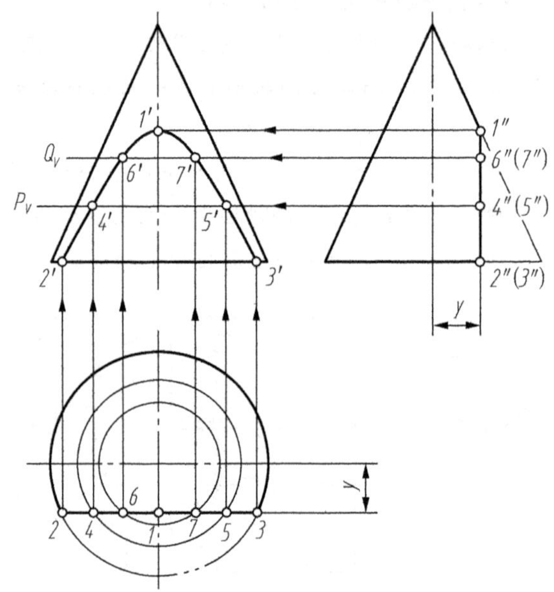

图 2-32　被正平面截切的圆锥

（1）分析

由于截平面与圆锥的轴线平行，所以截交线为双曲线。切口的水平投影和侧面投影分别积聚成直线段，正面投影反映切口的实形。

（2）作图

① 作切口的水平投影。量取左视图所示尺寸，作出俯视图中切口的投影。

② 求特殊点。分别作截交线上的最高点1、最左点2、最右点3（也是最低点）的各面投影。

③ 求适当的一般点。过一般点4″、5″、6″、7″作辅助圆，求出各点的其他两面投影。

④ 整理轮廓线，判断可见性，连接各点，完成全图。

c. 圆球的截交线。圆球被截平面截切后，其截交线都是圆。当截平面平行于某一投影面时，截交线在该投影面上的投影为圆的实形，在其他两投影面上的投影都积聚为直线。当截平面为投影面垂直面（平面与投影面的夹角不等于45°时），截交线在该投影面上的投影积聚为一直线，另两面投影为椭圆。

【案例2-13】如图2-33所示，已知主视图，完成开槽半圆球的三视图。

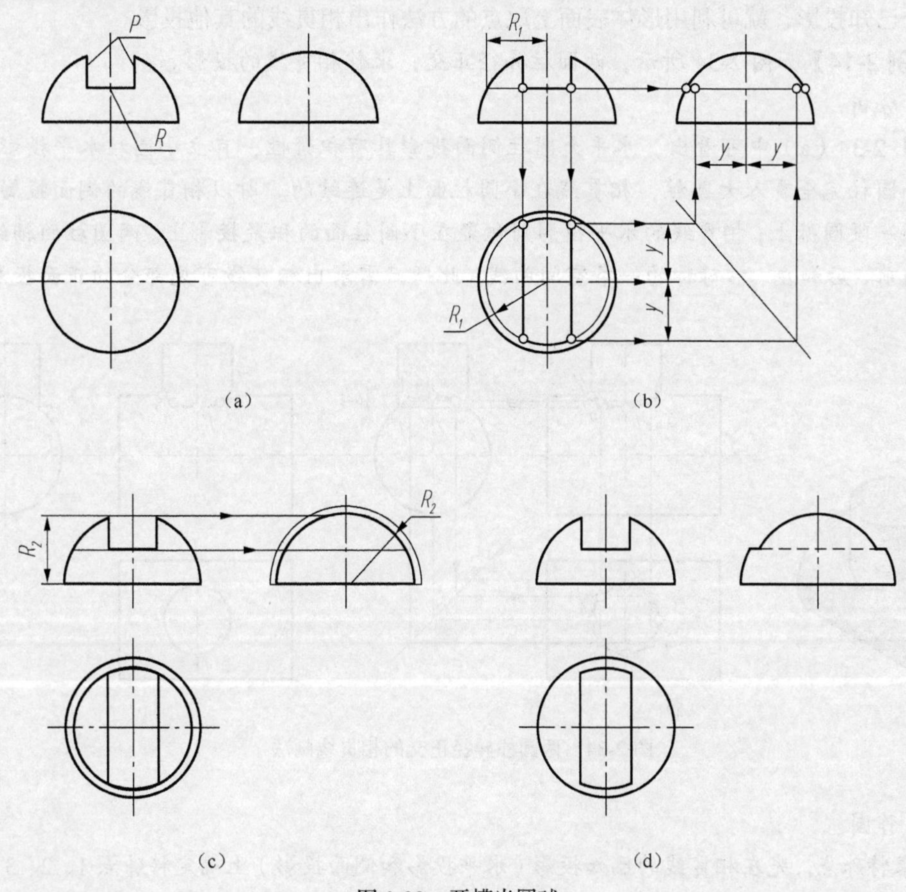

图2-33 开槽半圆球

（1）分析

开槽半圆球的槽的两侧面是侧平面，它们与半圆球的截交线为两段圆弧，侧面投影反映实形；槽底是水平面，与半圆球的截交线也是两段圆弧，水平投影反映实形。

（2）作图

① 求出水平面R与球面的交线。交线的水平投影为圆弧，侧面投影为直线，如图2-33（b）所示。

② 求侧平面P与球面的交线。交线的侧面投影为圆弧，水平投影为直线，如图2-33（c）所示。

③ 补全半圆球轮廓线的侧面投影，并作出两截平面的交线的侧面投影（为虚线），完成全图，如图 2-33（d）所示。

（2）相贯线

两立体相交，在立体表面上产生的交线称为相贯线。相贯线是两形体表面的共有线，也是相交两形体表面的分界线。相贯线上的所有点都是两形体表面的共有点。

由于形体的表面是封闭的，因此相贯线在一般情况下是封闭的空间曲线。画图时，为了清楚地表达物体的形状，一般要正确地画出其交线的投影。求相贯线的投影实质上就是求两形体表面共有点的投影。

① 利用积聚性求相贯线。两圆柱体相交，如果其中有一个是轴线垂直于投影面的圆柱，那么此圆柱在该投影面上的投影具有积聚性，因而相贯线的这一投影必然落在圆柱的积聚投影上，根据这个已知投影，就可利用形体表面上取点的方法作出相贯线的其他投影。

【案例 2-14】如图 2-34 所示，两圆柱异径正交，求作相贯线的投影。

（1）分析

从图 2-34（a）中可看出，水平大圆柱侧面投影具有积聚性，直立小圆柱水平投影具有积聚性，小圆柱完全贯入大圆柱，相贯线在小圆柱面上是连续的。所以相贯线的侧面投影积聚在大圆柱的一段圆弧上；相贯线的水平投影则积聚在小圆柱面的积聚投影上。两圆柱的轴线正交，相贯线为前、后和左、右对称的一条空间曲线，此题只需求出相贯线可见部分的正面投影即可。

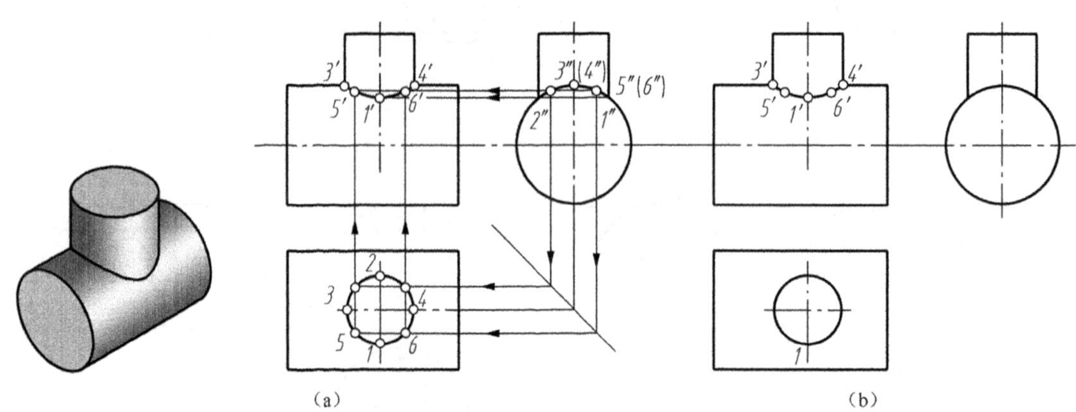

图 2-34　两圆柱异径正交的相贯线画法

（2）作图

a. 求特殊点。先在相贯线的已知投影（水平投影和侧面投影）上确定特殊点 1、2、3、4（依次为相贯线上的最前、最后、最左、最右点）的投影，然后根据特殊点的特殊位置求出正面投影。

b. 求适当的一般点。先在相贯线的已知投影中取点（如 5、6），再根据圆柱表面取点的方法求出正面投影（如 5′、6′）。

c. 判断可见性。相贯线只有同时位于两个立体的可见表面时，其投影才是可见的，否则就都不可见。点 3′、4′是判别相贯线正面投影可见性的分界点，因此，相贯线上 3′1′4′可见，4′2′3′部分不可见，前后对称的交线可见部分和不可见部分重合。

d. 光滑连接各点。在主视图上依次光滑连接各点，完成作图，如图 2-34（b）所示。

② 相贯线的特殊情况。常见相贯线的特殊情况如图 2-35 所示。

③ 相贯线的简化画法。常见相贯线的简化画法如图 2-36 所示。

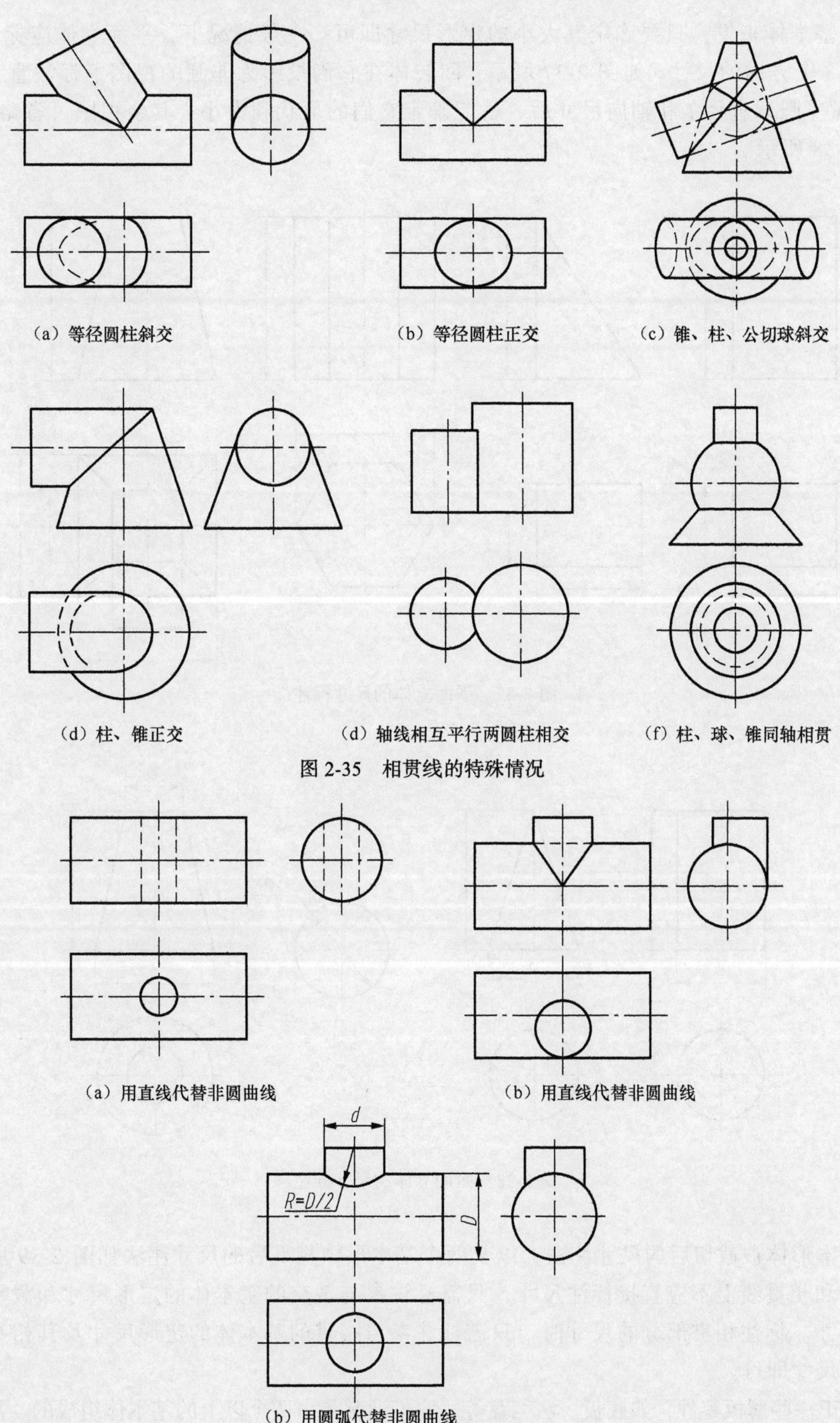

（a）等径圆柱斜交　（b）等径圆柱正交　（c）锥、柱、公切球斜交

（d）柱、锥正交　（d）轴线相互平行两圆柱相交　（f）柱、球、锥同轴相贯

图 2-35　相贯线的特殊情况

（a）用直线代替非圆曲线　（b）用直线代替非圆曲线

（b）用圆弧代替非圆曲线

图 2-36　相贯线的简化画

4. 基本体的尺寸注法

对基本体来说，只要确定其大小的定形尺寸即可。一般情况下，平面立体应标出长、宽、高 3 个方向的尺寸，如图 2-37 所示。回转体在它们投影为非圆的视图上标注直径“ϕ”或“$S\phi$”（圆球直径）和轴向尺寸后，就能确定它们的形状和大小，其余视图可省略不画，如图 2-38 所示。

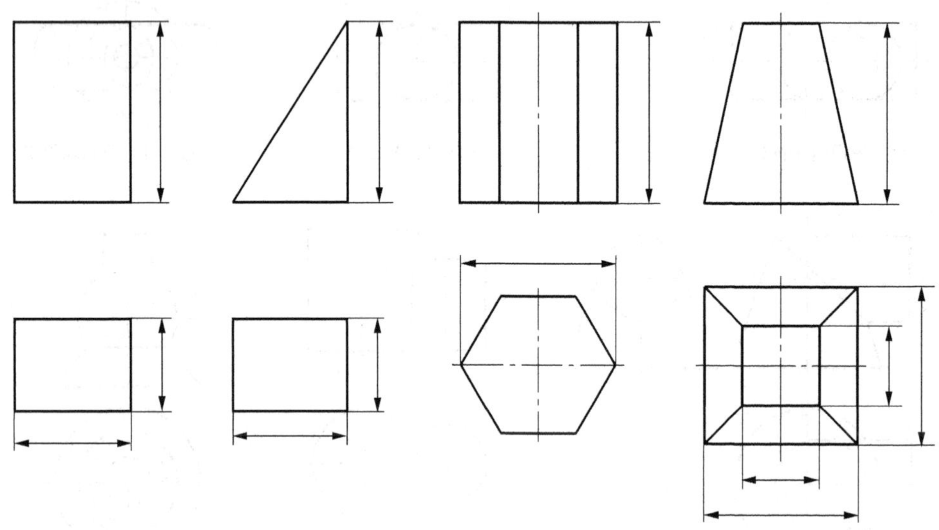

图 2-37　平面立体的尺寸标注

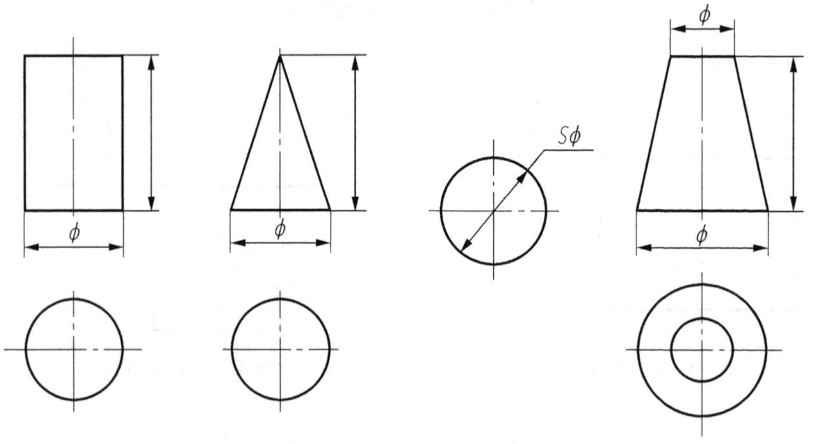

图 2-38　曲面立体的尺寸标注

基本形体被截切后的尺寸注法，以及两个基本形体相贯后的尺寸注法如图 2-39 所示。截交线和相贯线上不应直接标注尺寸，只需标注参与截交的基本体的定形尺寸和截平面的定位尺寸。标注相贯部分的尺寸时，只需标注参与相贯的基本体的定形尺寸及其相贯位置的定位尺寸即可。

对于一些薄板零件，如底板、法兰盘等，它们通常是由两个以上的基本体组成的，尺寸标注如图 2-40 所示。

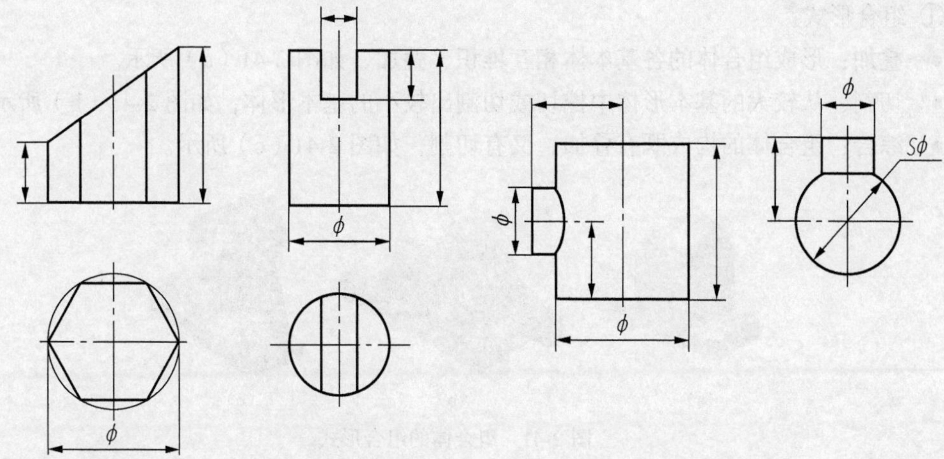

图 2-39　截切体和相贯体的尺寸标注

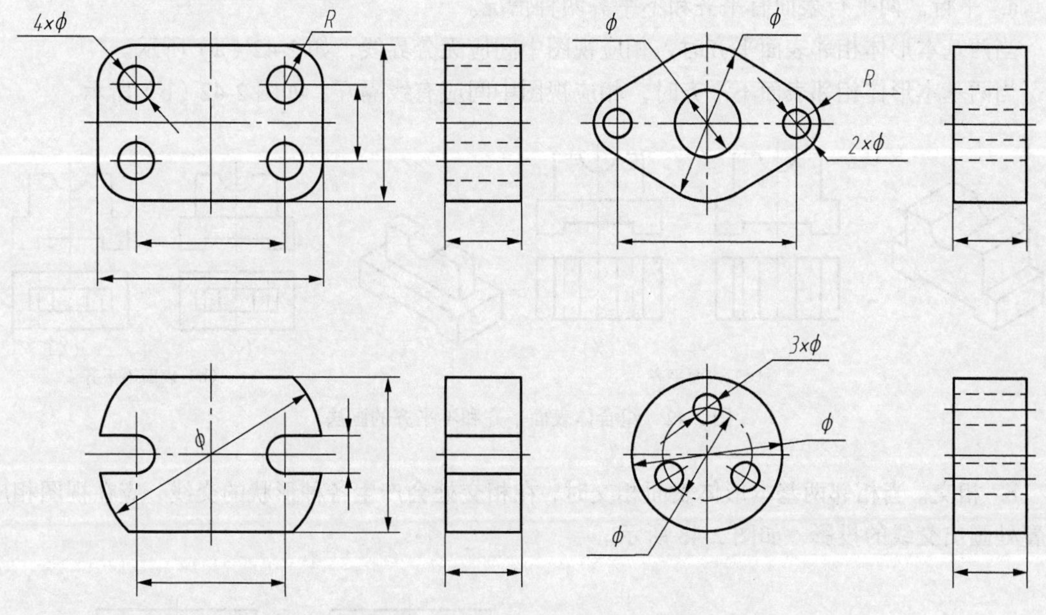

图 2-40　常见几种薄板的尺寸注法

三、项目实施——画汽车连杆轴承盖三视图

（一）组合体

1. 组合体组合形式及形体分析

（1）组合体的组合形式及其表面连接关系

组合体中各基本形体组合时的相对位置关系称为组合形式。基本组合形式可分为叠加和切割，常见的是这两种形式的综合，如图 2-41 所示。

① 组合形式。

- 叠加：形成组合体的各基本体相互堆积、叠加，如图 2-41（a）所示。
- 切割：从较大的基本形体中挖切或切割出较小的基本形体，如图 2-41（b）所示。
- 综合：组合体的构成既有叠加，又有切割，如图 2-41（c）所示。

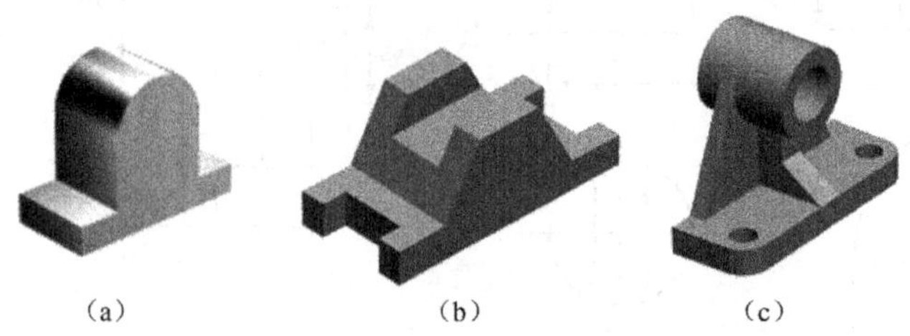

图 2-41　组合体的组合形式

② 组合体表面连接关系。

a. 平行。两平行表面有平齐和不平齐两种情况。

当两基本形体相邻表面平齐时，相应视图中间应无分界线，如 2-42（a）所示。

当两基本形体相邻表面不平齐时，相应视图中间应有线隔开，如图 2-42（b）所示。

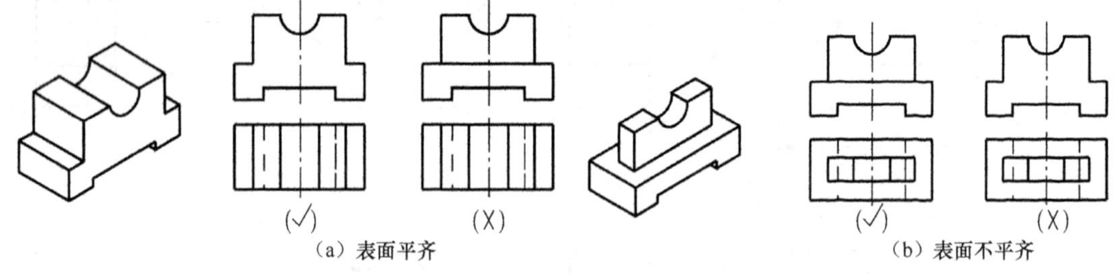

图 2-42　组合体表面平齐和不平齐的画法

b. 相交。当相邻两基本形体表面相交时，在相交处会产生各种形状的交线，应在视图相应位置处画出交线的投影，如图 2-43 所示。

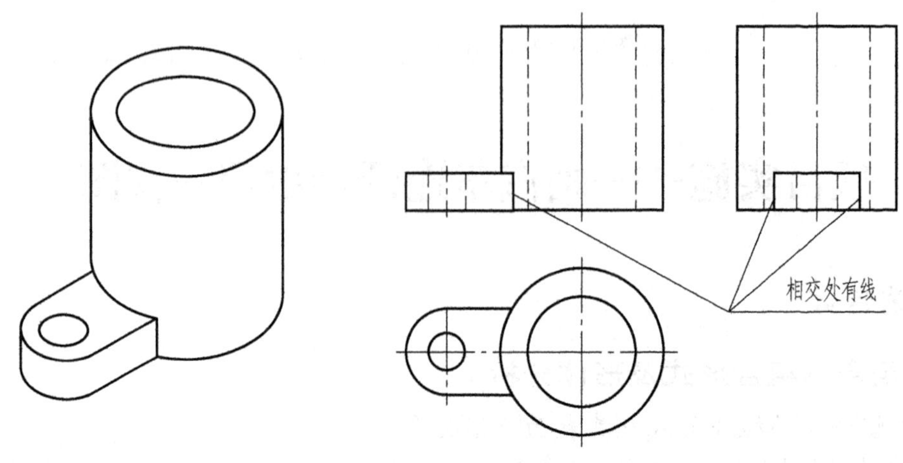

图 2-43　表面相交

c. 相切。当相邻两基本形体表面相切时，由于在相切处两表面是光滑过渡的，不存在明显的分界线，故在相切处规定不画分界线的投影，如图 2-44 所示。

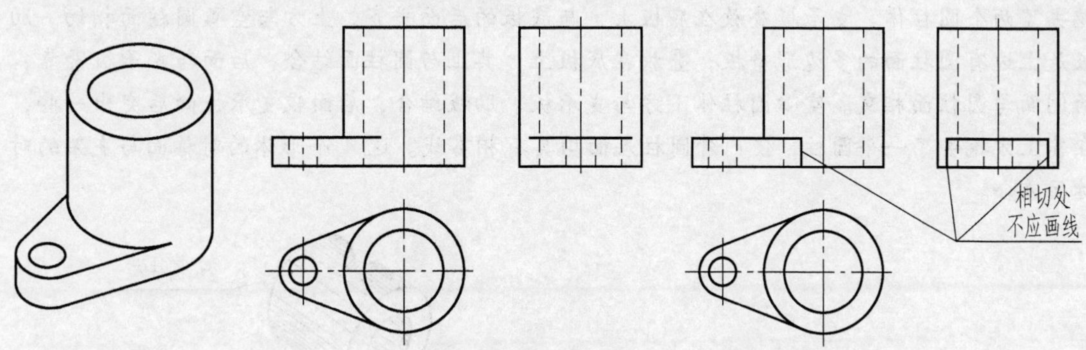

图 2-44　表面相切

（2）组合体的形体分析

在组合体的画图、看图和标注尺寸过程中，通常假想将其分解成若干个基本形体，分析各基本形体的形状、相对位置、组合形式以及表面连接关系。这种把复杂形体分解成若干简单基本形体的分析方法，称为形体分析法。

形体分析法是画、看组合体视图以及标注尺寸的最基本方法之一。画图时，利用它可将复杂的形体简化为若干个基本形体进行绘制；看图时，利用它可从简单的几何体着手，看懂复杂的形体；标注尺寸时，也是从分析基本形体考虑的。在对组合体进行形体分析时，可根据实际形状分解为比较简单的形体，如图 2-45 所示的组合体，可分解为由底板Ⅰ（四棱柱板）、立板Ⅱ、肋板Ⅲ（三棱柱）组成。它们的组合形式和相互位置关系为立板Ⅱ与三棱柱Ⅲ都是叠放在底板Ⅰ上面，三棱柱Ⅲ分别对称叠放在立板Ⅱ的左右两侧。

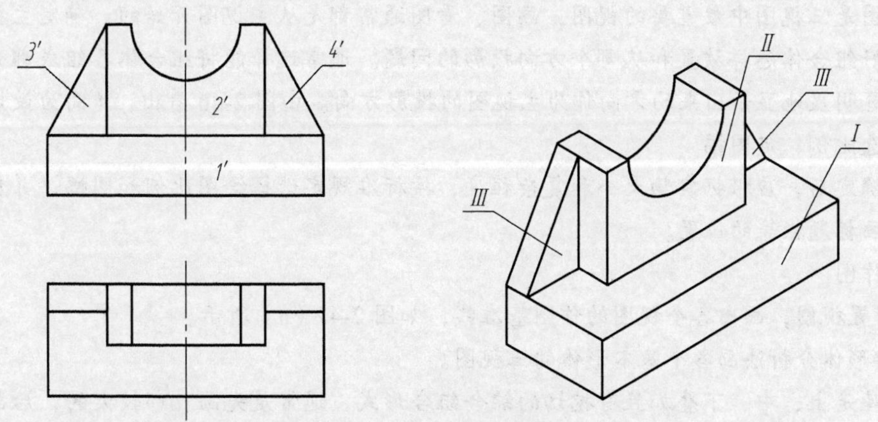

图 2-45　组合体形体分析

2. 组合体的画法

画组合体三视图的基本方法是形体分析法。在画图之前，先对组合体进行形体分析，将其分解成几个组成部分，明确各基本形体的形状、组合形式、相对位置以及表面连接关系，以便对组合体的整体形状有个总的概念，为画图作准备。

【案例 2-15】下面以图 2-46 所示的轴承座为例，说明画图的方法和步骤。

（1）形体分析

图 2-46 所示的轴承座由底板、支承板、肋板和空心圆柱体组成。底板前面有两个圆角并挖去了两个圆柱体。支承板叠放在底板上，与底板的后面平齐，上方与空心圆柱面相切。肋板是上边有圆柱面的多边形平板，叠放在底板上，其上与圆柱面结合，后面与支承板紧靠，两侧面与圆柱面相交。空心圆柱体下方与支承板、肋板结合，后面较支承板向后突出一些，在其上方挖去了一个圆柱，使内外圆柱表面均具有相贯线。这 4 个形体的对称面与支架的对称面重合。

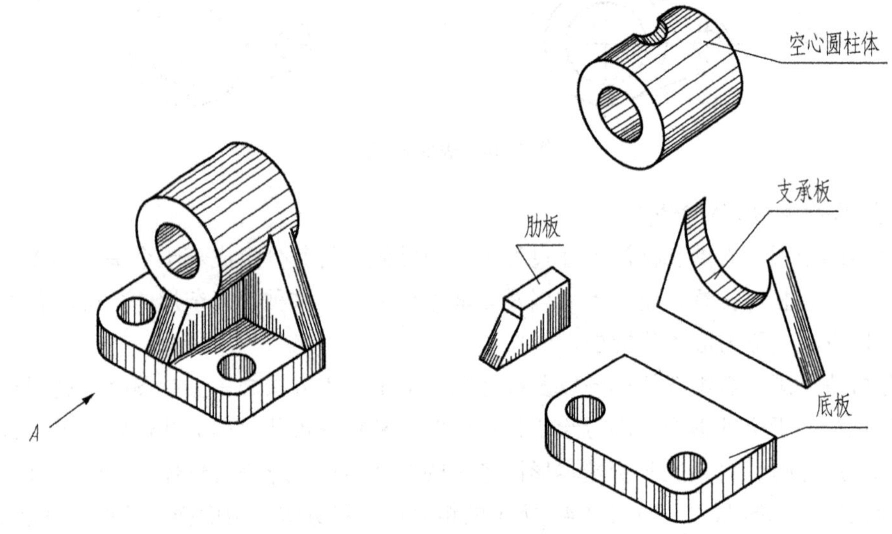

图 2-46 轴承座的形体分析

（2）确定主视图

主视图是三视图中最重要的视图，画图、看图通常都是从主视图开始的。确定主视图，就是要解决好组合体怎样放置和从哪个方向投影的问题。通常选择能将组合体各组成部分的形状和相对位置明显地显示出来的方向作为主视图的投影方向。由图 2-46 看出，*A* 向为最好。

（3）选比例、定图幅

视图确定后，应根据实物大小和复杂程度，按标准规定选择绘图比例和图幅，并应留足标注尺寸和画标题栏等的位置。

（4）作图

① 布置视图，画出各个视图的作图基准线，如图 2-47（a）所示。

② 按形体分析法画各个基本形体的三视图。

轴承座是上、中、下叠加且有挖切的综合组合形式，通常是先画外部较大的，后画内部较小的。在逐个画每一基本形体的三视图时，必须画完一基本形体的三视图后，才能画下一个基本形体。

a. 画底板的三视图，如图 2-47（b）所示。

b. 画空心圆柱体的三视图，如图 2-47（c）所示。

c. 画支承板的三视图，如图 2-41（d）所示。

d. 画肋板的三视图，如图 2-47（e）所示。

e. 仔细检查底稿，确定无误后，进行描深，如图 2-47（f）所示。

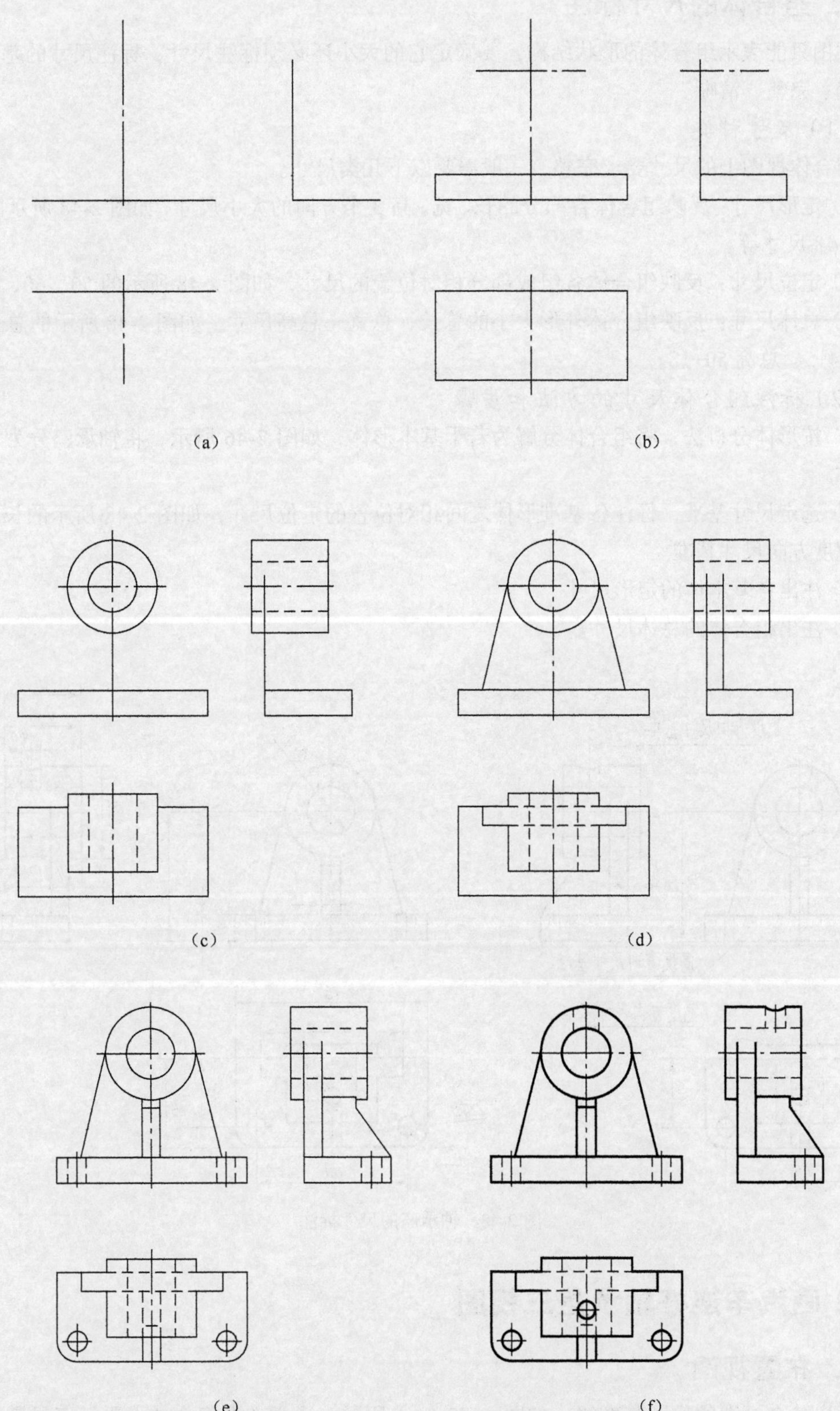

图 2-47　轴承座的画图步骤

3. 组合体的尺寸标注

视图只能表示组合体的形状结构，要确定它的大小还必须标注尺寸，标注尺寸的基本要求是正确、完整、清晰。

（1）尺寸种类

组合体视图上的尺寸要求完整，一般需要以下几类尺寸。

① 定形尺寸：反映组合体各部分的长、宽、高3个方向的大小尺寸，如图2-48所示的ϕ20、ϕ36、ϕ8尺寸等。

② 定位尺寸：反映组合体各组成部分相对位置的尺寸，如图2-48所示的50、60、26等。

③ 总体尺寸：反映组合体外形大小的总长、总宽、总高尺寸，如图2-48所示的总长76、总宽34+5、总高50+18。

（2）标注组合体尺寸的方法和步骤

① 按形体分析法，将组合体分解为若干基本形体，如图2-46所示，将轴承座分为4个基本形体。

② 选定尺寸基准，标注各基准形体之间相对位置的定位尺寸，如图2-48所示的长度、高度、宽度方向尺寸基准。

③ 注出各基本体的定形尺寸。

④ 注出组合体的总体尺寸。

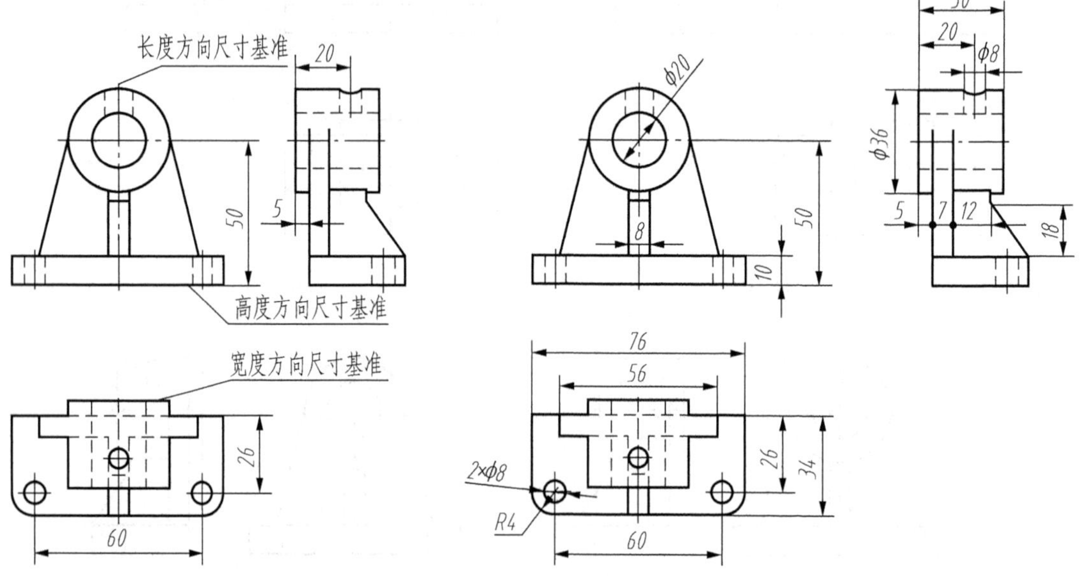

图2-48 轴承座的尺寸标注

（二）画汽车连杆轴承盖三视图

1. 布置视图

画出各个视图的作图基准线，如图 2-49（a）所示。通常选取组合体上平行于投影面的对称平面、底面、端面等积聚成直线的投影和垂直于投影面的回转轴线的 3 个投影，作为各个视图的基准线。在本例中，X、Y 方向以形体的对称平面作为基准，Z 方向以形体的底面作为基准。

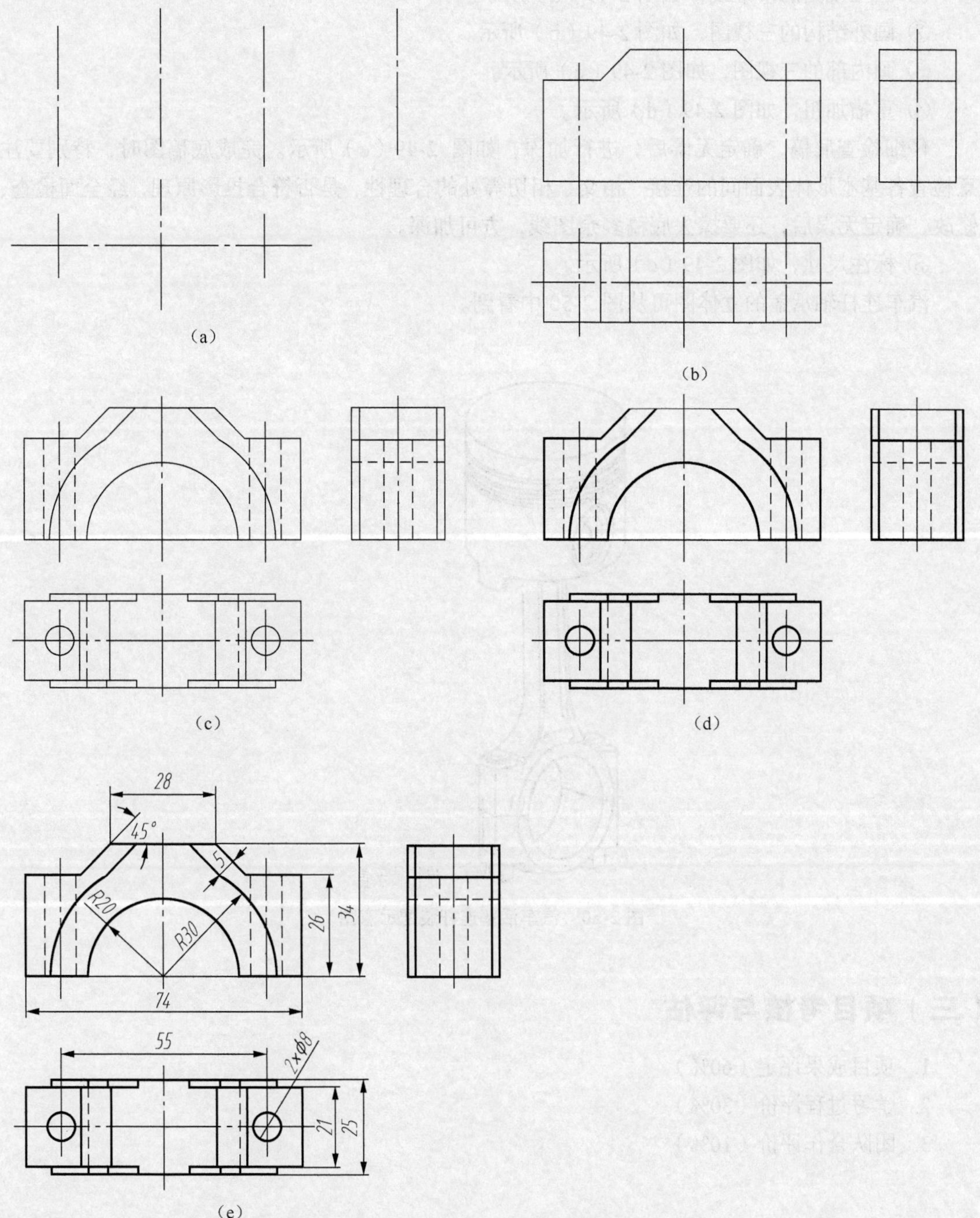

图 2-49　汽车连杆轴承盖三视图

2. 按形体分析法画各个基本形体的三视图

轴承盖是上、下叠加且有挖切的综合组合形式，通常先画外部较大的、整体叠加组合的基本形体，后画内部较小的、挖切组合的基本形体。在逐个画每一基本形体的三视图时，必须画完一基本形体的三视图后，才能画下一个基本形体，这样有利于保持投影关系，提高作图的准确性和作图效率。

① 画三视图的基准线，如图 2-49（a）所示。

② 画外结构的三视图，如图 2-49（b）所示。

③ 画内部的三视图，如图 2-49（c）所示。

④ 重描加粗，如图 2-49（d）所示。

仔细检查底稿，确定无误后，进行加深，如图 2-49（e）所示。完成底稿图时，特别要注意检查各基本形体表面间的连接、相交、相切等处的合理性，是否符合投影原理，经全面检查、修改，确定无误后，还要擦去底稿多余图线，方可加深。

⑤ 标注尺寸，如图 2-49（e）所示。

汽车连杆轴承盖的立体图可从图 2-50 中看到。

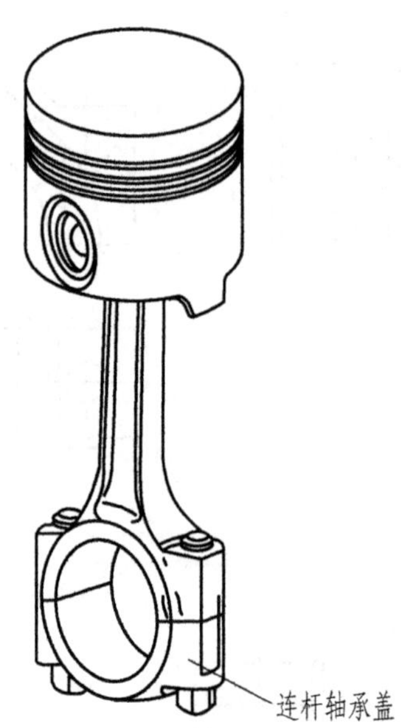

图 2-50　汽车活塞连杆装配示意图

（三）项目考核与评估

1. 项目成果评定（60%）
2. 学习过程评价（30%）
3. 团队合作评价（10%）

四、拓展训练——画某组合体的三视图

画出 2-51 所示组合体的三视图（尺寸可从图中量取，取整数）。

图 2-51　组合体

项目小结

通过对本项目的学习，读者学习了简单零件的视图绘制和阅读，学会了阅读简单零件图。这一过程学习的知识点主要为两部分：第一部分为正投影基本知识及物体的三视图，第二部分为基本体投影及其应用。在第一部分中，一定要熟练掌握正投影的基本性质（真实性、类似性、积聚性），三视图间的对应关系（等量关系、方位关系）。在第二部分中要注意，在实际生产中单个基本体形成的零件很少，为了零件装配连接，简单零件常常通过基本体的叠加、切割形成零件，在绘制这些零件时要掌握两个步骤：对于切割体应先画基本体，再作切割；对于叠加体应先画基础结构，再画小结构。

在绘制零件的三视图中难点在于俯视图与左视图“宽相等”，初学者往往不习惯这样的思维，要通过一定量的训练来掌握。

项目三

画汽车挠性万向节减震盘轴测图

一、项目要求

【知识要求】

（1）掌握绘制轴测图的基本知识。

（2）理解轴测图的概念。

（3）掌握正等轴测图、斜二等轴测图的画法。

【能力要求】

能绘制汽车挠性万向节减震盘轴测投影图。

项目实施条件：多媒体教室、课件、普通教室、绘图仪器、图板、丁字尺，汽车挠性万向节减震盘零件及图纸、测量工具。

二、相关知识

（一）轴测图的概念

多面正投影图能完整、准确地反映物体的形状和大小，但立体感不强，而轴测图能同时反映出物体长、宽、高 3 个方向上的形状，富有较强的立体感，但作图比正投影复杂，在生产中，轴测图作为辅助图样，用来帮助人们读懂正投影图。

1. 轴测图的形成

用平行投影法将物体连同确定物体空间位置的直角坐标系一起沿不平行于任一坐标面的方

向投射到单一投影面，所得的投影图称为轴测投影图，简称轴测图。

2. 轴测投影面、轴间角和轴向伸缩系数

（1）轴测投影面

轴测投影被选定的单一投影面 P 称为轴测投影面。

（2）轴测轴

直角坐标轴在轴测投影面上的投影称为轴测轴，如图 3-1 所示的 O_1X_1、O_1Y_1、O_1Z_1 轴。

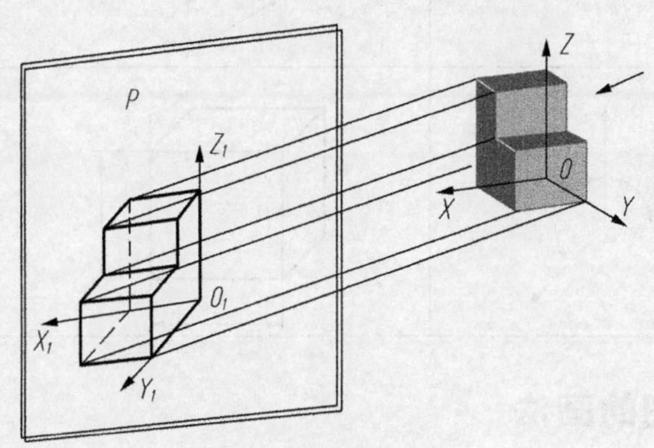

图 3-1 轴测投影的形成

（3）轴间角

在轴测投影中，任意两根坐标轴在轴测投影面上的投影之间的夹角，称为轴间角，如图 3-1 所示的$\angle X_1O_1Y_1$、$\angle Y_1O_1Z_1$、$\angle X_1O_1Z_1$。

（4）轴向伸缩系数

直角坐标轴轴测投影的单位长度与相应直角坐标轴单位长度的比值，称为轴向伸缩系数。X、Y、Z 轴的轴向伸缩系数分别用 p_1、q_1、r_1 表示，即

$$p_1 = O_1X_1/OX;\ q_1 = O_1Y_1/OY;\ r_1 = O_1Z_1/OZ$$

简化伸缩系数分别用 p、q、r 表示。为了方便作图，轴向伸缩系数之比值，即 $p:q:r$ 应采用简单的数值。

3. 轴测图的基本性质

① 物体上与直角坐标轴平行的直线段，其轴测投影必平行于相应的轴测轴，且其伸缩系数与相应轴测轴的轴向伸缩系数相同。

② 若空间两直线段相互平行，则其轴测投影也相互平行。

③ 直线段上两线段长度之比，等于其轴测投影长度之比。

4. 汽车工业上常用的轴测图

汽车工业上常用正等测和斜二测，它们的轴向位置和轴向伸缩系数如表 3-1 所示。

表 3-1　　汽车工业上常用轴测图的轴向位置和轴向伸缩系数

轴　测　图	轴测轴位置	立　方　体	伸 缩 系 数
正等测			轴向伸缩系数 $p_1=q_1=r_1=0.82$，为作图方便，常采用简化的轴向伸缩系数 $p_1=q_1=r_1=1$
斜二测			轴向伸缩系数 $p_1=r_1=1$，$q_1=0.5$

（二）正等轴测图的画法

使物体直角坐标系的 3 条坐标轴与轴测投影面的倾角都相等，并用正投影法将物体向轴测投影面投影，所得图形就是正等轴测图，正等轴测图简称为正等测。

1. 正等轴测图的轴间角和轴向伸缩系数

图 3-2 所示为正等测的轴测轴、轴间角和轴向伸缩系数等参数及画法。从图中可以看出，正等测的轴间角均为 120°，且 3 个轴向伸缩系数相等。经推证并计算可知 $p_1=q_1=r_1=0.82$。为作图简便，实际画正等测时采用 $p_1=q_1=r_1=1$ 的简化伸缩系数画图，即沿各轴向的所有尺寸都按物体的实际长度画图。但按简化伸缩系数画出的图形比实际物体放大了 1.22 倍。

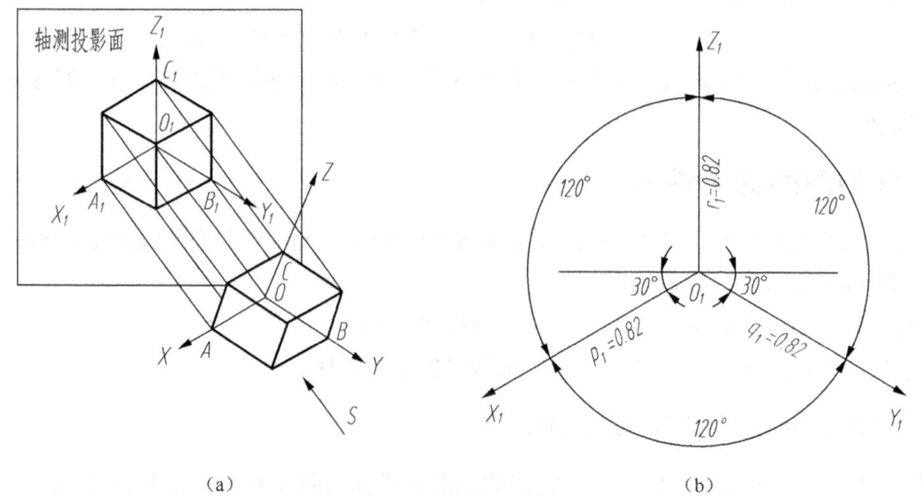

图 3-2　正等测的轴间角和轴向伸缩系数

2. 平面立体的正等轴测图的画法

画轴测图的方法有坐标法、切割法和叠加法 3 种，绘制轴测图最基本的方法是坐标法。

（1）坐标法

这是画轴测图的基本方法。其步骤一般是：首先根据物体形状的特点，选定适当的坐标轴，画出对应的轴测轴；然后根据物体的尺寸坐标关系，画出物体上某些点的轴测投影；再由作出的点画出物体上的某些线和面，最后逐步完成物体的全图。下面以长方体为例绘制其正等测。

分析：根据长方体的特点，选择其中一个角顶点作为空间直角坐标系原点，并以过该角顶点的 3 条棱线为坐标轴。先画出轴测轴，然后用各顶点的坐标分别定出长方体 8 个顶点的轴测投影，依次连接各顶点即可。

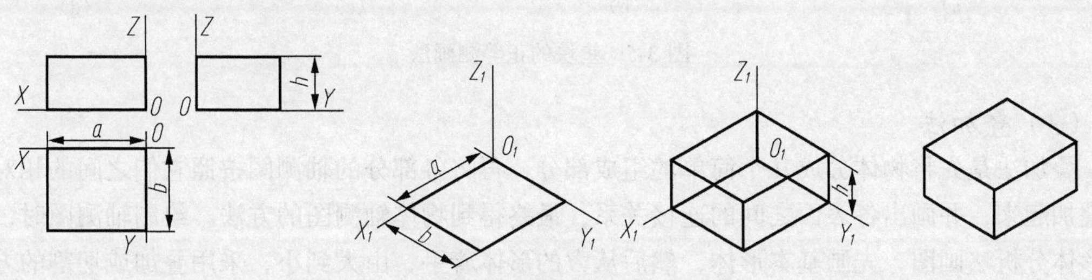

图 3-3　长方体的正等测

【案例 3-1】根据正六棱柱两个视图画出其正等侧。

分析：由于正六棱柱前后、左右对称，从顶面开始作图更方便。选择顶面的中点作为空间直角坐标系原点，棱柱的轴线作为 OZ 轴，顶面的两条对称线作为 OX、OY 轴。用各顶点的坐标分别定出正六棱柱的各个顶点 a、b、c、d、e、f 的轴测投影 A、B、C、D、E、F，然后从顶面各点沿 Z 向向下量取 h 高度，得到底面上的对应点；分别连接各点，用粗实线画出物体的可见轮廓，擦去不可见部分，得到六棱柱的轴测投影。

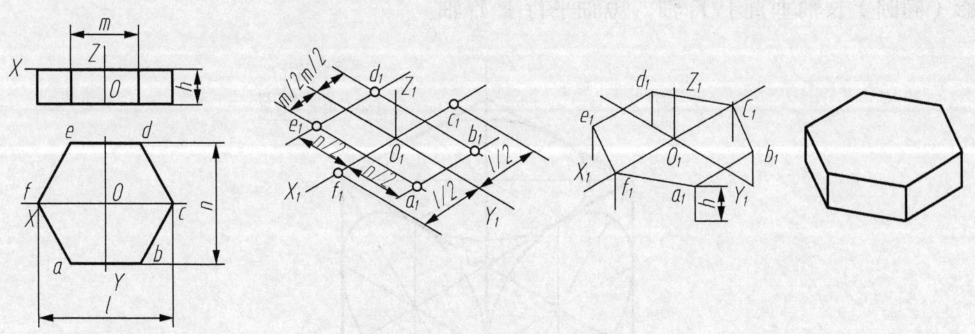

图 3-4　正六棱柱的正等测

（2）切割法

切割法又称方箱法，是以坐标法为基础，画出完整的长方体，然后按形体分析的方法逐块切去多余的部分。

【案例 3-2】根据如图 3-5（a）所示的垫块三视图画出其正等测。

首先画出完整的长方体，再用切割法分别切去右侧斜角、前面的台阶，然后擦去作图线，描深可见部分即可得垫块的正等测。

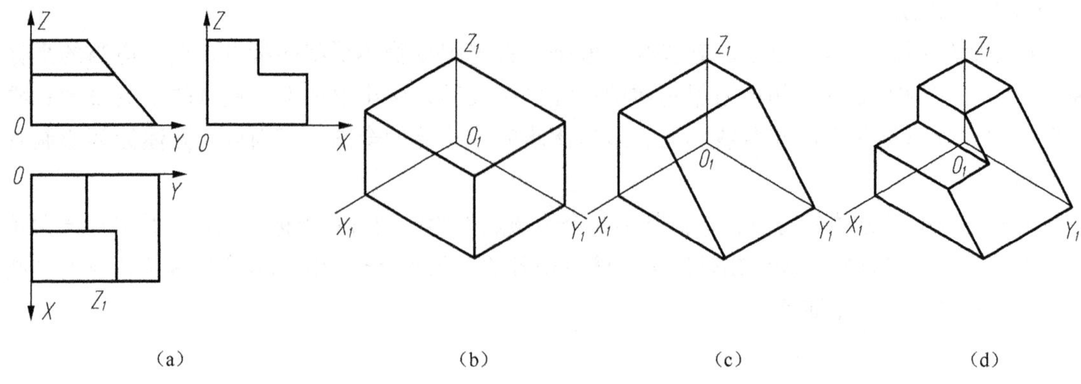

（a）　　（b）　　（c）　　（d）

图 3-5　垫块的正等测画法

（3）叠加法

叠加法是先将物体分成几个简单的组成部分，再将各部分的轴测图按照它们之间的相对位置叠加起来，并画出各表面之间的连接关系，最终得到物体轴测图的方法。绘制轴测图时，要按形体分析法画图，先画基本形体，然后从大的形体着手，由大到小，采用叠加或切割的方法逐步完成。在切割和叠加时，要注意形体位置的确定方法。轴测投影的可见性比较直观，对不可见的轮廓可省略虚线，在轴测图上形体轮廓能否被挡住要作图判断，不能凭感觉绘图。

3. 曲面立体的正等轴测图的画法

（1）平行于坐标面的圆的正等测画法

如图 3-6 所示，平行于坐标面的圆的正等轴测投影是椭圆，平行于坐标面 *XOY*（水平面）的圆的正等测投影（椭圆）长轴垂直于 Z_1 轴，短轴平行于 Z_1，平行于坐标面 *YOZ*（侧面）的圆的正等测投影（椭圆）长轴垂直于 X_1 轴，短轴平行于 X_1 轴，平行于坐标面 *XOZ* 的圆的正等测投影（椭圆）长轴垂直于 Y_1 轴，短轴平行于 Y_1 轴。

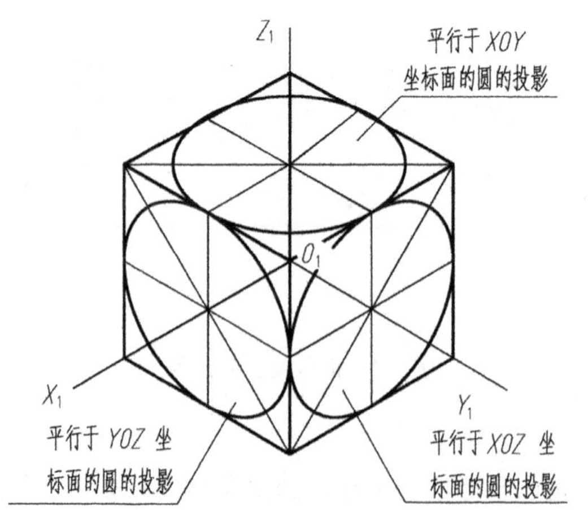

图 3-6　平行于坐标面的圆的正等测图

为了简化作图，上述椭圆一般用 4 段圆弧代替。由于这 4 段圆弧的 4 个圆心是根据椭圆的外切菱形求得的，因此这个方法叫菱形四心法。绘制圆柱体的轴测图时，可先画出圆柱体上下底面的轴测图，然后作两椭圆的公切线，对孔的可见性要作具体的分析。

（2）用“四心法”作圆的正等测

“四心法”就是正等测中的椭圆常采用菱形四心法近似画出。作图时，可把坐标面（或其平行面）上的圆看作正方形的内切圆，先画出正方形的正等测——菱形，则圆的正等测——椭圆内切于该菱形。然后用“四心法”画 4 段圆弧，分别与菱形相切并光滑连接成椭圆。下面以平行于水平面的圆的正等测图为例，说明作图的步骤。

① 画出轴测轴，按圆的外切正方形画出菱形（见图 3-7（a））。

② 以 *A*、*B* 为圆心，*AC* 为半径画两大弧（见图 3-7（b））。

③ 连 *AD* 和 *AC* 分别交长轴于 *M*、*N* 两点（见图 3-7（c））。

④ 以 *M*、*N* 为圆心，*MD* 为半径画两小弧；在 *C*、*D*、*E*、*F* 处与大弧连接（见图 3-7（d））。

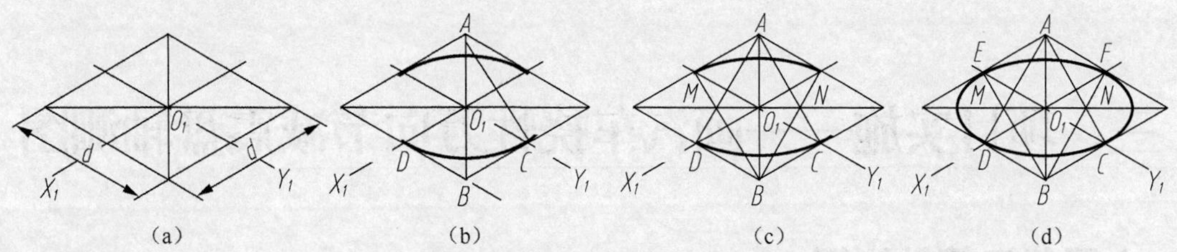

图 3-7　平行于坐标面的圆的正等测画法

【案例 3-3】圆柱和圆台的正等测。

如图 3-8 所示，作图时，主要分为如下几步。

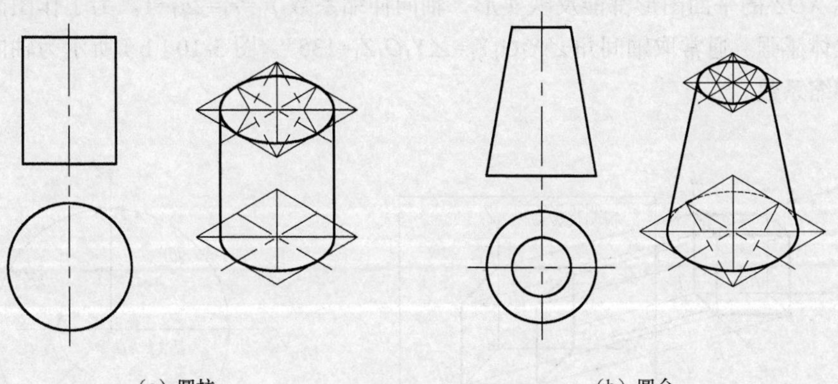

（a）圆柱　（b）圆台

图 3-8　圆柱和圆台的正等测图

① 画出轴测轴，分别画出圆柱和圆台顶面和底面的外切菱形。

② 画出圆柱和圆台顶面和底面的椭圆。

③ 分别作出其顶面和底面的椭圆的公切线。

【案例 3-4】圆角的正等测图。

圆角相当于四分之一的圆周，因此，圆角的正等测正好是近似椭圆的四段圆弧中的一段，如图 3-9 所示。

① 画长方体平板的正等测，由角顶沿两边分别量取半径 *R*，得 *A* 点。

② 过 *A* 点做所在边的垂线，得交点 O_1。以 O_1 为圆心，O_1A 为半径画圆弧，将 O_1 沿 Z_1 轴下移 *h*，得底面圆弧的圆心，用相应的半径画出底面的圆弧。

③ 作出右侧上下面的两个圆弧，并画出其公切线。

④ 擦去多余图线，描深，可见轮廓线。

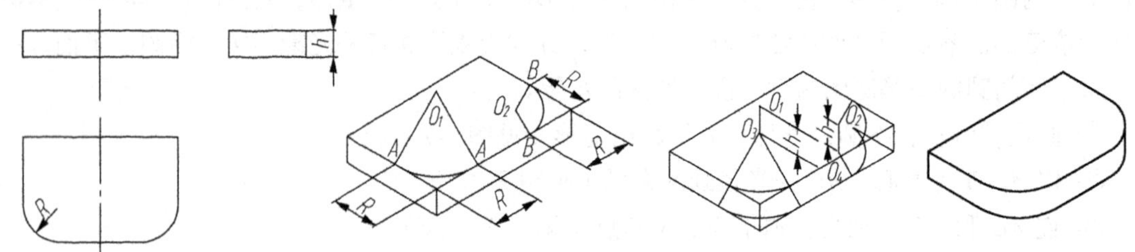

图 3-9　圆角的正等测图

三、项目实施——画汽车挠性万向节减震盘轴测图

（一）画斜二等轴测图

1. 斜二测的轴间角和轴向伸缩系数

在斜二测中，轴测轴 X_1 和 Z_1 仍为水平方向和铅垂方向，即轴间角 $\angle X_1O_1Z_1=90°$ ，物体上平行于坐标 XOZ 的平面图形都能反映实形，轴向伸缩系数 $p_1=r_1=2q_1=1$。为了作图简便，并使斜二测的立体感强，通常取轴间角 $\angle X_1O_1Y_1=\angle Y_1O_1Z_1=135°$ 。图 3-10（b）所示为轴向角的画法和各轴向伸缩系数。

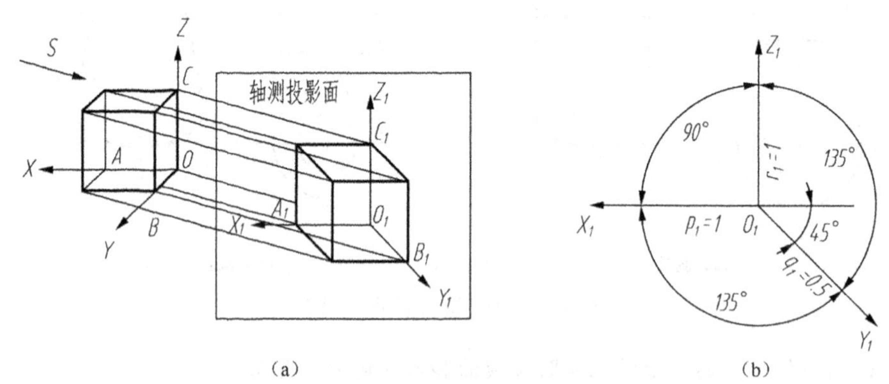

图 3-10　正面斜二等轴测的投影形成及其轴间角和轴向伸缩系数

2. 斜二等轴测图的画法

斜二测的画法与正等测的画法基本相似，区别在于轴间角不同以及斜二测沿 O_1Y_1 轴的尺寸只取实长的一半。在斜二测中，物体上平行于 XOZ 坐标面的直线和平面图形均反映实长和实形，所以，当物体上有较多的圆或曲线平行于 XOZ 坐标面时，采用斜二测图比较方便。

【案例 3-5】作四棱台的斜二测。

作图方法与步骤如图 3-11 所示。

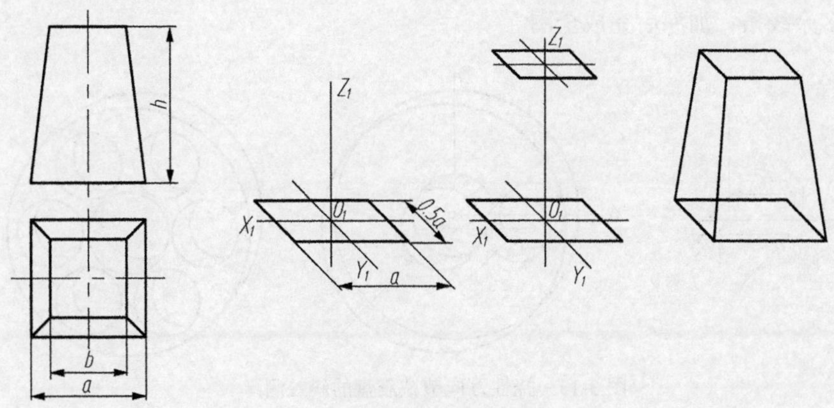

图 3-11　正四棱台的斜二测

（二）画汽车挠性万向节减震盘轴测图

① 汽车挠性万向节减震盘零件图如图 3-12 所示，为了作图方便将圆的端面选为平行于 *XOZ* 坐标面。

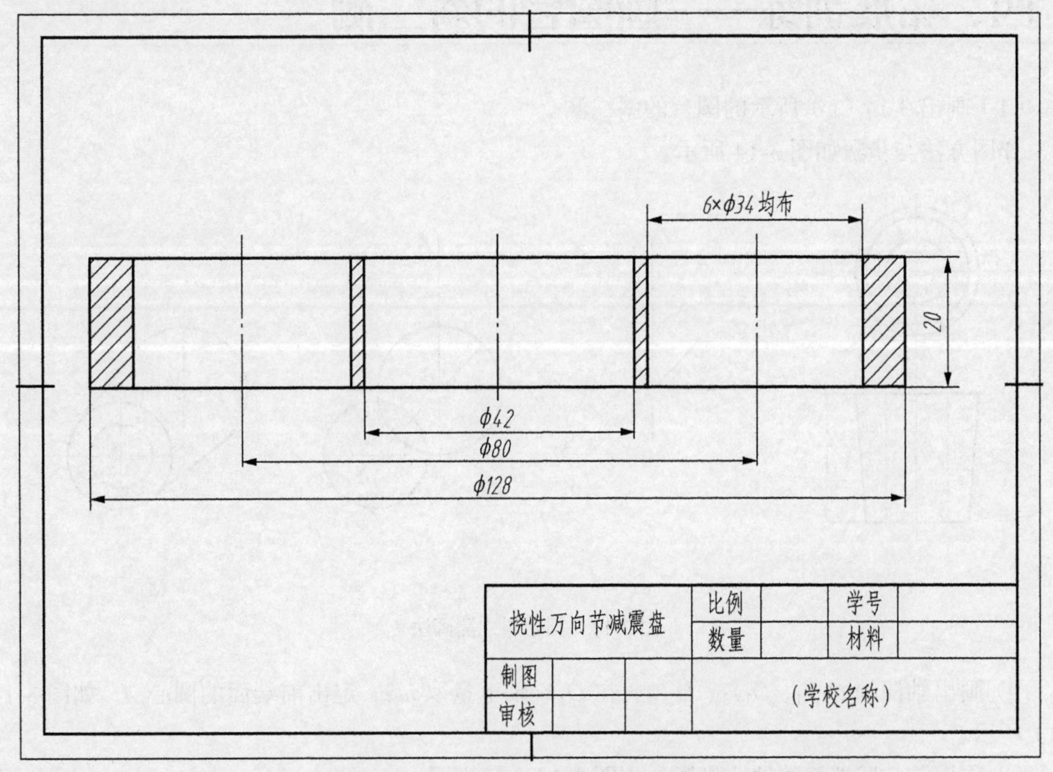

图 3-12　挠性万向节减震盘零件图

② 画斜二测的轴测轴，根据坐标分别定出每个圆端面的圆心位置，如图 3-13 所示。

③ 按圆心位置，依次画出外圆柱及各圆孔。

④ 擦去多余线条，加深后完成全图。

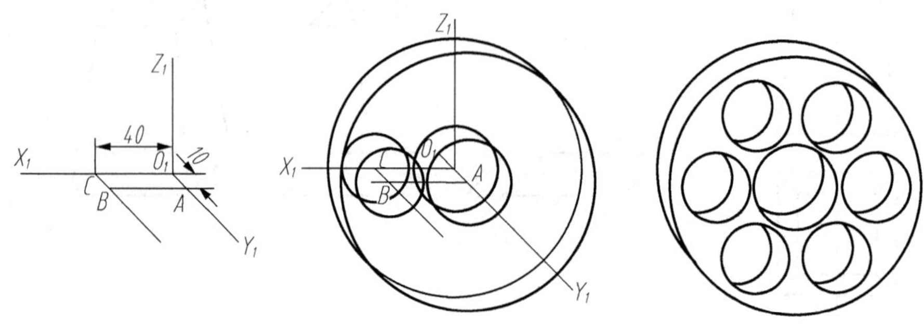

图 3-13　挠性万向节减震盘的斜二测

（三）项目考核及评估

1. 项目成果评定（60%）
2. 学习过程评价（30%）
3. 团队合作评价（10%）

四、拓展训练——画圆台的斜二测

（1）画出 3-14（a）所示的圆台的斜二测。

作图方法与步骤如图 3-14 所示。

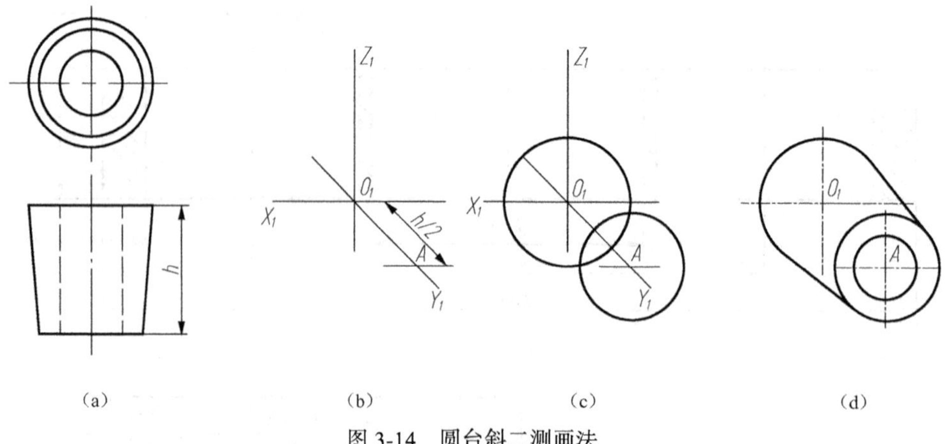

图 3-14　圆台斜二测画法

① 画出轴测轴 O_1X_1、O_1Y_1、O_1Z_1，在 O_1Y_1 轴上量取 $h/2$，定出前端面的圆心 A，如图 3-14（b）所示。

② 作出前、后端面的轴测投影，如图 3-14（c）所示。

③ 作出两端面圆的公切线及前孔口和后孔口的可见部分。

④ 擦去多余的图线并描深，即得到圆台的斜二测，如图 3-14（d）所示。

（2）画出如图 3-15（a）所示的支撑板的正等测。

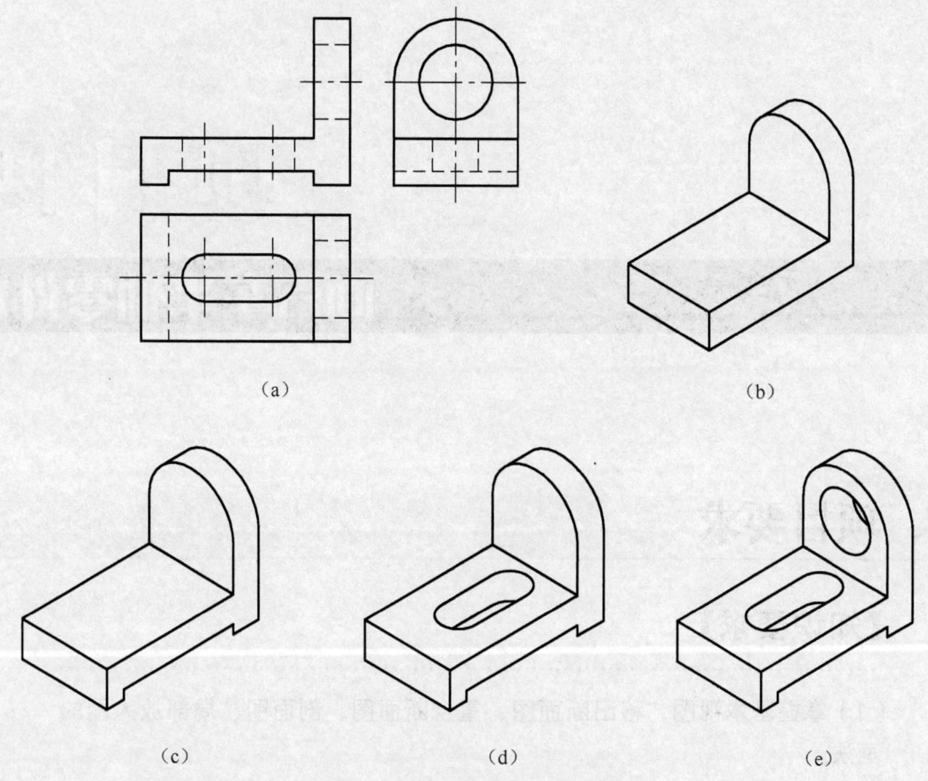

图 3-15　支撑板正等测的画法

作图方法与步骤如图 3-15 所示。

① 画底板及侧板的正等测图，如图 3-15（b）所示。

② 画底板的底侧槽，如图 3-15（c）所示。

③ 画底板上部的槽，如图 3-15（d）所示。

④ 画侧板上的圆孔，完成支撑板的正等测图，如图 3-15（e）所示。

项目小结

通过对正等轴测投影及斜二等轴测投影基本知识的介绍，读者应掌握画轴测投影的技能，并能完成汽车挠性万向节减震盘轴测投影图的绘制。在实施本项目过程中，易出现绘制的零件形状错误的问题，所以在画图时应注意正确确定轴间角及轴向伸缩系数。

项目四

画汽车半轴零件图

一、项目要求

【知识要求】

（1）掌握基本视图、移出断面图、重合断面图、剖面图、局部放大图的画法。

（2）掌握零件图技术要求。

（3）掌握零件图的尺寸标注。

（4）掌握零件机械加工工艺结构。

【能力要求】

能识读和绘制汽车半轴零件图。

项目实施条件：多媒体教室、课件、普通教室、绘图仪器、图板、丁字尺、轴套类零件。

二、相关知识

（一）基本视图

机件向基本投影面投射所得的视图称为基本视图，根据国家标准《机械制图》的规定，用正六面体的6个面作为基本投影面，把机件放置其中，用正投影的方法向6个基本投影面分别进行投射，就得到该机件的6个基本视图。

投射后，规定正投影面不动，把其他投影面按图4-1（a）所示的方法展开到与正投影面成同一平面。6个基本视图的配置位置如图4-1（b）所示。6个基本视图之间仍然符合“长对正、高平齐、宽相等”的投影规律，其他关系如方位关系等可参照三视图的规律分析。

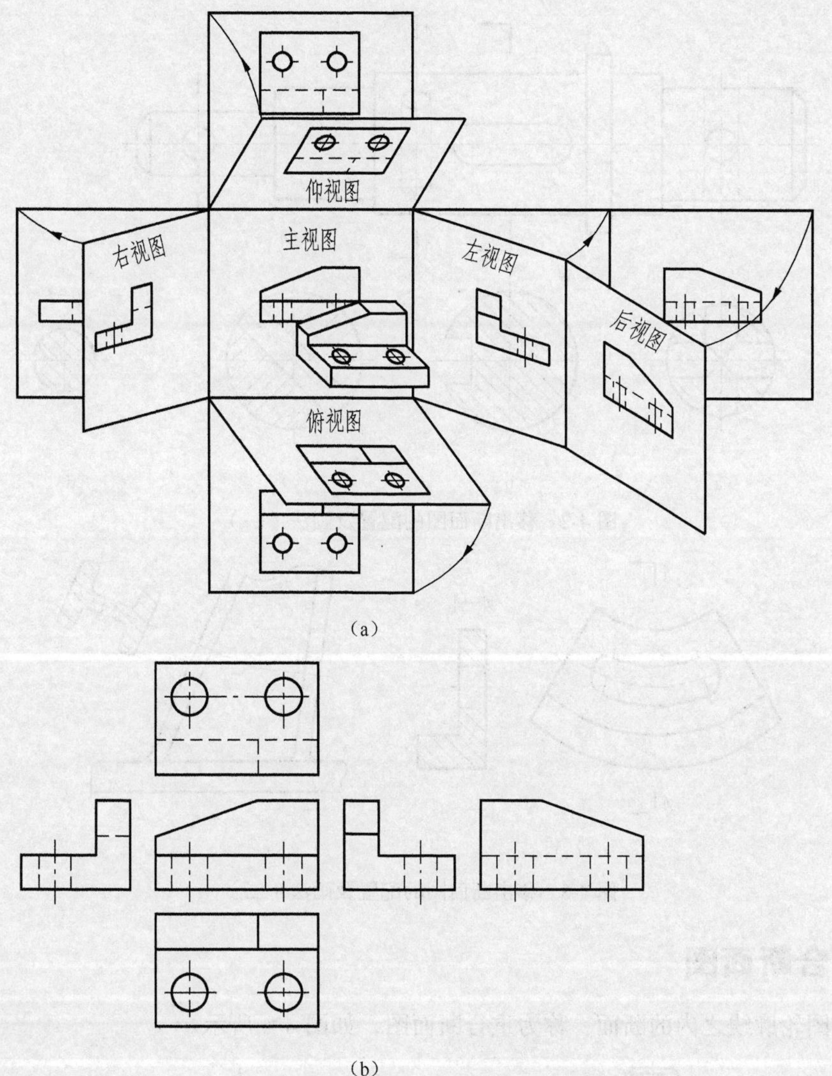

（a）

（b）

图 4-1　6 个基本视图的展开及配置

（二）移出断面图

用剖切面将物体的某处切断，仅画出剖切面与物体接触部分的图形，称为断面图。

移出断面图是指画在视图轮廓之外的断面图。移出断面图的轮廓线用粗实线画出，可配置在剖切位置线的延长线上或其他适当的位置。

画移出断面图时应注意以下 3 点。

① 当剖切平面通过由回转面形成的孔或凹坑的轴线时，这些结构应按剖视绘制，如图 4-2（a）、图 4-2（c）和图 4-2（d）所示断面。

② 当剖切平面通过非圆孔，导致出现完全分离的两个断面图时，应按剖视图绘制，如图 4-3（a）所示。

③ 由两个或多个相交的剖切平面剖切所得的移出断面图，中间一般应断开绘制，如

图 4-3（b）所示。

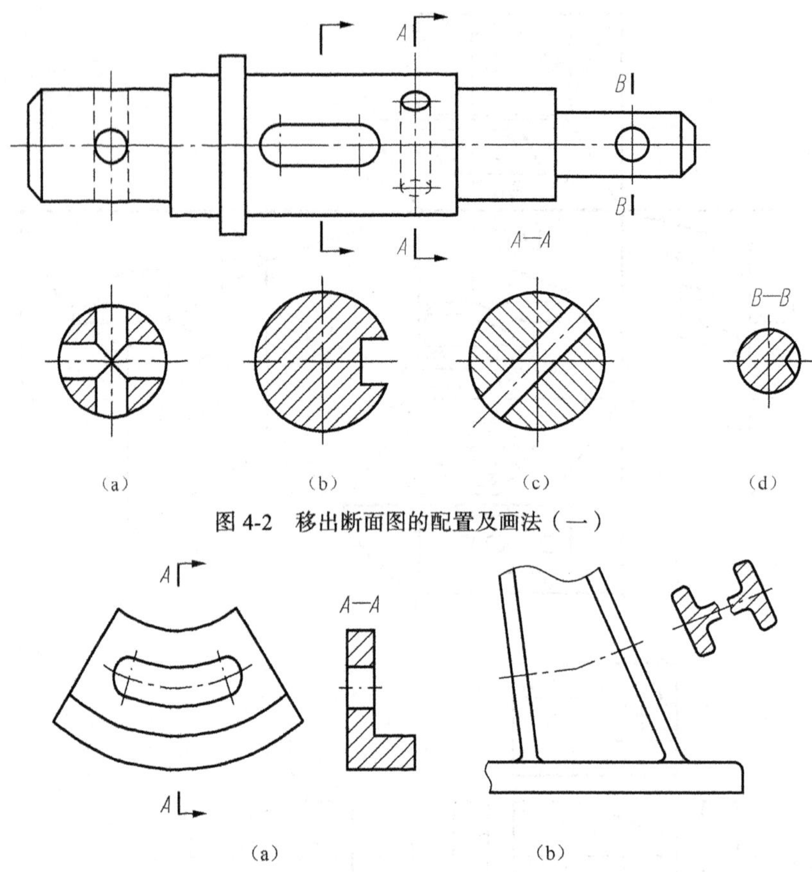

图 4-2　移出断面图的配置及画法（一）

图 4-3　移出断面图的配置及画法（二）

（三）重合断面图

画在视图轮廓线之内的断面，称为重合断面图，如图 4-4 所示。

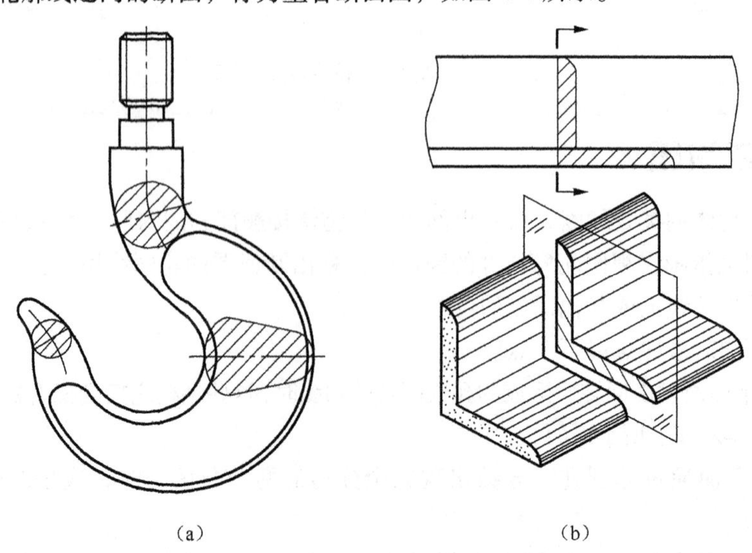

图 4-4　重合断面图的配置及画法

重合断面图的轮廓线用细实线绘制。当视图中的轮廓线与重合断面图的轮廓线重叠时，视图中的轮廓线应连续画出，不可间断，如图 4-4（b）所示。

（四）局部放大图

将机件的部分结构用大于原图形所用的比例绘出的图形，称为局部放大图。用细实线圈出被放大的部位，当同一机件上有几处需要放大时，必须用罗马数字依次标明被放大的部位，并在局部放大图上标出相应的罗马数字和所采用的比例，如图 4-5 所示。

① 若只有一处被放大时，在局部放大图上方只需注明所采用的比例，如图 4-5 所示。

② 对于同一机件上不同部位的局部放大图，当图形相同或对称时，只需画出一个，如图 4-6 所示。

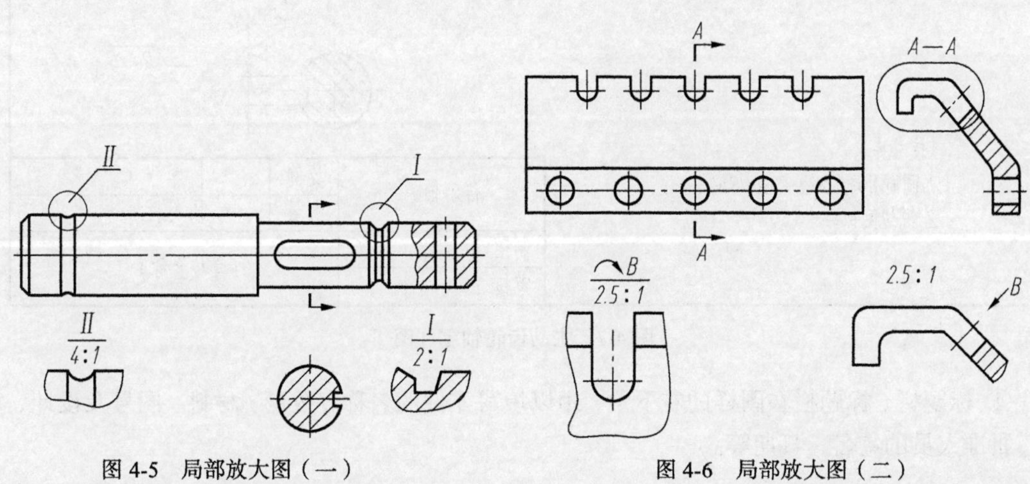

图 4-5　局部放大图（一）　　图 4-6　局部放大图（二）

（五）零件图概述

机器或部件是由零件装配成的。表达零件结构形状、尺寸大小和技术要求的图样称为零件工作图，简称零件图，如图 4-7 所示。

1. 零件图的作用

零件图是设计部门提交给生产部门的重要技术文件，它反映了设计者的意图，表达了机器或部件对零件的要求，是制造和检验零件的依据。

2. 零件图的内容

图 4-7 所示为齿轮泵中的主动齿轮轴零件图，从图中可以看出零件图一般应包括以下 4 方面内容。

① 图形。用一组图形准确、清晰和简便地表达出零件的结构形状。

② 尺寸。正确、完整、清晰、合理地标注出组成零件各形体的大小及其相对位置尺寸，即提供制造和检验零件所需的全部尺寸，如图 4-7 所示。

③ 技术要求。将制造零件应达到的质量要求用一些规定的代（符）号、数字、字母或文字，准确、简明地表示出来。不便用代（符）号标注在图中的技术要求，可用文字注写在标题栏的

上方或左方，如图4-7所示。

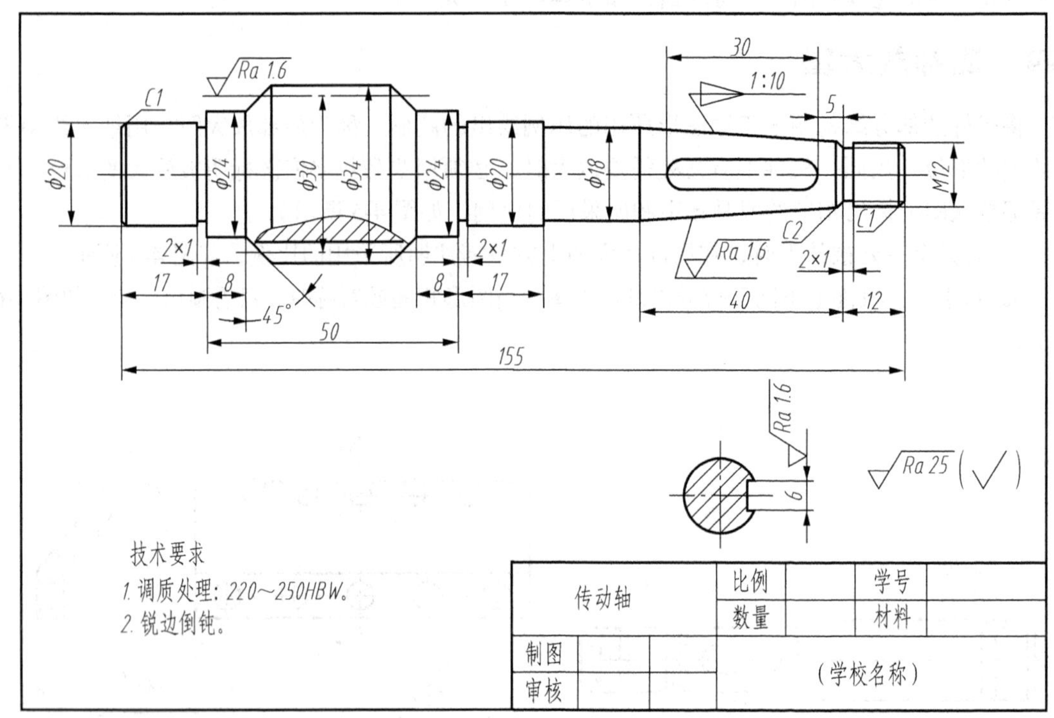

图4-7　主动齿轮轴零件图

④ 标题栏。标题栏在图样的右下角，用以填写零件的名称、数量、材料、图号及设计、审核、批准人员的签名、日期等。

（六）零件图的尺寸标注

零件图中的视图用来表达零件的结构形状，而零件各部分结构的大小则要由标注的尺寸用来确定，它是零件加工和检验的重要依据，因此，对零件图上标注尺寸的要求是正确、完整、清晰、合理。对于零件图而言，主要介绍标注尺寸的合理性。

1. 正确地选择尺寸基准

尺寸基准可以选择平面（如零件的安装底面、端面、对称面、结合面）、直线（如零件的轴线和中心线等）和点（如圆心、坐标原点等）。

根据作用不同，尺寸基准可分为设计基准和工艺基准。

（1）设计基准

根据设计要求，保证功能、确定零件结构形状和相对位置的基准称为设计基准。

（2）工艺基准

零件在加工和测量时使用的基准称为工艺基准。

为了减少误差，保证设计要求，应尽可能使设计基准和工艺基准重合。

每个零件都要标注长、宽、高3个方向的尺寸，因此每个方向都应该有一个主要基准。

2. 合理标注尺寸

（1）重要尺寸要直接注出

零件上的配合尺寸、安装尺寸、特性尺寸等，即影响零件在机器中的工作性能和装配精度等要求的尺寸，都是设计上必须保证的重要尺寸，必须直接注出，以保证设计要求。

图 4-8 所示轴承座的中心高，是一个重要尺寸，必须直接从安装底面注出，如图 4-8 所示。同理，安装时，为保证轴承上两个ϕ6 孔与机座上的孔正确装配，两个ϕ6 孔的定位尺寸应该如图 4-8（a）直接注出中心距，而不应由两边来确定，如图 4-8（b）所示。

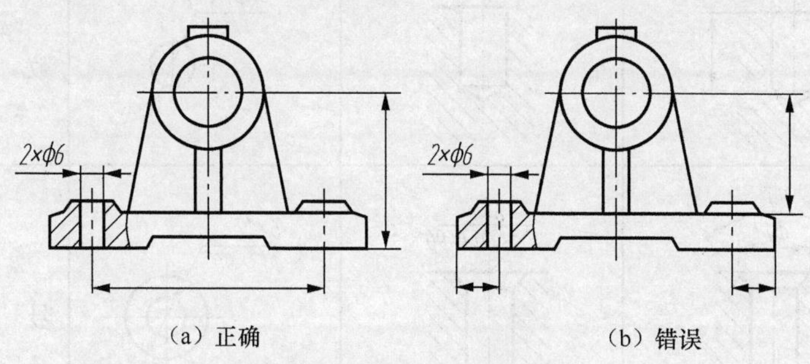

（a）正确　　（b）错误

图 4-8　重要尺寸直接标注

（2）符合加工顺序

按加工顺序标注尺寸，便于看图、测量，且容易保证加工精度。

图 4-9 所示为一个零件在加工过程中的尺寸标注情况，按这个加工顺序标注的尺寸如图 4-9（b）所示，而图 4-9（c）的尺寸注法不符合加工顺序，是不合理的。

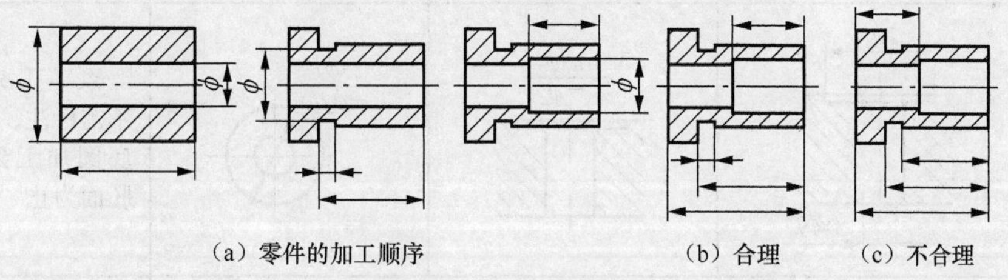

（a）零件的加工顺序　　（b）合理　　（c）不合理

图 4-9　符合加工顺序

（3）常用孔尺寸注法

零件上常见的各种孔的尺寸，可采用如表 4-1 所示的方法标注。

表 4-1　常见孔的尺寸注法

类型	普通注法	旁注法		说明
螺纹孔	3×M6-6H	3×M6-6H	3×M6-6H	3×M6—6H 表示螺纹大径为 6mm，均匀分布的 3 个螺纹孔
	3×M6-6N 10 12	3×M6-6H↧10 孔↧12	3×M6-6H↧10 孔↧12	“↧”为深度符号，本表各行均同

续表

类型	普通注法	旁注法		说明
螺纹孔	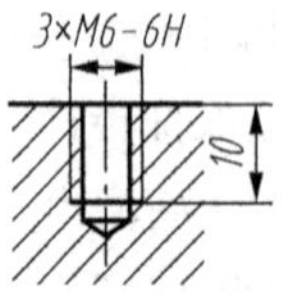 3×M6-6H 10	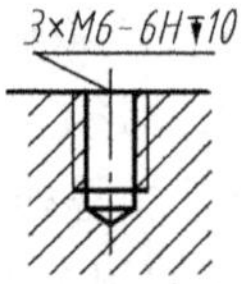 3×M6-6H↧10	 3×M6-6H↧10	如对钻孔深度无一定要求，可不必标注，一般加工到螺孔稍深即可
光孔	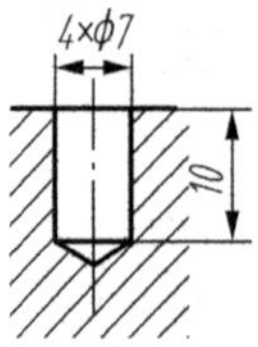 4×φ7 10	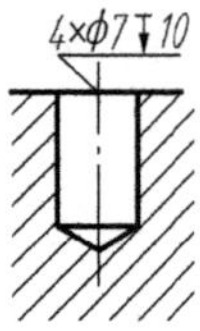 4×φ7↧10	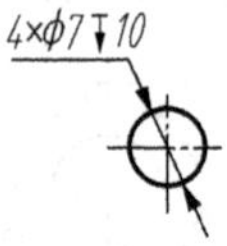 4×φ7↧10	“4”指同样直径的孔数
沉孔	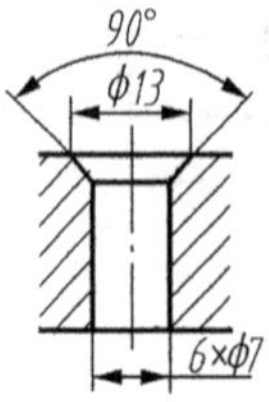 90° φ13 6×φ7	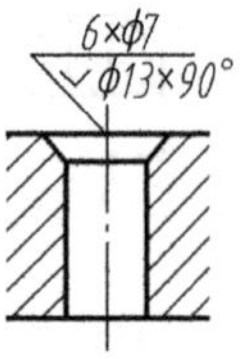 6×φ7 ⌵φ13×90°	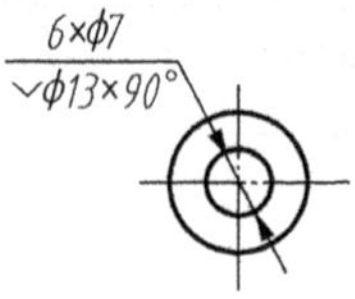 6×φ7 ⌵φ13×90°	“⌵”为埋头孔符号
	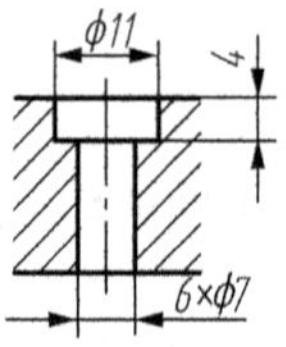 φ11 4 6×φ7	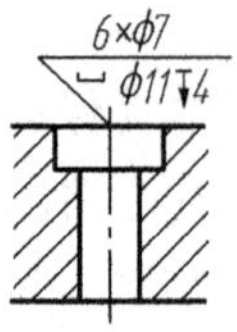 6×φ7 ⌴φ11↧4	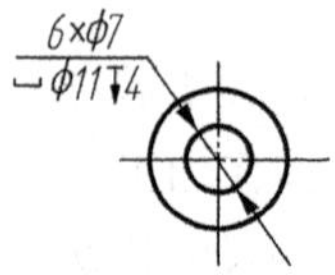 6×φ7 ⌴φ11↧4	“⌴”为沉孔或锪平孔符号
	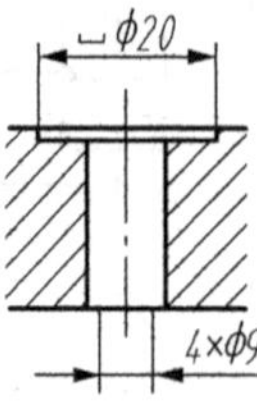 ⌴φ20 4×φ9	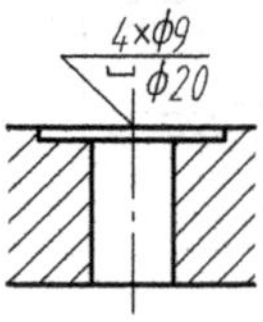 4×φ9 ⌴φ20	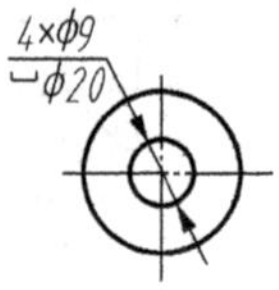 4×φ9 ⌴φ20	锪平孔φ20 的深度不需标注，只是将大孔底圆加工到不出现毛胚面为止
圆锥销孔	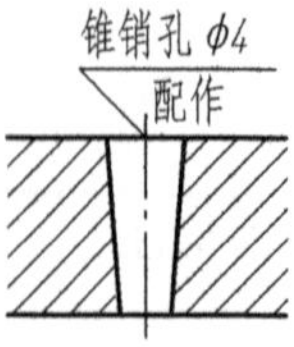 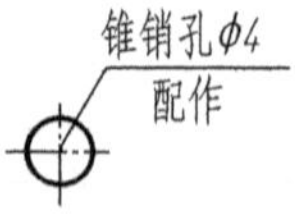 锥销孔 φ4 配作	或	锥销孔φ4 配作	圆锥销孔直径是指配用的圆锥销的公称直径

（七）零件机械加工工艺结构

1. 倒角和倒圆

为了去除零件加工表面的毛刺、锐边，便于装配，在轴或孔的端部一般加工与水平方向成 45° 或 30° 、60° 的倒角。为避免阶梯轴轴肩的根部因应力集中而产生的裂纹，在轴肩处加工成圆角过渡，称为倒圆，如图 4-10 所示。

2. 退刀槽和砂轮越程槽

零件在切削（特别是在车螺纹和磨削）加工中，为了便于退出刀具时保护刀具不被破坏，同时保证相关的零件在装配时能够靠紧，预先在待加工表面的末端（台肩处）制出退刀槽或砂轮越程槽，如图 4-11 所示。

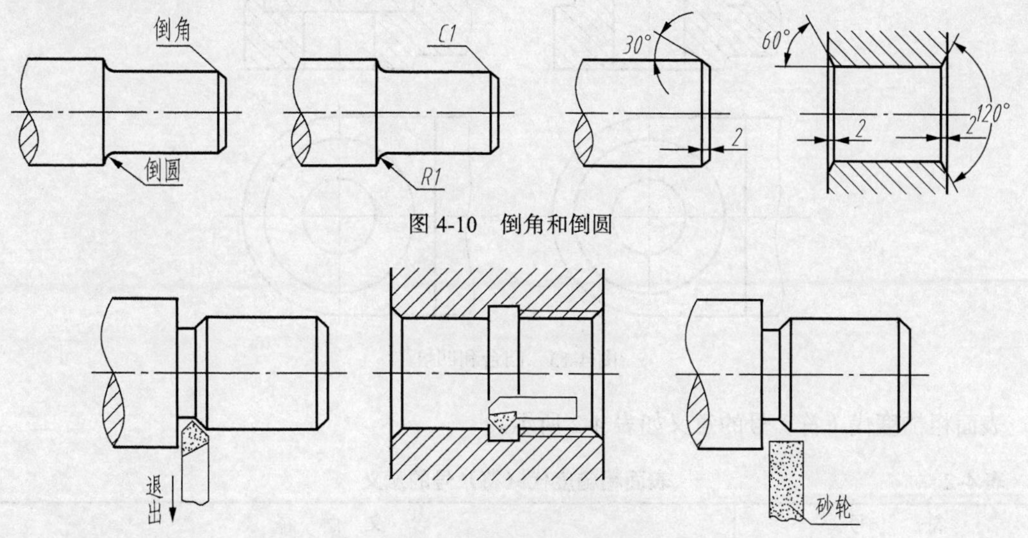

图 4-10　倒角和倒圆

图 4-11　退刀槽和砂轮越程槽

3. 钻孔结构

如图 4-12 所示，钻孔加工时，钻头应与孔的端面垂直，以保证钻孔精度，避免钻头歪斜、折断。如必须在斜面或曲面上钻孔时，则应先把该表面铣平或预先铸出凸台或凹坑，然后再钻孔。

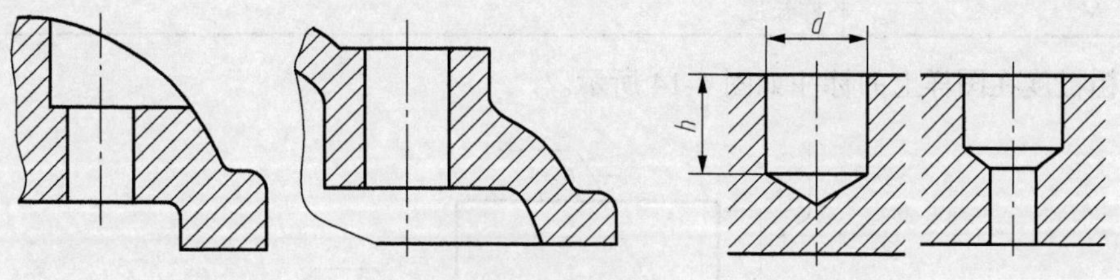

图 4-12　钻孔结构

4. 凸台和凹坑

两零件的接触面在机械加工时，为使两表面接触良好，应将接触部位制成凸台或凹坑、凹槽等结构，以减少切削加工面积，如图 4-13 所示。

（八）零件图技术要求

1. 表面粗糙度概念及标注

在加工零件时，由于刀具、零件的震动以及材料的塑性变形等因素，被加工表面会形成凹凸不平的峰和谷，这种表面上具有较小间距的峰谷所组成的微观几何形状特征，被称为表面粗糙度。表面粗糙度常以轮廓算术平均偏差 *Ra* 值来评定。*Ra* 数值越大，表面越粗糙；数值越小，表面越光滑。

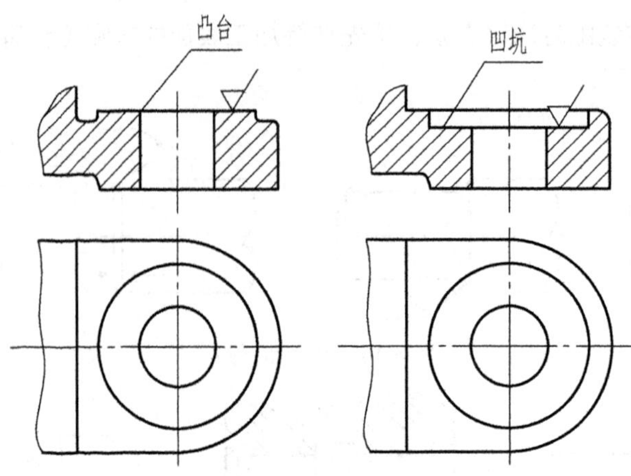

图 4-13　凸台和凹坑

表面粗糙度代（符）号的意义如表 4-2 所示。

表 4-2　　表面粗糙度代（符）号的意义

符　　号	含　义　解　释
Ra 3.2	表示允许不去除材料，粗糙度算术平均偏差为 3.2μm，评定长度为 5 个取样长度
Ra 0.4	表示允许不去除材料，粗糙度的最大高度为 0.4μm，评定长度为 5 个取样长度
Rz max1.6	表示允许去除材料，粗糙度的最大高度为 1.6μm，评定长度为 5 个取样长度
Ra 6.3	表示允许去除材料，粗糙度的算术平均偏差为 6.3μm，评定长度为 5 个取样长度

表面粗糙度在图样上的标注如图 4-14 所示。

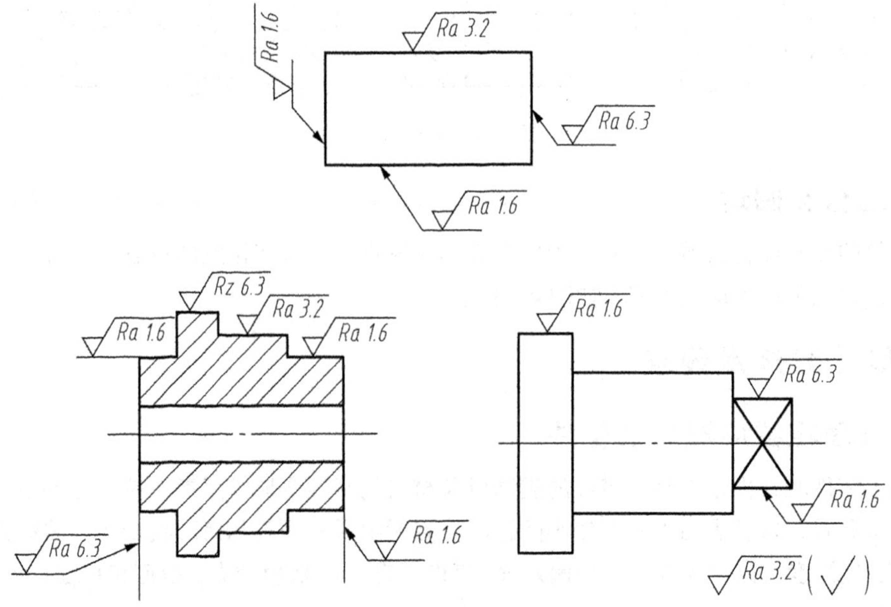

图 4-14　表面粗糙度在图样上的标注

2. 公差配合概念及标注

（1）基本概念

各基本概念的含义如图 4-15 所示。

① 公称尺寸：设计零件时所确定的尺寸。

② 实际尺寸：通过测量获得的某一孔、轴的尺寸。

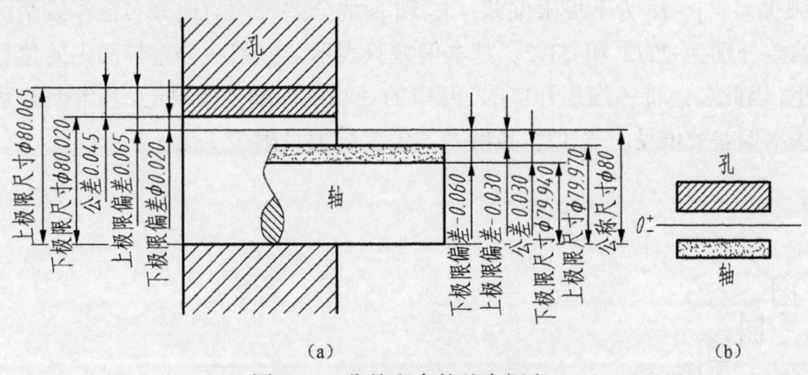

图 4-15　公差配合的基本概念

③ 极限尺寸：一个孔或轴允许的尺寸的两个极端。孔或轴允许的最大尺寸，称为上极限尺寸。孔或轴允许的最小尺寸，称为下极限尺寸。

④ 极限偏差：极限尺寸减去其公称尺寸所得的代数差。上极限尺寸减去其公称尺寸所得的代数差，称为上极限偏差；下极限尺寸减去其公称尺寸所得的代数差称为下极限偏差。

轴的上极限偏差、下极限偏差代号分别用小写字母 es、ei 表示；孔的上、下极限偏差代号用大写字母 ES、EI 表示。

⑤ 公差：上极限尺寸减去下极限尺寸，或上极限偏差减去下极限偏差得到的代数差称为尺寸公差。它是允许尺寸变动的量。

⑥ 公差带：由代表上极限偏差和下极限偏差或上、下极限尺寸的两条直线所限定的一个区域，称为公差带。它常被用于表示公称尺寸、极限偏差和公差之间的关系。

（2）配合

公称尺寸相同的、相互结合的孔和轴公差带之间的关系称为配合。

根据孔、轴之间配合程度的不同，可将配合分为间隙配合、过盈配合和过度配合。

① 间隙配合：具有间隙的配合称为间隙配合。间隙配合中孔的下极限尺寸大于或等于轴的上极限尺寸。

② 过盈配合：具有过盈的配合称为过盈配合。过盈配合中孔的上极限尺寸小于或等于轴的下极限尺寸。

③ 过度配合：具有间隙或过盈的配合。

（3）标准公差与基本偏差

① 标准公差（IT）：标准公差是国家标准规定的确定公差带大小的任一公差。“IT”是标准公差代号，阿拉伯数字表示其公差等级。

标准公差分为 20 个等级，即 IT01、IT0、IT1…IT18。从 IT01 到 IT18，精度等级依次降低，相应的标准公差数值依次增大。

② 基本偏差：在极限与配合制中，确定公差带相对零线位置的那个极限偏差称为基本偏差。

它可以是上极限偏差或下极限偏差，一般为靠近零线的那个偏差。当公差带在零线上方时，基本偏差为下极限偏差；当公差带在零线下方时，基本偏差为上极限偏差。

基本偏差的代号用拉丁字母表示，大写的为孔的基本偏差代号，小写的为轴的基本偏差代号，各 28 个。孔的基本偏差代号为 A、B、C…ZA、ZB、ZC；轴的基本偏差代号为 a、b、c…za、zb、zc。孔的基本偏差中，A～H 为下极限偏差，J～ZC 为上极限偏差；轴的基本偏差中，a～h 为上极限偏差，j～zc 为下极限偏差；JS 和 js 的公差带均匀地分布在零线两边，孔和轴的上、下极限偏差分别为+IT/2 和−IT/2。基本偏差只表示公差带在分差带图中的位置，而不表示公差带的大小，因此公差带一端是开口的，开口的一端由标准公差限定。基本偏差系列如图 4-16 所示。轴的基本偏差数值见附表 12，孔的基本偏差数值见附表 13。

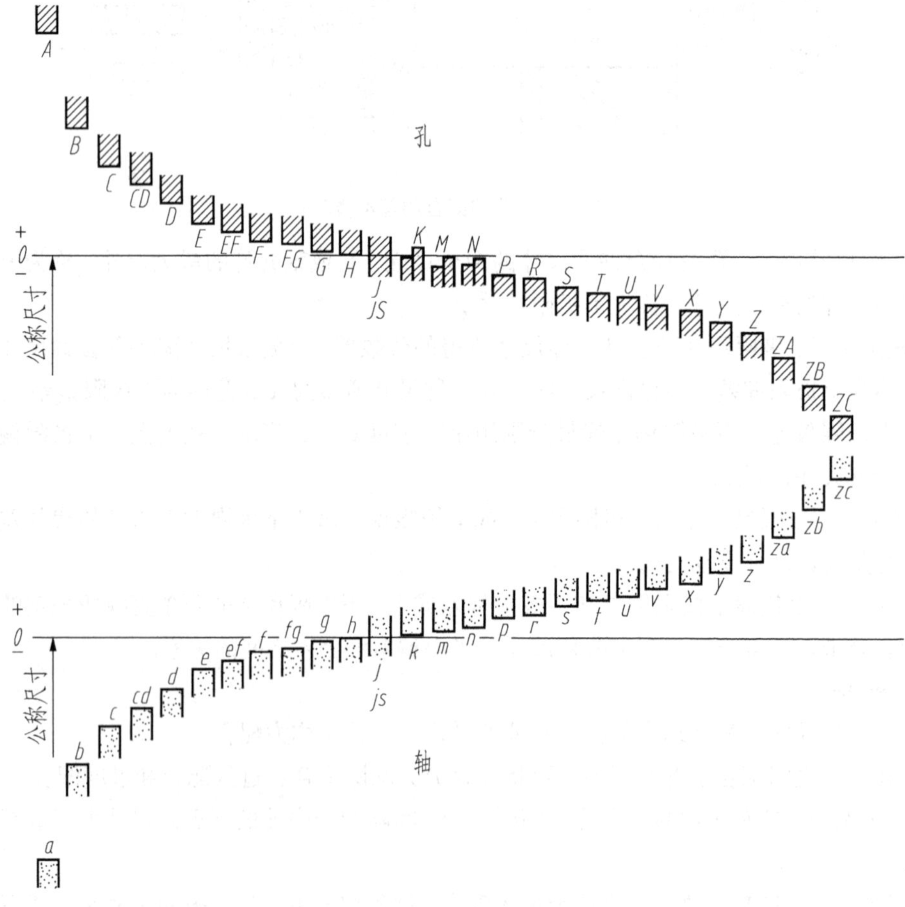

图 4-16　基本偏差系列

（4）配合制度

① 基孔制配合：基本偏差为一定的孔的公差带，与不同基本偏差的轴的公差带形成各种配合的一种制度。基孔制配合的孔，称为基准孔，代号为“H”，其上极限偏差为正值，下极限偏差为零。

② 基轴制配合：基本偏差为一定的轴的公差带，与不同基本偏差的孔的公差带形成各种配合的一种制度。基轴制配合的轴，称为基准轴，代号为“h”，其上极限偏差为零，下极限偏差为负值。

(5) 极限与配合的标注

① 极限与配合在装配图上的标注如图 4-17(a)所示。在装配图中标注线性尺寸配合代号时，必须在公称尺寸的右边用分数的形式注出，其分子为孔的公差代号，分母为轴的公差带代号。

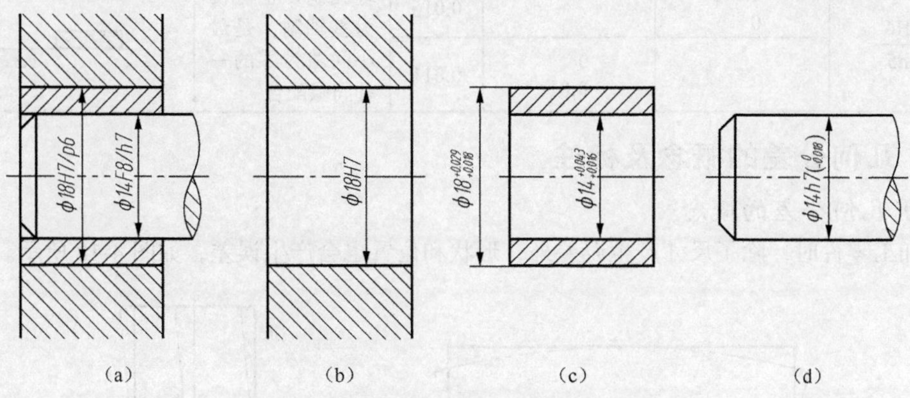

图 4-17　极限与配合在图样上的标注形式

② 极限与配合零件图上的标注有 3 种形式，分别为在公称尺寸后面只标注公差带代号（见图 4-17（b）)，在公称尺寸后面只标注极限偏差（见图 4-17（c）)，在公称尺寸的后面代号和偏差兼注（见图 4-17（d）)。

(6) 极限与配合的识读

配合代号识读实例如表 4-3 所示。

表 4-3　　配合代号的识读实例

项目 代号	孔的极限偏差	轴的极限偏差	公差	配合制度与类别	公差带图解
$\phi60\frac{H7}{n6}$	+0.030 0	+0.039 +0.020	0.033 0.019	基孔制过渡配合	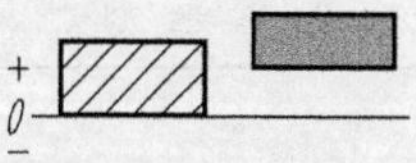
$\phi20\frac{H7}{s6}$	+0.021 0	+0.048 +0.035	0.021 0.013	基孔制过盈配合	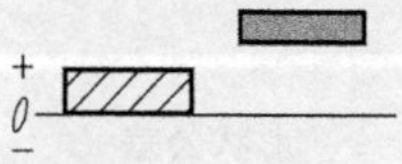
$\phi30\frac{H8}{f7}$	+0.033 0	−0.020 −0.041	0.033 0.021	基孔制间隙配合	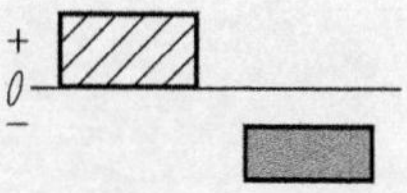
$\phi24\frac{G7}{h6}$	+0.028 +0.007	0 −0.013	0.021 0.013	基轴制间隙配合	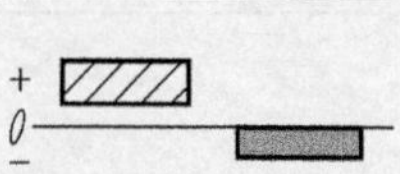
$\phi100\frac{K7}{h6}$	+0.010 −0.025	0 −0.022	0.035 0.022	基轴制过渡配合	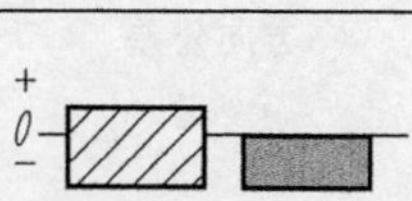
$\phi75\frac{R7}{h6}$	−0.032 −0.062	0 −0.019	0.030 0.019	基轴制过盈配合	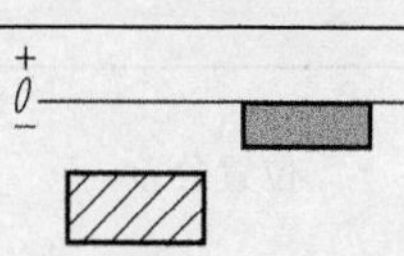

续表

项目 代号	孔的极限偏差	轴的极限偏差	公差	配合制度与类别	公差带图解
$\phi 50\frac{H6}{h5}$	+0.016 0		0.016	基孔制，也可视为基轴制，是最小间隙为零的一种间隙配合	
		0 −0.011	0.011		

3. 几何公差的概念及标注

（1）几何公差的概念

在加工零件时，除了尺寸产生误差外，形状和位置也会产生误差，如图 4-18 所示。

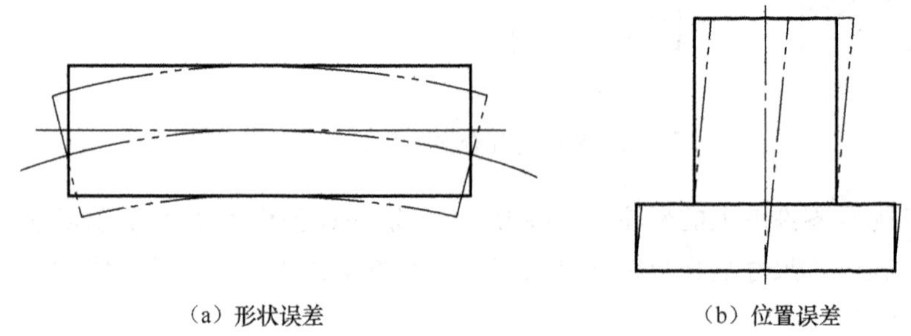

（a）形状误差　（b）位置误差

图 4-18　形状和位置误差概念

（2）形状和位置公差代号

国家标准 GB/T 1182—2008 规定几何公差分为 4 类 19 项，其中形状公差 6 项、位置公差 6 项、方向公差 5 项和跳动公差 2 项。如表 4-4 所示。

表 4-4　形位公差的分类、项目及符号

公差类型	几何特征	符号	有无基准
形状公差	直线度	⏤	无
	平面度	⏥	无
	圆度	○	无
	圆柱度	⌭	无
	线轮廓度	⌒	无
	面轮廓度	⌓	无
方向公差	平行度	//	有
	垂直度	⊥	有
	倾斜度	∠	有
	线轮廓度	⌒	有
	面轮廓度	⌓	有
位置公差	位置度	⌖	有或无
	同心度（用于中心点）	◎	有

续表

公差类型	几何特征	符号	有无基准
位置公差	同轴度（用于轴线）	◎	有
	对称度	⌯	有
	线轮廓度	⌒	有
	面轮廓度	⌓	有
跳动公差	圆跳动	↗	有
	全跳动	⌰	有

（3）几何公差的标注

几何公差要求在矩形方框中给出。该方框由两格或多格组成，框格中的内容从左到右按公差特性符号、公差值、基准要素的次序填写，如图 4-19 所示。

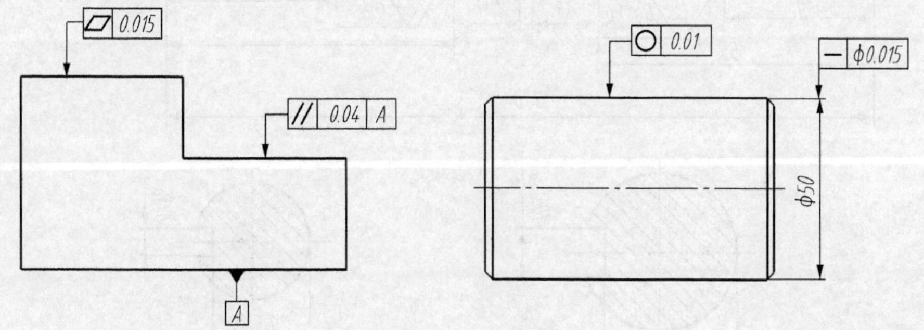

图 4-19　形位公差的标注

三、项目实施——画汽车半轴零件图

（一）轴类零件的结构特点及常见的工艺结构

1. 结构特点

轴类零件在机器上应用很广，它们的结构特点一般是由不同直径的回转体同轴叠加而成，且轴向尺寸大于径向尺寸。

2. 工艺结构

轴类零件一般起支撑转动零件、传递动力的作用，而套类零件则是装在轴上起轴向定位等作用，因此，常带有键槽、轴肩、螺纹及退刀槽或砂轮越程槽等结构。

（二）轴类零件的视图选择

1. 主视图的选择

轴类零件主要在车床或磨床上加工，因而主视图投射方向应选择非圆视图的方向，按加工位置摆放，即轴线水平放置。图 4-20 所示为一根轴的零件图，各段圆柱的相互位置在轴线水平摆放的主视图上表达得非常清楚，配合着直径尺寸的标注，进一步表明它是回转体的非圆视图；两处断面图表示出键槽的形状和位置，并且也能反映出销孔、退刀槽、倒角等结构。

2. 其他视图的选择

轴上的键槽、销孔等结构采用移出断面图表示，局部放大图则用来表示主视图上没有表示清楚的细小结构，如图 4-20 所示。

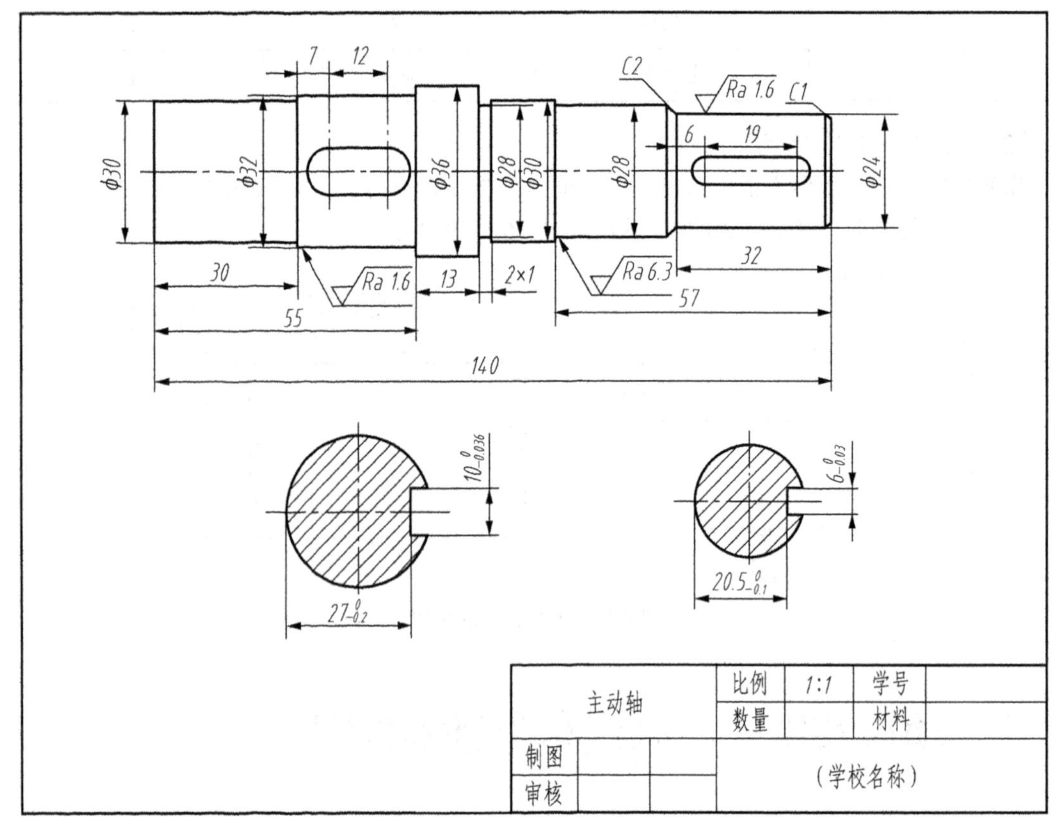

图 4-20　主动轴的零件图

（三）轴类零件的尺寸标注

轴类零件的尺寸标注除了注意径向尺寸基准和轴向尺寸基准以外，还应注意能从它的主要尺寸中判断轴的加工步骤（见图 4-20）。

（四）画汽车半轴零件图

汽车半轴的轴测图如图 4-21 所示。

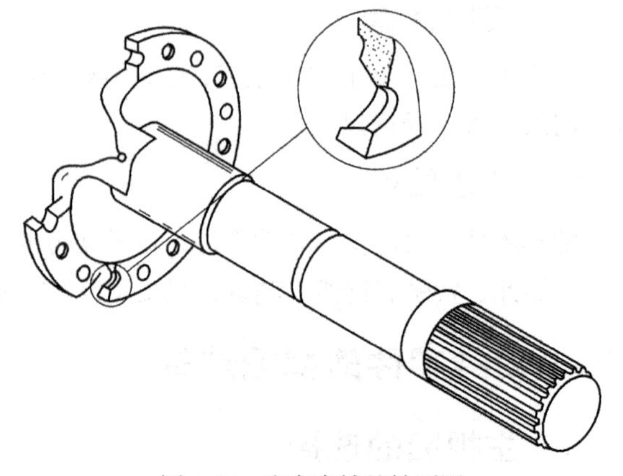

图 4-21　汽车半轴的轴测图

1. 主视图的选择

汽车半轴零件主要在车床或磨床上加

工，因而主视图投射方向应选择非圆视图的方向，按加工位置摆放，如图 4-22 所示，即轴线水平放置。

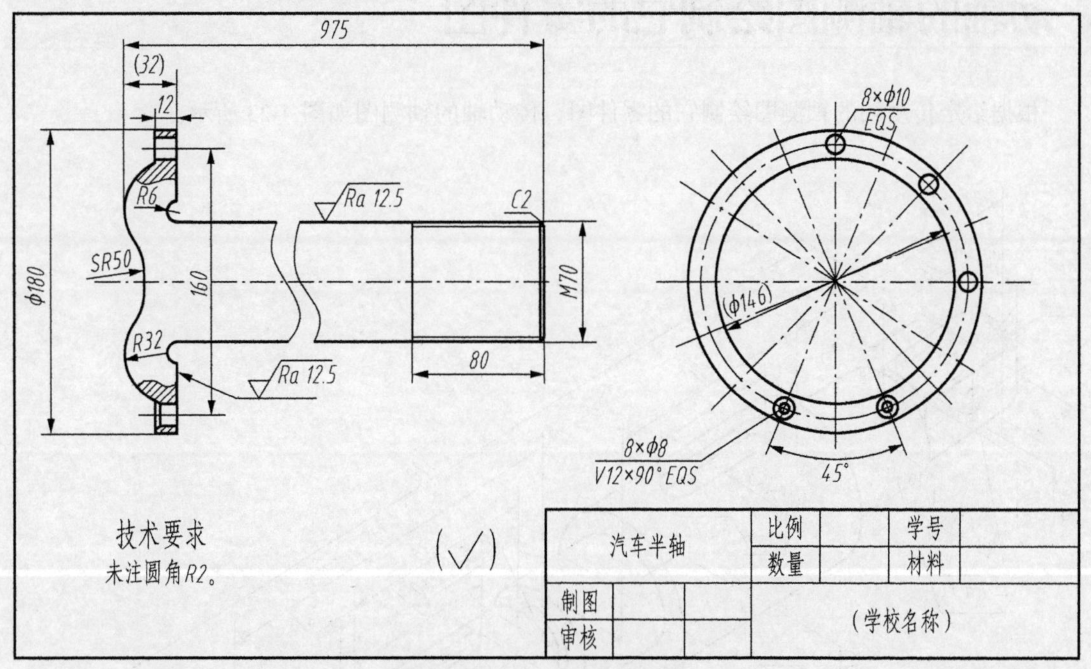

图 4-22　汽车半轴的零件图

2. 其他视图的选择

轴上的螺纹孔、销孔等结构采用局部剖视图来表达，局部放大图则用来表达主视图上没有表达清楚的细小结构，参照图 4-5。

3. 尺寸基准

长度方向的尺寸基准是圆盘的右平面，径向尺寸基准是轴线。

4. 技术要求

根据零件结构特点及使用要求选取。

5. 填写标题栏

（五）项目考核与评估

1. 项目成果评定（60%）
2. 学习过程评价（30%）
3. 团队合作评价（10%）

四、拓展训练——根据给定传动轴的轴测图绘制它的零件图

根据给定传动轴的轴测图绘制它的零件图，传动轴的轴测图如图 4-23 所示。

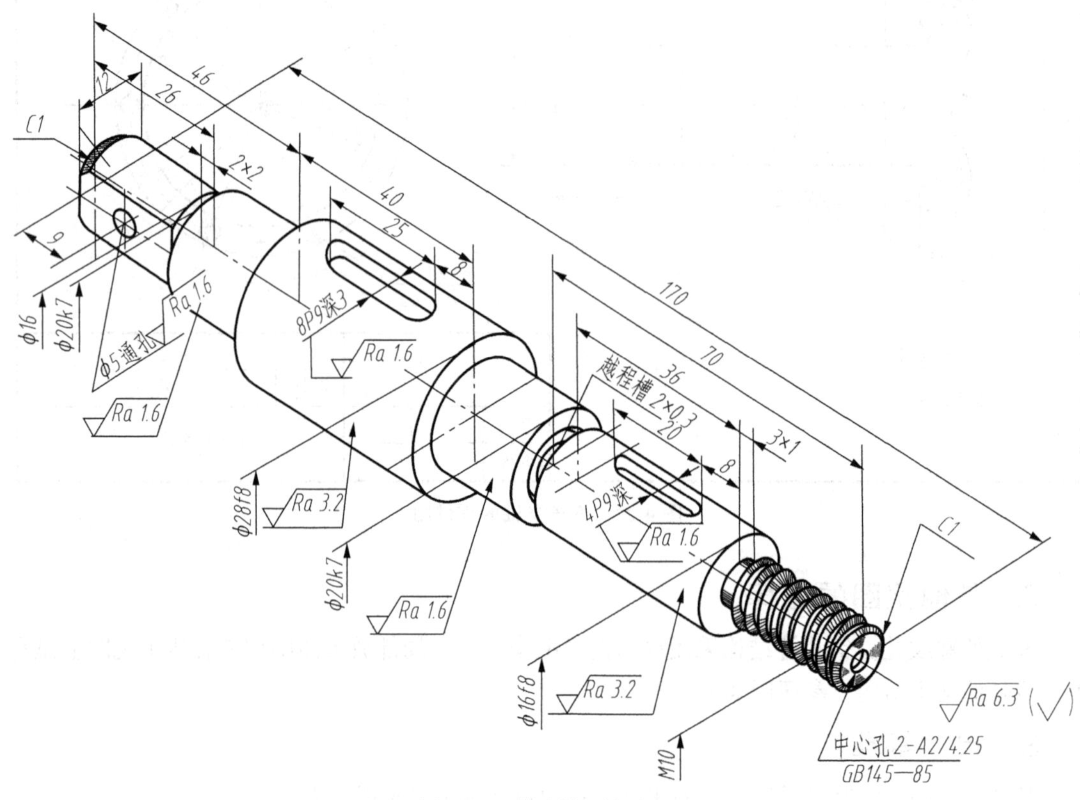

图 4-23　传动轴的轴测图

（1）要求

① 规范作图，粗细线型要分明。

② 视图选择要正确、完整。

③ 确定表达方案合理、表达清晰。

（2）对视图进行尺寸标注

（3）训练结果

绘制出传动轴的零件图，如图 4-24 所示。

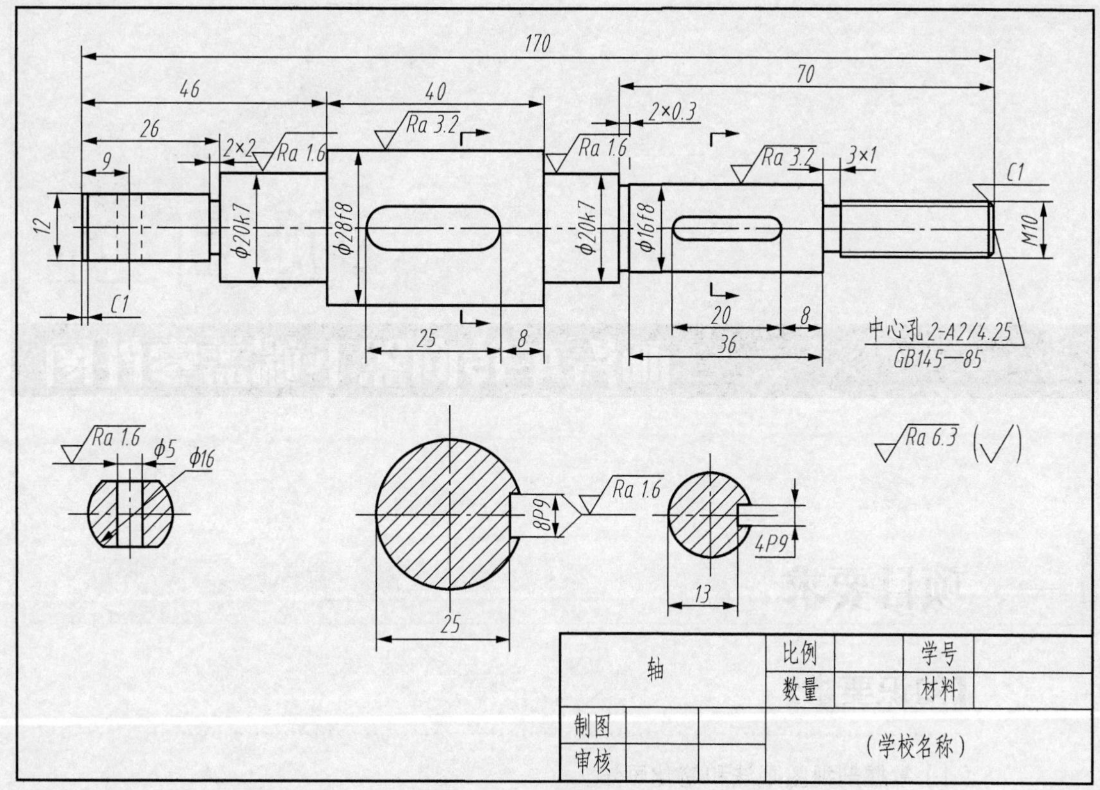

图 4-24　传动轴的零件图

项目小结

通过本项目的学习，完成汽车半轴零件图的绘制。读者应掌握基本视图、移出剖面图、重合剖面图、局部放大图以及零件图的内容及技术要求，并能够结合零件图的形体分析、轴类零件的结构特点来确定视图的表达方案。另外，应掌握轴类零件上粗糙度的标注与识读、形位公差的标注与识读。

轴套类零件上常有一些局部小结构，如倒角、倒圆、中心孔、螺纹、键槽、砂轮越程槽、螺纹退刀槽等结构，这些结构的尺寸要按国家标准和有关部门推荐的数据进行标注，要查阅相关资料。

项目五

画汽车转向器下端盖零件图

一、项目要求

【知识要求】

（1）掌握剖视图画法和简化画法。

（2）掌握轮盘类零件零件图的画法。

【能力要求】

能绘制汽车转向器下端盖零件图。

项目实施条件：多媒体教室、课件、普通教室、绘图仪器、图板、丁字尺、汽车转向器下端盖零件、测量工具。

二、相关知识

（一）剖视图

1. 剖视图的基本概念

（1）剖视图的形成

假想用剖切平面剖开机件，将处在观察者和剖切平面之间的部分移去，而将其余部分向投影面投射，所得的图形，称为剖视图。

例如，图 5-1（b）所示的机件实体，因内部结构较多，因此主视图虚线较多，不利于读图，如图 5-1（a）所示。对于此类情况可采用剖视图表达方法，假想用一个通过各孔轴线并与底面垂直的平面作为剖切面将机件剖开，移去剖切面前面部分，剩余部分再向正立投影面作投影，

所得 *A—A* 即为剖视图，如图 5-1（c）所示。

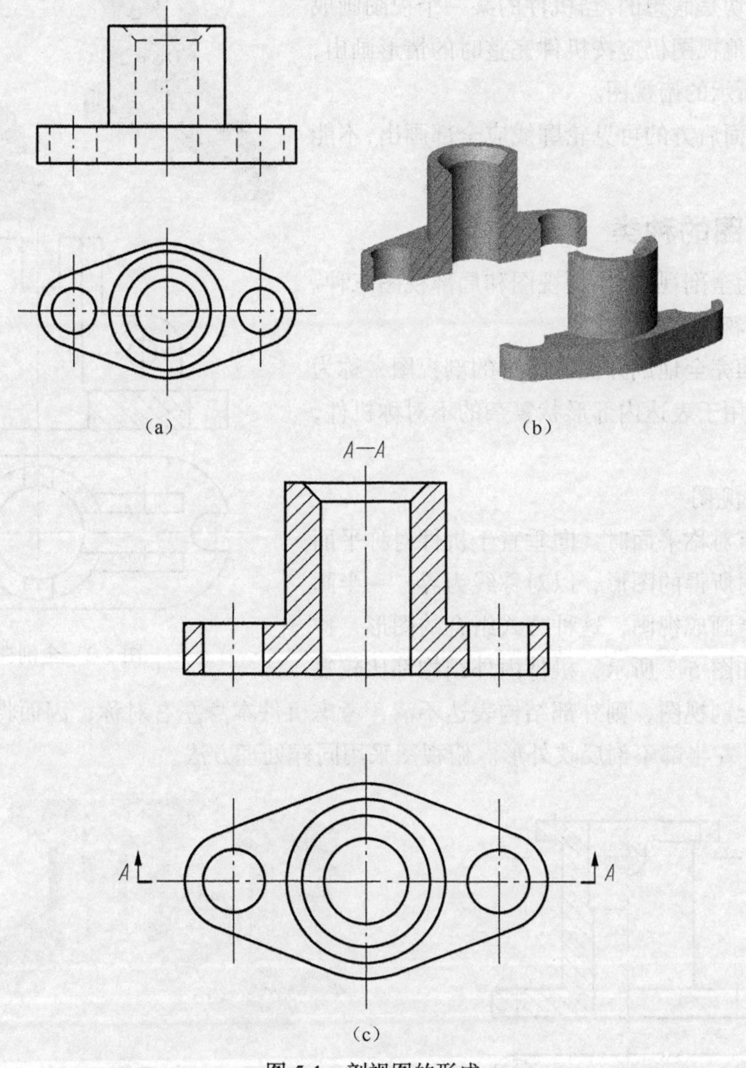

图 5-1　剖视图的形成

（2）剖视图的画法

首先，应选择最佳的剖切位置，以便充分表达机件的内部形状和结构。剖切平面应通过机件的对称平面或孔、槽的轴线，应避免剖切出不完整要素或不反映实形的区域。

其次，用粗实线画出剖切平面与机件实体接触部分的图形和剖切平面后方的可见轮廓线。剖视图中一般不画不可见轮廓线。只有当需要在剖视图上表达这些结构时，才画出必要的虚线，否则会增加视图的数量。

最后，在剖切平面与机件接触部分绘制剖面线。金属材料的剖面线为与水平方向呈 45° 且间隔相等的细实线。

同一机件所有各剖视图和断面图中剖面线的方向应相同，其间隔也应相等。

（3）画剖视图注意事项

① 这种剖切是假想的，当机件的某一个视图画成剖视图以后，其他视图仍应按机件完整时的情形画出，如图 5-1（c）所示的俯视图。

② 剖切平面后方的可见轮廓线应全部画出，不能遗漏。

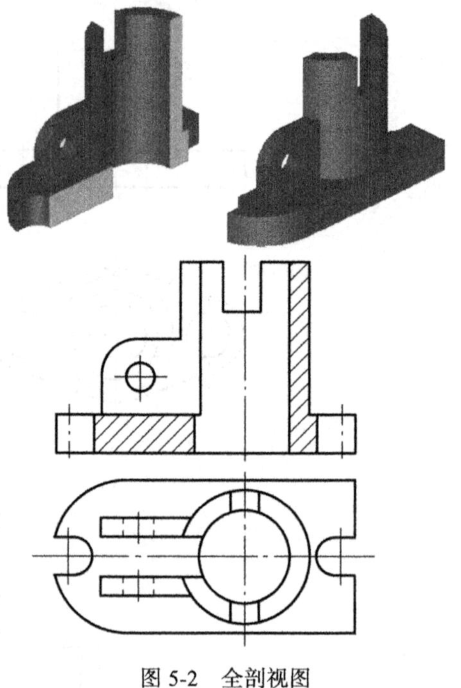

图 5-2　全剖视图

2. 剖视图的种类

剖视图分为全剖视图、半剖视图和局部视图三种。

（1）全剖视图

用剖切平面完全地剖开机件所得的剖视图，称为全剖视图，一般用于表达内部形状复杂的不对称机件，如图 5-2 所示。

（2）半剖视图

当机件具有对称平面时，向垂直于机件对称平面的投影面上投射所得的图形，以对称线为界，一半画成剖视图，一半画成视图，这种方式组合的图形，称为半剖视图。如图 5-3 所示，机件内外结构都比较复杂，如果采用全剖视图，则外部结构表达不清，考虑机件本身左右对称，因而将主视图右半部剖切反映内形，左半部不剖反映外形。俯视图采用同样处理方法。

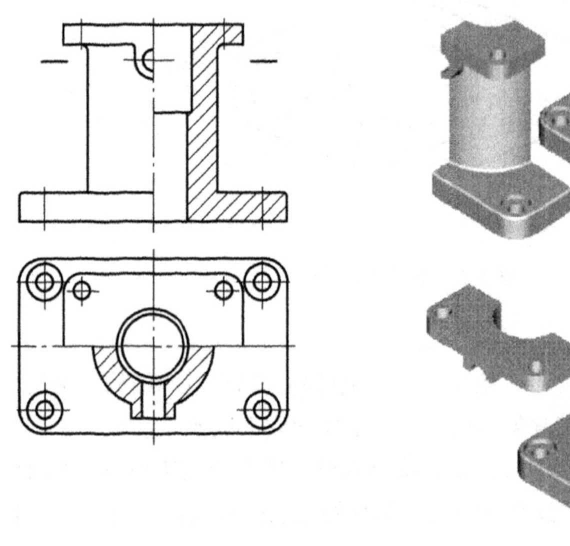

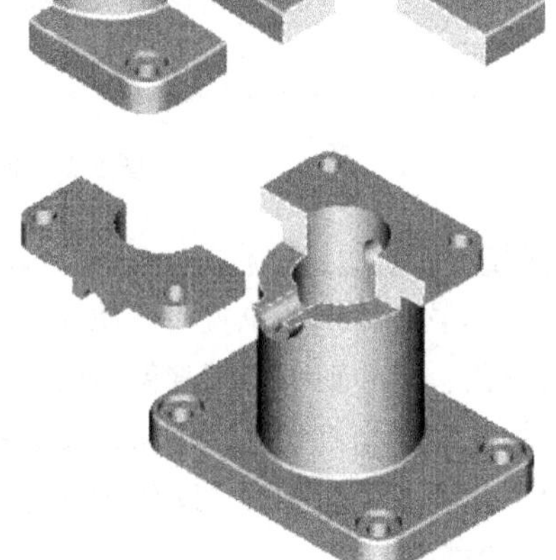

图 5-3　半剖视图

画半剖视图的注意事项如下。

① 半个视图与半个剖视图以对称轴线（细点画线）为界分开。

② 因机件对称，且在半个剖视图中内部结构已表达清晰，半个视图中不再绘制虚线。

（3）局部剖视图

用剖切平面局部地剖开机件所得的剖视图称为局部剖视图，如图 5-4 所示。

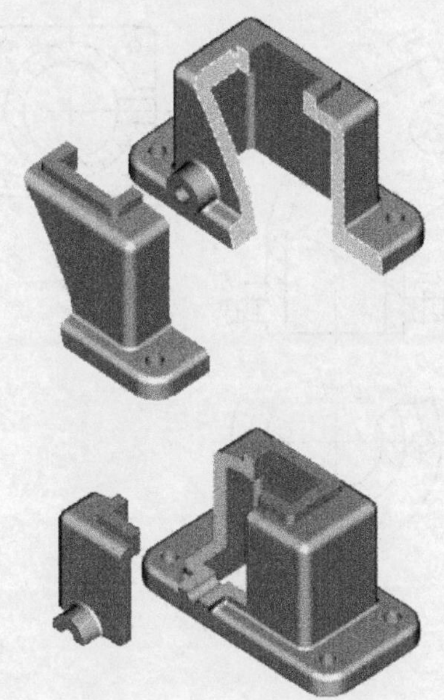

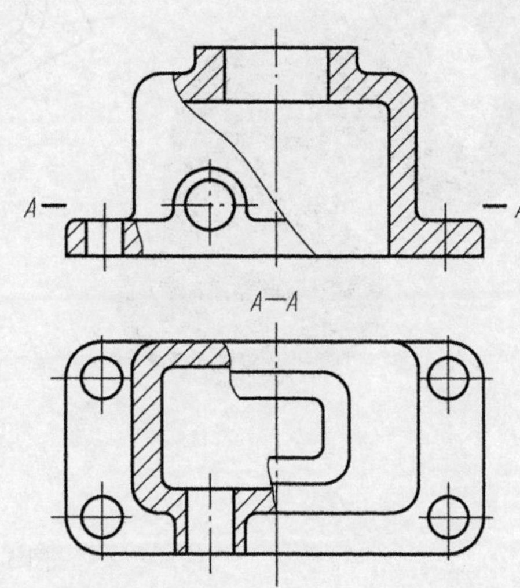

图 5-4　局部剖视图

画局部剖视图应注意以下事项。

① 波浪线不能超出图形轮廓线、不能与图形中其他图线重合，也不要画在其他图线的延长线上。

② 波浪线不能穿空而过，如遇到孔、槽等结构时，波浪线必须在此处断开。

3. 剖切平面的种类

（1）单一剖剖切面

① 用一个平行于基本投影面的剖切面将机件剖开称单一剖，如图 5-1～图 5-4 所示。

② 用不平行于任何基本投影面的剖切面将机件剖开称斜剖，如图 5-5 所示。采用斜剖画剖视图时，可按箭头所指的投射方向画出斜剖视图，在不会引起误解的情况下，可以将图形旋转，但要有标记 *A—A*↶ 或 ↷*A—A*。

（2）几个平行的剖切面

用几个平行的剖切平面剖开机件的方法，称为阶梯剖，如图 5-6 所示。为了完全表达机件内部结构，使其均为可见，剖切平面应采取阶梯剖。

画阶梯剖视图时要注意：不能在各个剖切平面间的分界处画轮廓线，也不能在剖视图中出现不完整要素。

（3）几个相交的剖切面

用几个相交的剖切平面（交线垂直于某一基本投影面）剖开机件的方法，称为旋转剖，如图 5-7 所示。画图时先假想按剖切位置剖开机件，然后将剖切面剖开的结构旋转到与选定的投影面平行的位置，然后进行投射。采用相交剖切面时，机件上通常有回转轴线。

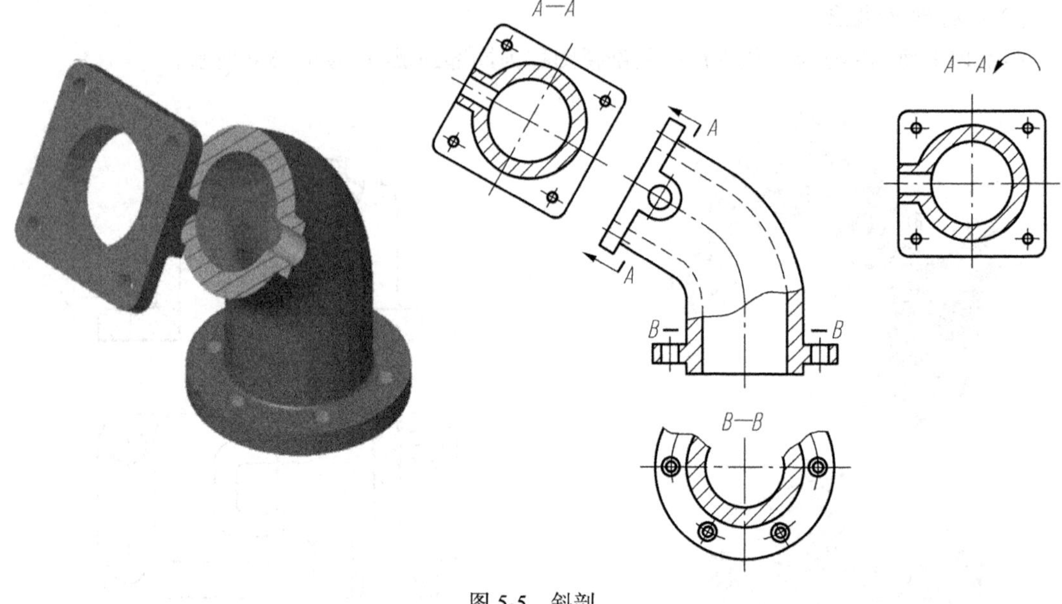

图 5-5　斜剖

A—A

A

A

A

A

A

图 5-6　阶梯剖

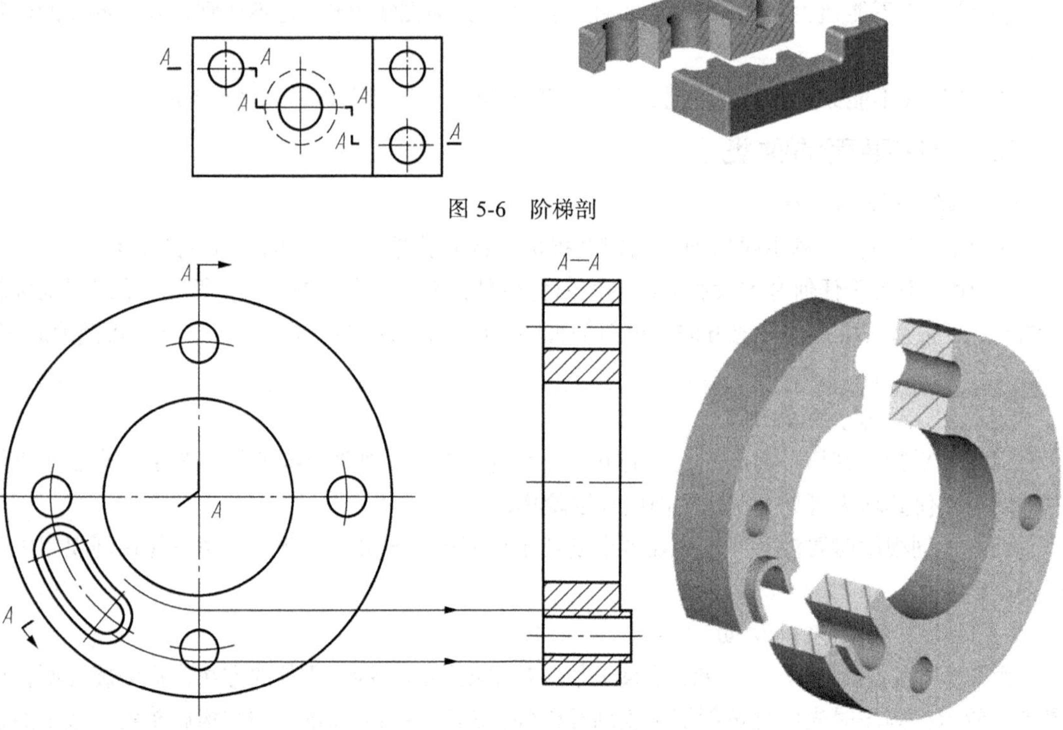

图 5-7　旋转剖

剖视图的位置最好按箭头所示方向配置，并与基本视图保持投影关系，也可以平移到其他适当位置，在不会引起误解的情况下，允许将图形旋转。

当机件的内部结构形状较多且比较复杂时，单用阶梯剖或旋转剖不能表达清楚时，可以用组合的剖切平面剖开机件，这种剖切方法称为复合剖，如图 5-8 所示。

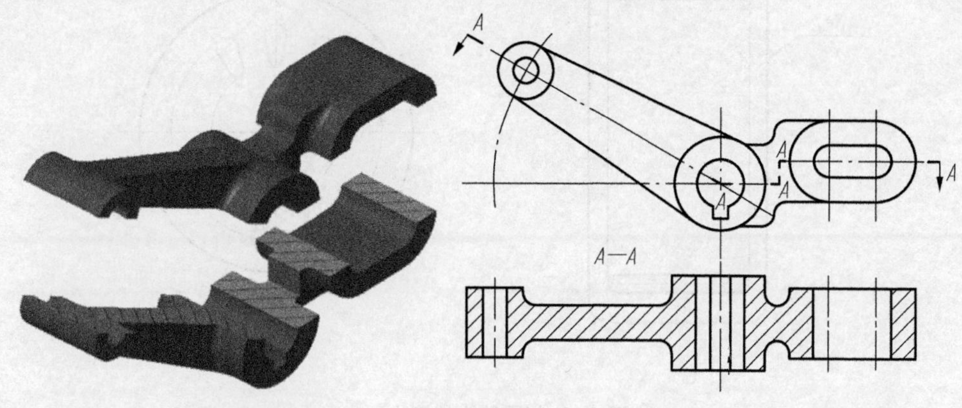

图 5-8 复合剖

4. 剖视图上的标注

（1）剖切符号

在与剖视图相对应的视图上，用剖切符号（长 5～8mm，宽 $1d$～$1.5d$ 的粗实线）标出剖切位置，并尽可能不与图形轮廓线相交，如图 5-1 所示。

（2）投射方向

在剖切符号外侧用细实线和箭头画出与剖切符号垂直的投射方向，如图 5-1 所示。

（3）剖视图名称

在剖切符号的起止及连接处标注相同的大写拉丁字母，字母一律水平书写。在相应的剖视图上方标注剖视图名称“×—×”。

（4）省略标注

当剖视图按投影关系配置且中间没有其他图形隔开时，均可省略表示投射方向的箭头，如图 5-3 所示。当单一剖切面通过机件的对称平面或基本对称的平面，且按投影关系配置，中间又没有其他图形隔开时，可不加任何标注，如图 5-2 所示。

（二）简化画法

1. 重复结构要素的简化画法

当机件具有若干形状相同且规律分布的孔、槽等结构时，可以仅画出一个或几个完整的结构，其余用点画线表示其中心位置，并将分布范围用细实线连接，如图 5-9 所示。

2. 剖视图中的肋、轮辐等结构的简化画法

对于机件的肋、轮辐等，如按纵向剖切，通常按不剖绘制（不画剖面符号），而用粗实线将其与邻接部分分开，如图 5-10 所示。

当机件回转体上均匀分布的肋、轮辐、孔等结构不处于剖切平面上时，可将这些结构旋转到剖切平面上画出，如图 5-11 和图 5-12 所示。

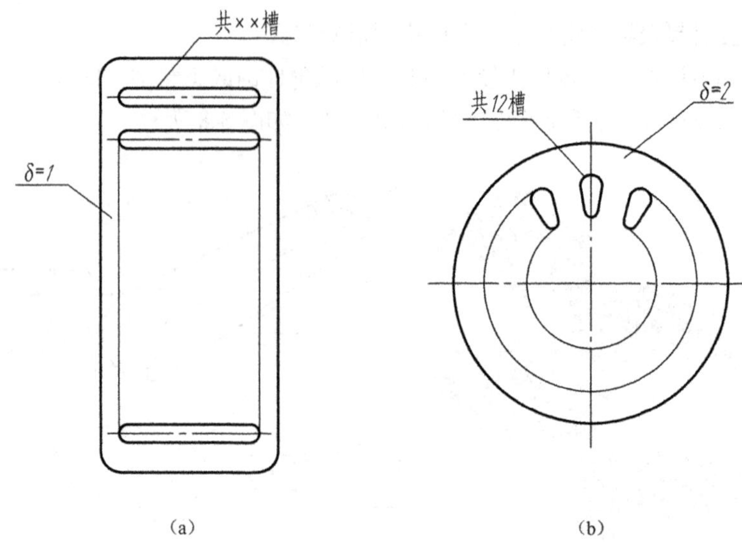

图 5-9　相同结构的简化画法

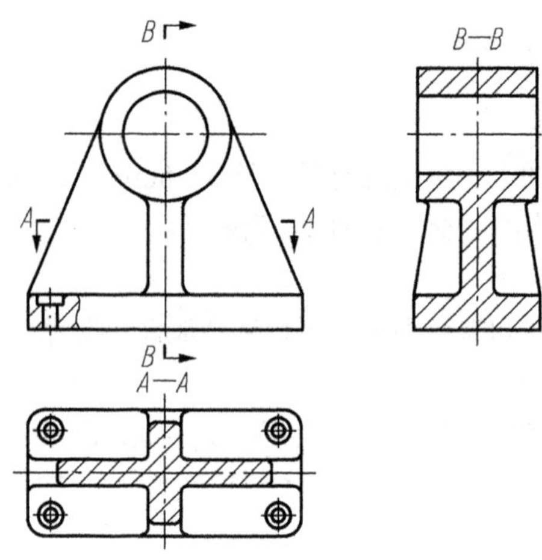

图 5-10　肋剖切画法

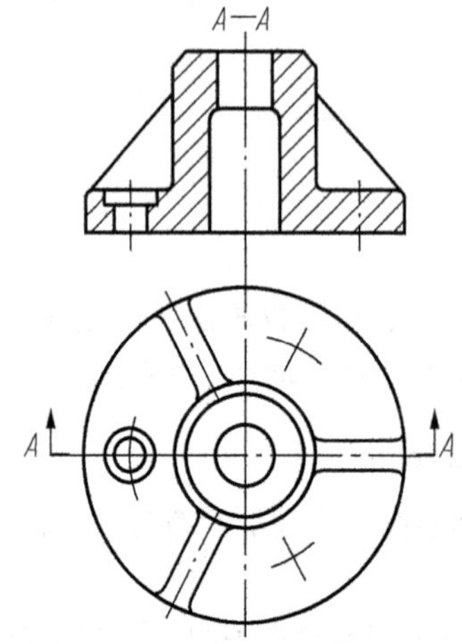

图 5-11　均匀分布的肋、孔等结构的简化画法（一）

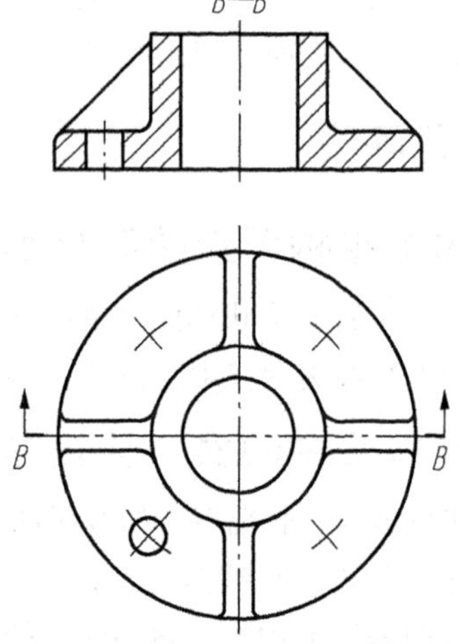

图 5-12　均匀分布的肋、孔等结构的简化画法（二）

3. 较长机件的简化画法

当较长的机件，如轴、杆、型材、连杆等，沿长度方向的形状一致或按一定规律变化时，可断开后缩短画出，但要标注实际尺寸，如图 5-13 所示。该方法被称为断裂画法。

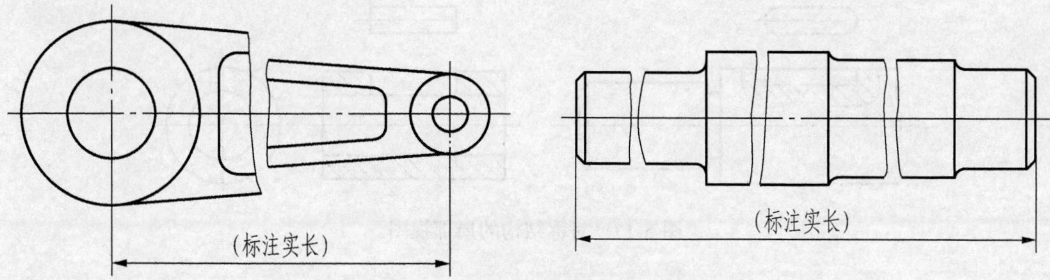

图 5-13 较长机件的简化画法

4. 小圆角、小倒角的简化画法

在不至于引起误解时，零件图中的小圆角、锐边的倒角或 45°小倒角允许省略不画，但必须注明尺寸或在技术要求中加以说明，如图 5-14 所示。

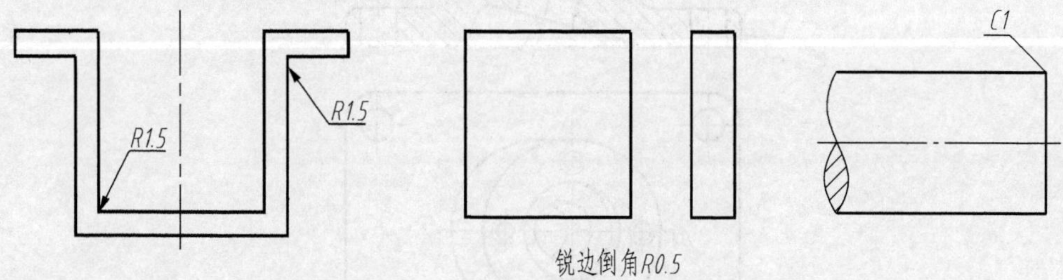

图 5-14 小圆角、小倒角的简化画法

5. 圆柱形法兰和类似机件上均匀分布的孔的画法

圆柱形法兰和类似机件上均匀分布的孔可按图 5-15 所示的方法表示。

6. 在需要表示位于剖切平面前的结构时的画法

这些结构用双点画线绘制，如图 5-16 所示。

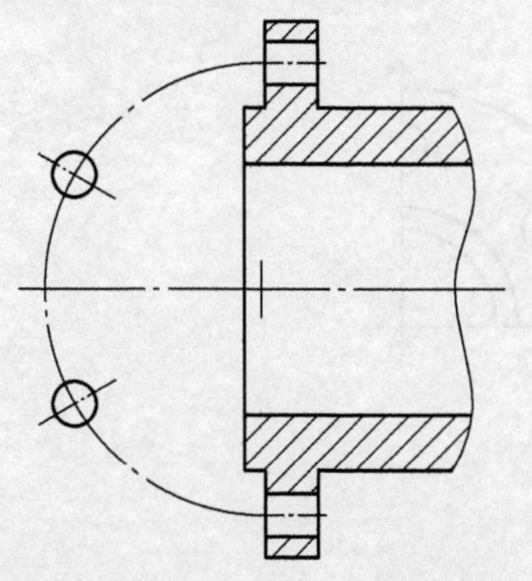

图 5-15 均匀分布的孔的简化画法

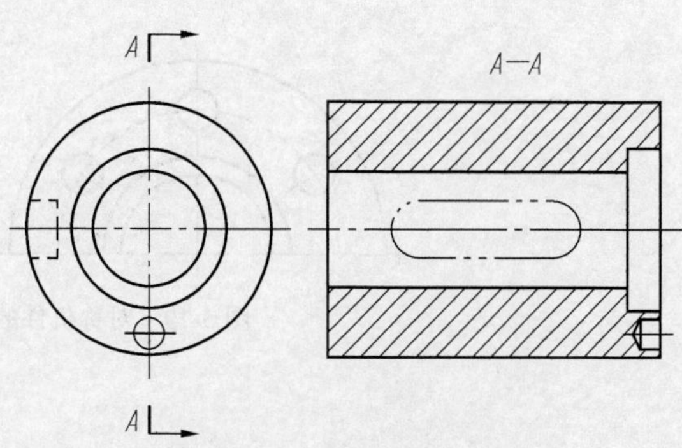

图 5-16 剖切平面前的结构的表达方法

7. 零件上对称结构局部视图的画法

零件上对称结构的局部视图可按图 5-17 所示的方法绘制。在不至于引起混淆的情况下，允许将交线用轮廓线代替。

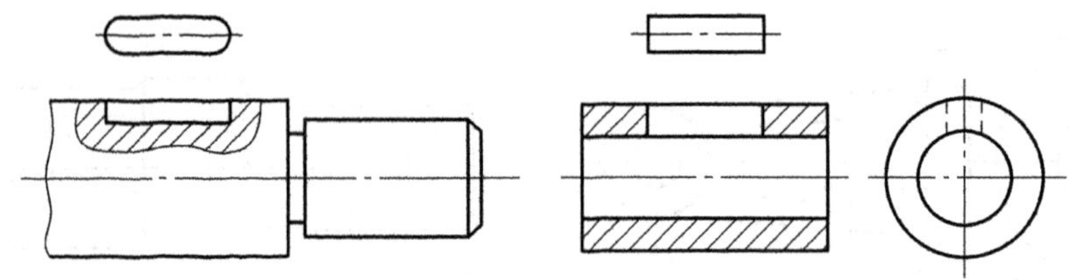

图 5-17　对称结构的局部视图

8. 与投影面倾斜角度小于或等于 30°的圆或圆弧的画法

其投影可用圆或圆弧代替，如图 5-18 所示。

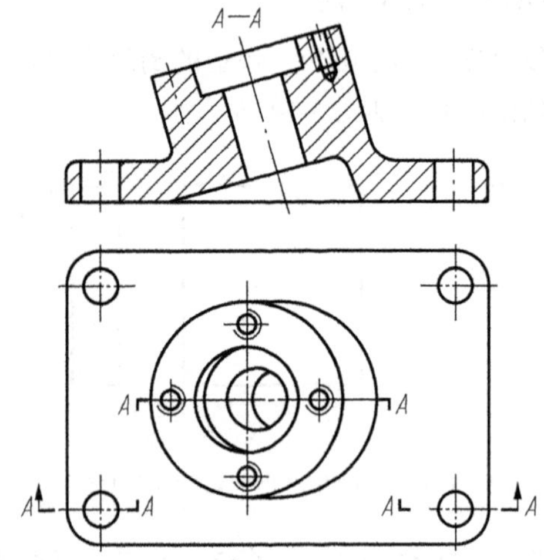

图 5-18　倾斜的圆或圆弧的简化画法

9. 对称机件的画法

对于对称机件的视图可只画一半或 1/4，并在对称中心线的两端画出两条与其垂直的平行细实线，如图 5-19 所示。

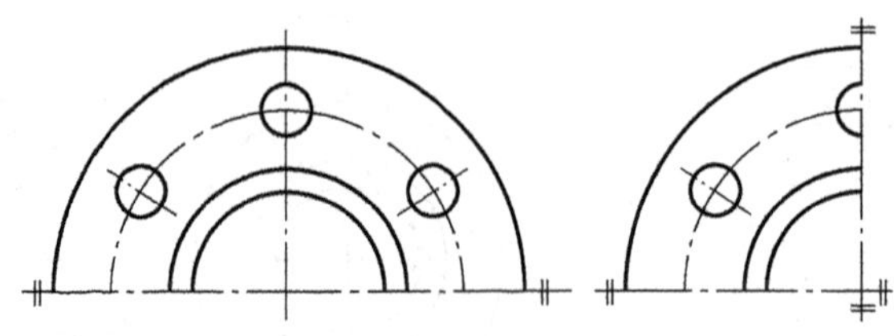

图 5-19　对称机件的简化画法

三、项目实施——画汽车转向器下端盖零件图

（一）轮盘类零件的结构特点及常见铸造工艺结构

零件的结构形状除满足工作要求、设计要求外，还必须考虑一系列工艺结构要求，否则将使制造工艺复杂化甚至无法制造或造成废品。因此，应了解零件常见的工艺结构。

轮盘类零件包括各种用途的轮和盘类零件，基本形状为轴向尺寸较小的盘状结构，主体是回转体，其毛坯多为铸件和锻件。因此在绘制轮盘类零件图之前，应了解零件的铸造工艺结构。

1. 拔模斜度

造型时，为了将木模从砂型中顺利取出，在铸件的内外壁上沿拔模方向常设计出一定的斜度，称为拔模斜度。拔模斜度通常为1∶100～1∶20。如图5-20所示，铸造零件的拔模斜度在图中可不画出，但应在技术要求中加以注明。

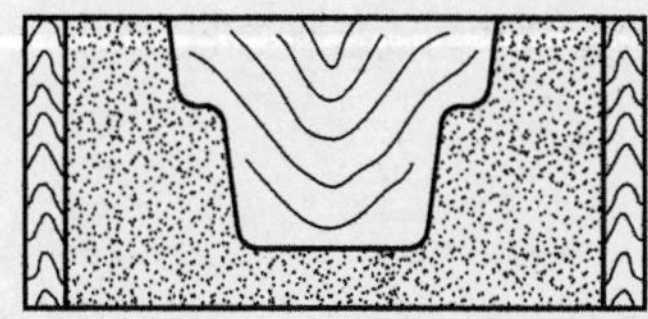

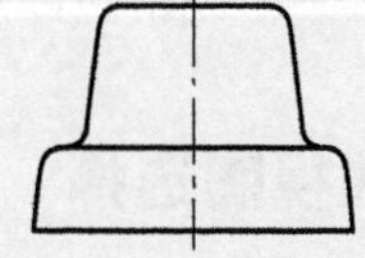

图5-20　铸件的拔模斜度

2. 铸造圆角和过渡线

为了便于铸件造型时拔模，防止铁水冲坏转角处，避免冷却时产生缩孔和裂纹，将铸件在转角处加工成圆角，这种圆角称为铸造圆角，如图5-21所示。

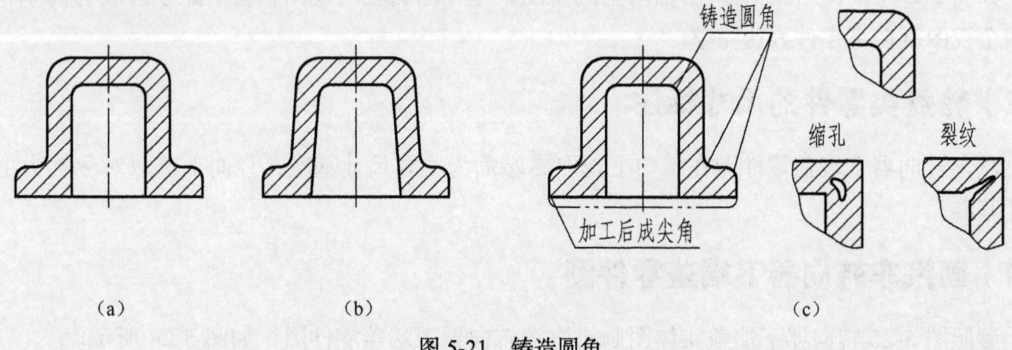

图5-21　铸造圆角

由于铸件表面铸造圆角的存在，使表面交线看起来不大明显，为了看图时便于区分不同表面，交线仍要画出。这种交线通常称为过渡线。

图5-22所示为过渡线的画法。

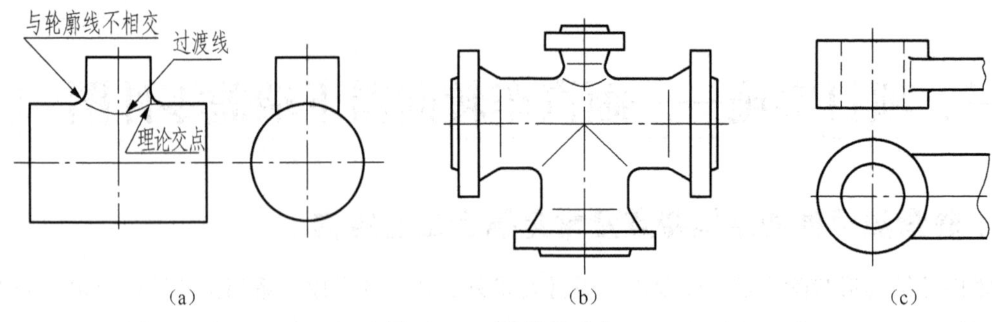

图 5-22　过渡线的画法

3. 铸件壁厚

在浇注铸型时，为了避免各部分因铁水冷却速度不同而产生缩孔和裂缝，铸件壁厚应均匀或逐渐过渡，如图 5-23 所示。

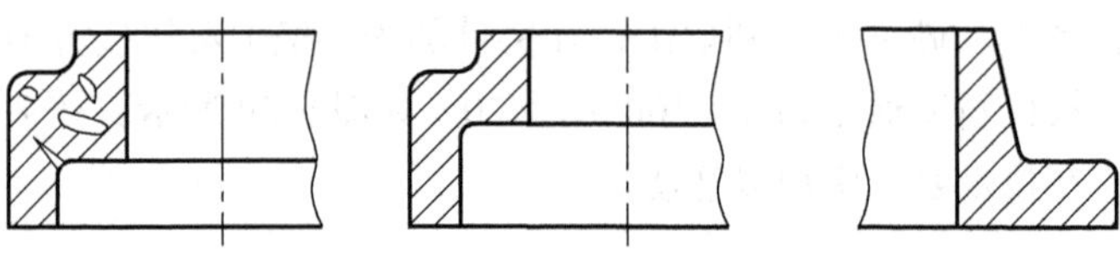
图 5-23　铸件壁厚要均匀或逐渐变化

（二）轮盘类零件的视图选择

转向器下端盖属于轮盘类零件。轮盘类零件的结构形状特点是轴向尺寸小而径向尺寸较大，零件的主体多数由同轴回转体构成，也有的主体形状是矩形，并在径向分布有螺孔或光孔、销孔、轮辐等结构，如各种端盖、齿轮、带轮、手轮、链轮、箱盖等。轮盘类零件一般选两个基本视图，一是轴向的剖视图，另一个是径向视图。若基本视图未能表达的结构形状，可根据情况增加断面图或局部视图表达。如有狭小结构，也可采用局部放大图表达。

如图 5-24 所示，主视图采用轴向全剖视图，左视图为径向视图，由于此零件较为简单，因此两个视图就能将零件表达完整。

（三）轮盘类零件的尺寸标注

汽车转向器下端盖零件图在轴向上选取右端面为主要尺寸基准，径向上选取对称轴为主要尺寸基准。

（四）画汽车转向器下端盖零件图

参照图 5-25 转向器下端盖实体图画出汽车转向器下端盖零件图，如图 5-24 所示。

（五）项目考核与评估

1. 项目成果评定（60%）
2. 学习过程评价（30%）
3. 团队合作评价（10%）

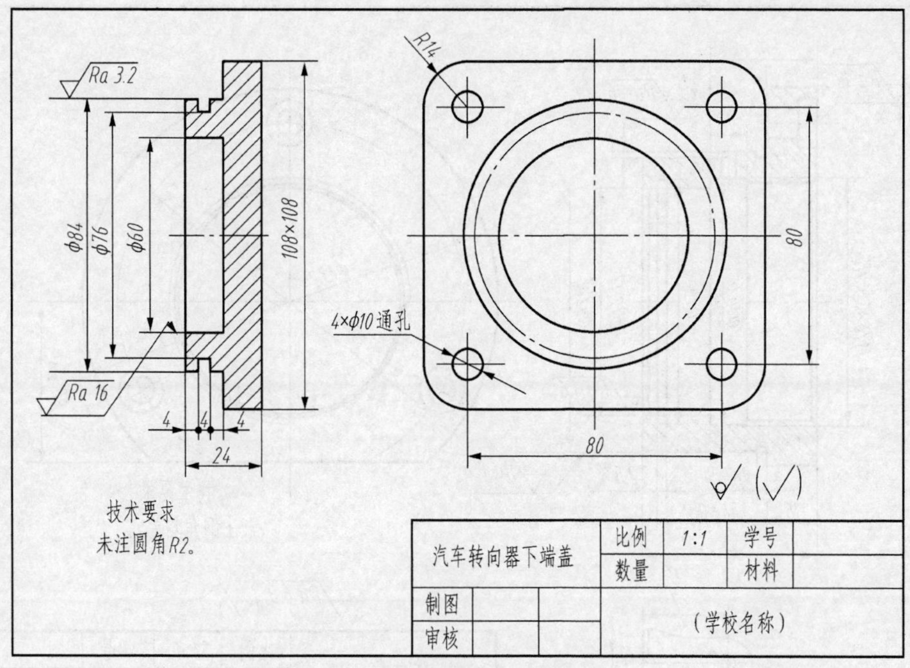

图 5-24　转向器下端盖零件图

图 5-25　转向器下端盖轴测图

四、拓展训练——抄画法兰盘零件图

法兰盘的结构如图 5-26 所示。表示此零件主视图选择非圆视图方向，轴线水平摆放，全剖视的主视图清楚地表示了孔、槽的结构，左视图则用来表示法兰的形状（下部被切去一部分）和安装孔的分布情况，注油孔及槽则由 *B* 向局部视图来表示，零件图如图 5-27 所示。

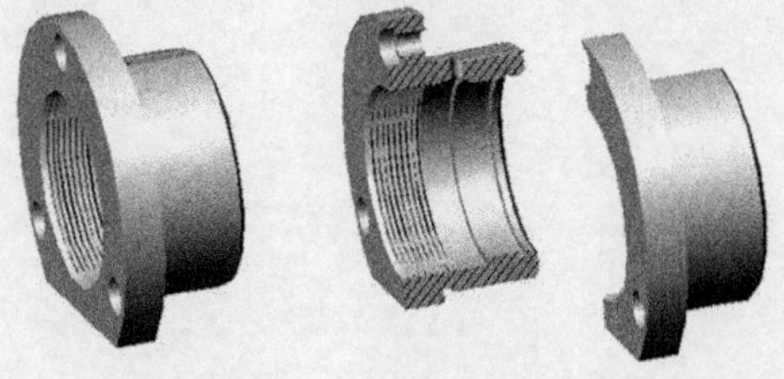

图 5-26　法兰盖实体图

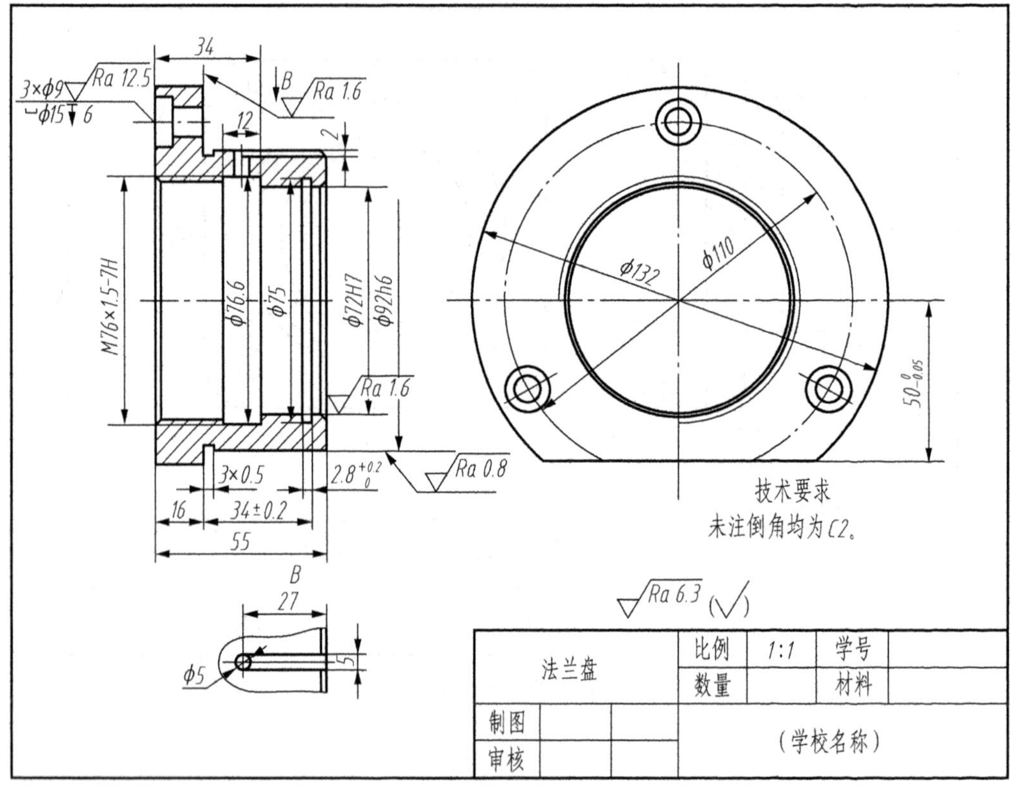

图 5-27　法兰盖零件图

项目小结

通过剖视图和简化画法等基本知识的学习，读者应掌握对轮盘类零件表达的基本技能，完成汽车转向器下端盖零件图的绘制。在实施本项目过程中，重点要掌握剖视图的规定画法和应用；轮盘类零件的结构特征及表达方案。在尺寸基准的选择上，径向应以整体轴线为主要基准，轴向应以重要端面为主要基准。

在实施本项目过程中，易出现旋转剖的画法不正确现象，请读者注意。

项目六

识读汽车拨叉零件图

一、项目要求

【知识要求】

（1）熟练掌握向视图、局部视图和斜视图画法。

（2）掌握识读零件图的要求方法和步骤。

【能力要求】

能识读汽车拨叉零件图。

项目实施条件：多媒体教室、课件、普通教室、拨叉类零件、拨叉类零件图。

二、相关知识

（一）向视图

向视图是可自由配置的视图，也就是说当6个基本视图不按规定位置配置时，应在该视图上方标注出视图的名称“X”（X为大写拉丁字母），并在相应视图附近用箭头指明投射方向，并注上相同的字母，以图6-1所示的基本体为例，其向视图绘制方法如图6-2所示。

图6-1　基本体

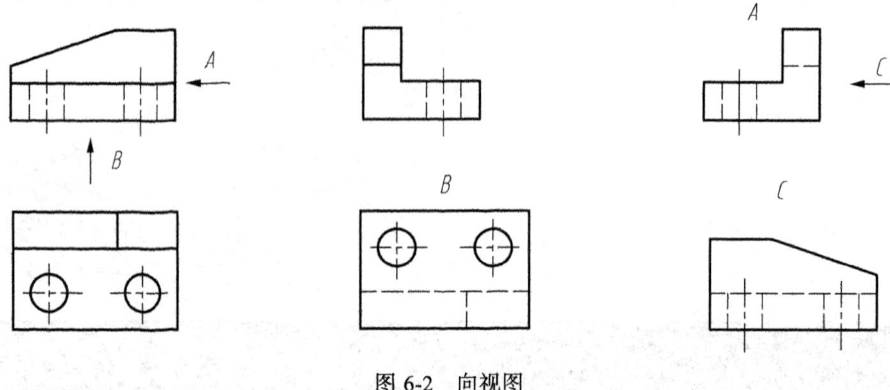

图 6-2　向视图

（二）局部视图

局部视图是将机件的某一部分结构向基本投影面投射所得的视图。当机件主要结构通过其他图形已经表达清楚，就不必增加一个完整的基本视图，只需将没有表达清楚的部分，向基本投影面投影即可。这样既突出了要表达的结构，又避免了不必要的绘图，如图 6-3 所示 *B* 向视图和 *C* 向视图。

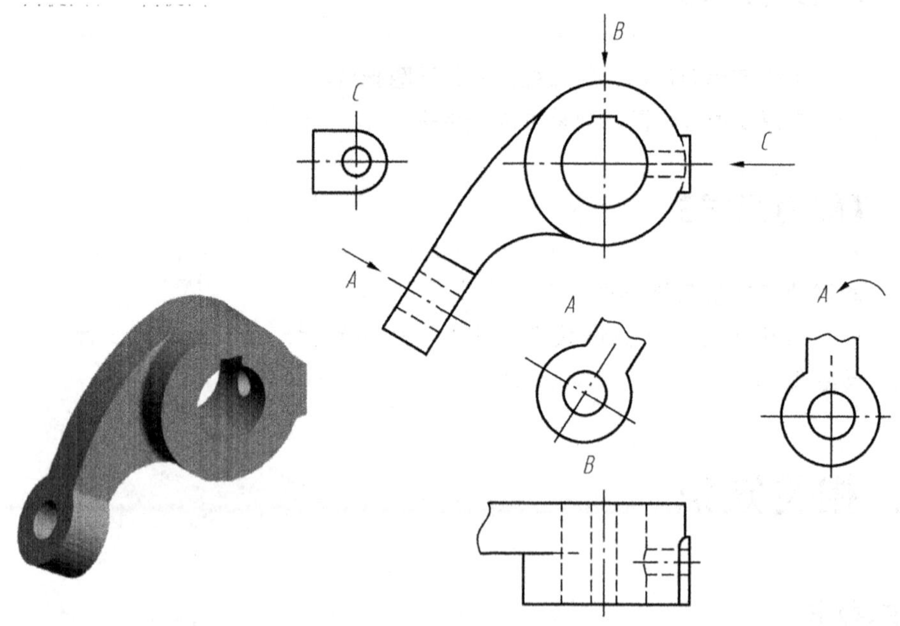

图 6-3　局部视图和斜视图

局部视图的断裂边界用波浪线表示，如图 6-3 所示的 *B* 向局部视图。当所表示的局部结构是完整的，且外形轮廓封闭时，波浪线可省略不画，如图 6-3 所示的 *C* 向局部视图。

局部视图尽可能配置在箭头所指的方向，并与视图保持投影关系，如图 6-3 所示 *B* 和 *C* 的两个局部视图的放置。

局部视图上方应用大写字母标出视图名称“*X*”，并在相应视图附近用箭头指明投射方向，注上相同的字母，如图 6-3 所示。

（三）斜视图

斜视图是将机件向不平行于基本投影面的投影面投射所得到的视图。

当机件具有倾斜结构，且用基本视图又不能表达实形时，可设置一个投影面与机件倾斜部分平行，将倾斜结构向该投影面投射，即可得到反映其实形的视图，如图 6-3 所示的 *A* 向视图。

斜视图只表达机件倾斜部分的实形，其余部分可不必画出，而用波浪线将其断开。画斜视图时，须在斜视图上方用大写拉丁字母标出视图名称，字母一律水平书写，并在相应的视图附近用箭头指明投射方向，并标上相同字母，如图 6-3 所示。

必要时，允许将斜视图旋转后放置，但必须加上旋转符号，大写拉丁字母要放在旋转符号的箭头端，且旋转符号的旋转方向应与图形的旋转方向相同，如图 6-3 所示。

三、项目实施——识读汽车拨叉零件图

（一）拨叉类零件的结构特点及常见工艺结构

拨叉类零件的结构大都比较复杂，且相同的结构不多。这类零件多数由铸造或锻造制成毛坯后，经过必要的机械加工而成。这类零件上的结构一般可分为工作部分、连接部分和支持部分。工作部分是指该零件与其他零件配合或连接的套筒、叉口、支承板、底板等。连接部分是指将该零件各工作部分连接起来的薄板、肋板、杆体等。零件上常具有铸造或锻造圆角、拔模斜度、凸台、凹坑或螺栓过孔、销孔等结构。

（二）拨叉类零件的视图选择

此类零件工作位置有的固定，有的不固定，加工位置变化较大，一般采用下列表达方法。

① 将最能反映零件形状特征的方向作为主视图的投射方向。将自然摆放位置或便于画图的位置作为零件的摆放位置。

② 除主视图外，一般还需 1～2 个基本视图才能将零件的主要结构表达清楚。

③ 常用局部视图或局部剖视图表达零件上的凹坑、凸台等结构。

④ 肋板、杆体等连接结构常用断面图表示其断面形状。

⑤ 一般用斜视图表达零件上的倾斜结构。

图 6-4 所示为拨叉零件图，该零件图就是采用主视图和左视图来表达的。主视图重点表达叉的外形，左视图主要表达了支撑孔的深度、叉头的厚度。

（三）拨叉类零件的尺寸标注

拨叉高度和长度方向的主要尺寸基准都是上支承孔的轴线，宽度方向的主要尺寸基准是拨叉的叉头前工作面。

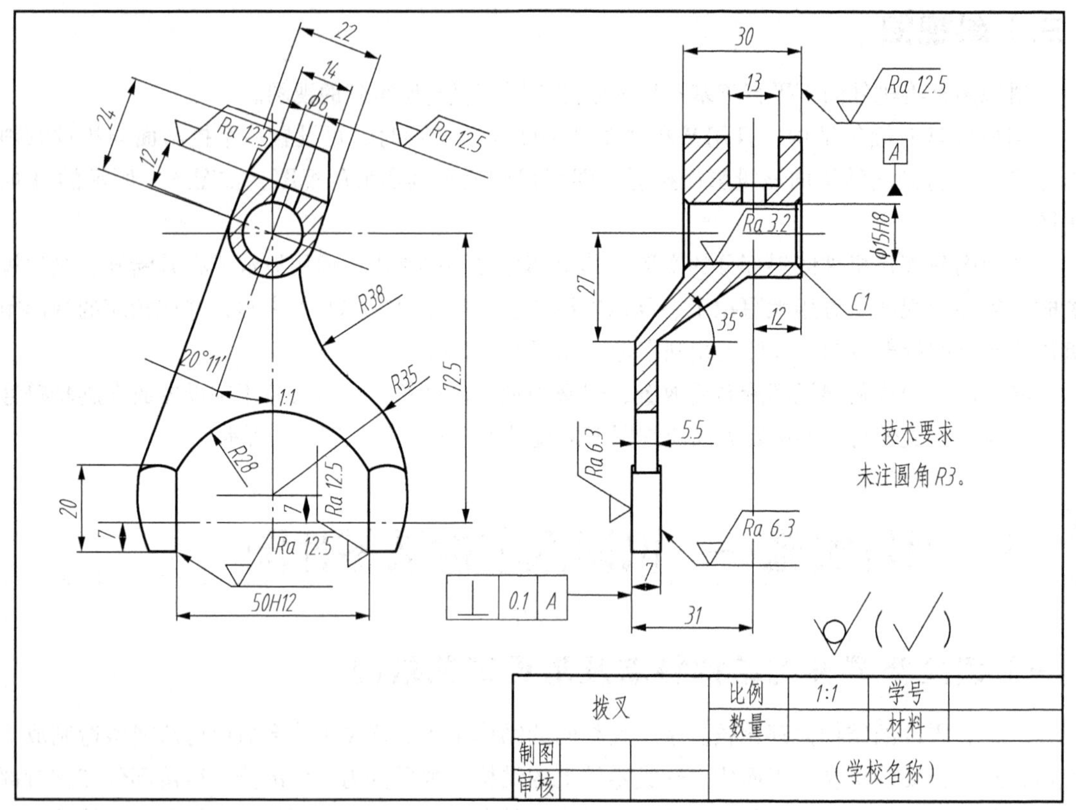

图 6-4　拨叉零件图

（四）识读汽车拨叉零件图

1. 读零件图的目的

① 对零件有一个概括的了解，如名称、材料等。

② 根据给出的视图，想象出零件的形状。明确零件在设备和部件中的作用及零件各部分的功能。

③ 通过阅读零件图的尺寸，对零件各部分的大小有一个概念，进一步分析出各方向尺寸的主要基准。

④ 明确制造零件的主要技术要求，如表面粗糙度、尺寸公差、几何公差、热处理及表面处理等，以便确定正确的加工方法。

2. 识读零件图的步骤

图 6-4 所示为拨叉的零件图，一般按 4 个步骤读图。

（1）读标题栏

零件的名称是拨叉，属叉架类零件。

（2）分析视图，想象形状

该拨叉是采用主视图、左视图来表达的。主视图重点表达叉的外形，左视图主要表达支撑孔的深度、叉头的厚度。两个基本视图（都按需采取适当的剖视）都表达了它的内外形状。主视图采用单一的正平面剖切后所得的局部剖视图，表达内部和总体形状。左视图采用全剖，同时表达内部和总体的形状。

由形体分析可知，拨叉主要由上部的连接体、下部的拨叉口组成。

（3）分析尺寸和技术要求

通过形体分析和分析图上所注尺寸可以看出，拨叉高度和长度方向的主要尺寸基准都是上支撑孔的轴线，宽度方向的主要尺寸基准是拨叉的叉头前工作面。

从这 3 个尺寸基准出发，再进一步看懂各部分的定位尺寸和定形尺寸，就可以完全读懂这个拨叉的形状和大小了。

在图 6-4 中可以看到，在这个拨叉的连接处和叉口处，ϕ15H8、50H12 均有公差要求，其极限偏差数值可由公差带代号查表获得。

再看表面粗糙度，除主要的叉口前后端为 6.3 外，加工面大部分为 12.5；其余仍为铸件表面。由此可见，该零件对表面粗糙度要求不高。

用文字叙述的技术要求是图中未注尺寸的铸造圆角都是 *R*3。

（4）综合考虑

把上述各项内容综合起来，通过这样的读图步骤，就可以大致得出拨叉的内、外形状，从而想象出实体形状。图 6-5 所示为拨叉的实体图。

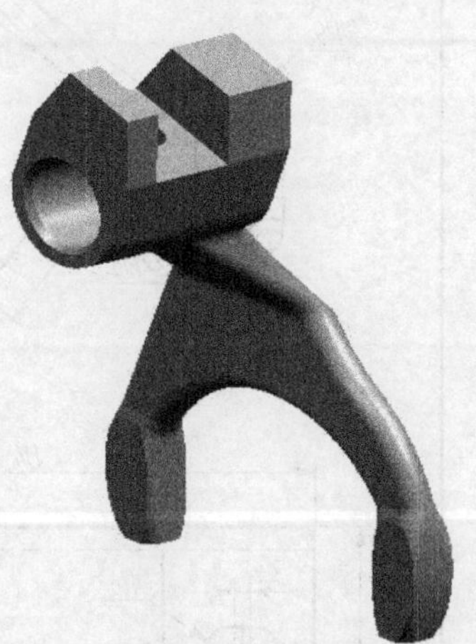

图 6-5　拨叉实体图

（五）项目考核与评估

1. 项目成果评定（60%）
2. 学习过程评价（30%）
3. 团队合作评价（10%）

四、拓展训练——识读托脚零件图

1. 读标题栏

零件的名称是托脚，属叉架类零件。

2. 分析视图，想象形状

在托脚的零件图（见图 6-6）中，可知该托脚是采用主视图、俯视图来表达的，附加了局部视图和断面图。主视图反映了托脚的空心圆柱、安装板和肋板三个组成部分的相互位置关系，两处局部剖视表达其内部结构，俯视图表达了空心圆柱的形状、安装板的宽度及右侧凸台的位置，凸台的形状和肋板的断面结构分别由 *B* 向局部视图和移出断面图来表达。托脚的结构如图 6-7 所示。

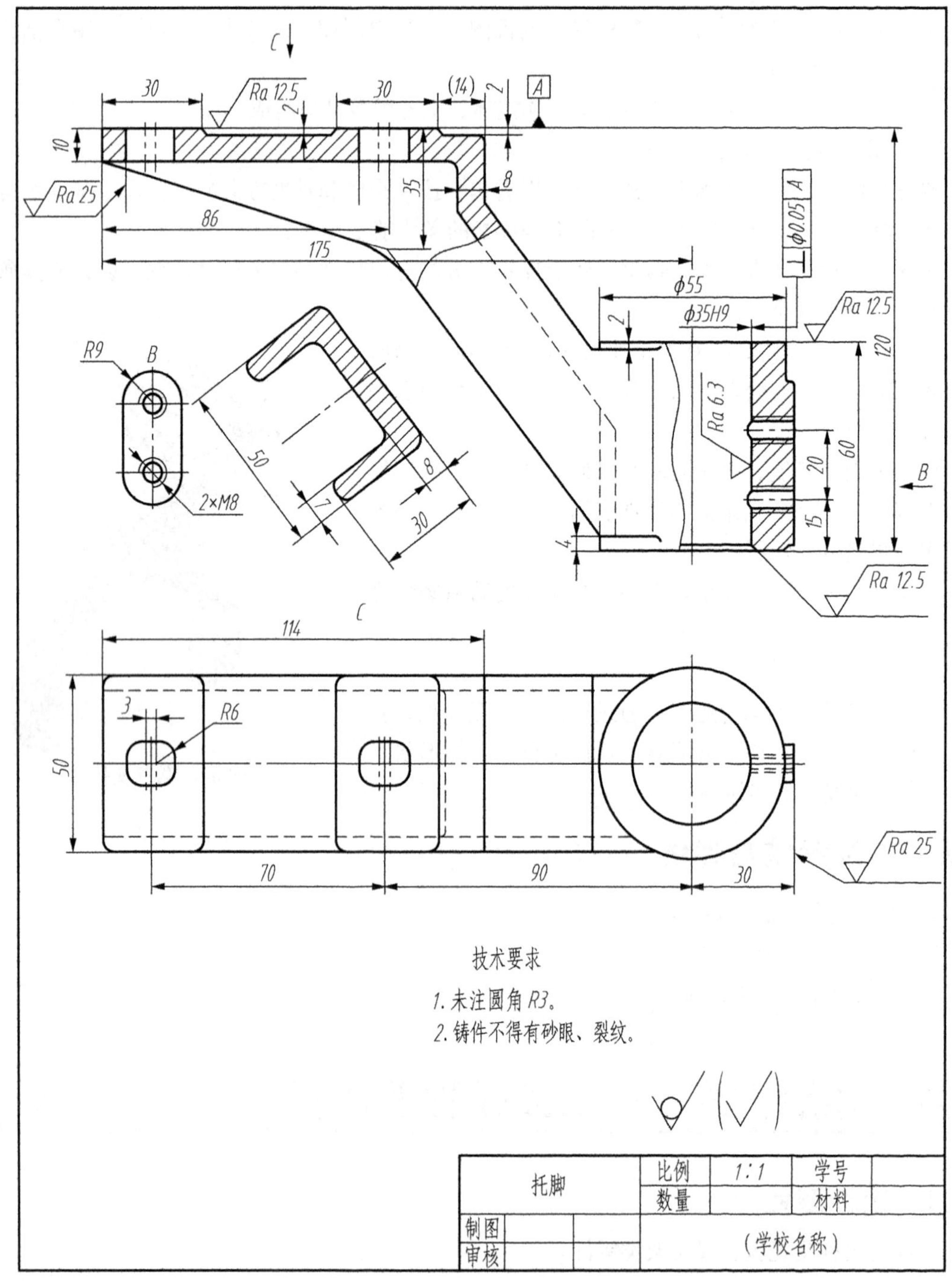

图 6-6　托脚零件图

3. 分析尺寸和技术要求

通过形体分析和分析图上所注尺寸可以看出，托脚高度方向的主要尺寸基准是底面，长度方向的主要尺寸基准是ϕ55孔的轴线，宽度方向的主要尺寸基准是托脚的对称轴。从这3个尺寸基准出发，再进一步看懂各部分的定位尺寸和定形尺寸，就可以完全读懂这个托脚的形状和大小。

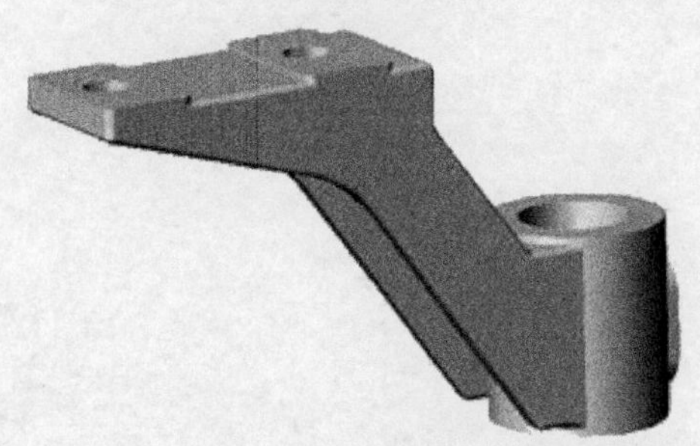

图 6-7　托脚实体图

在图 6-6 中可以看到，在这个托脚的连接处ϕ35H9 有公差要求，其极限偏差数值可由公差带代号查表获得。

再看表面粗糙度，加工面大部分为 12.5；其余仍为铸件表面。由此可见，该零件对表面粗糙度要求不高。

用文字叙述的技术要求是图中未注尺寸的铸造圆角都是 *R*3。

4. 综合考虑

把上述各项内容综合起来，通过这样的读图步骤，就可以大致得出托脚的内、外形状，从而想象出实体形状。

项目小结

通过对向视图、局部视图、斜视图，以及零件图的识读目的和步骤等基本知识的学习，读者应熟悉拨叉类零件的结构特征和它的表达方法，掌握较复杂零件图的读图技能，从而达到了想象出零件实体的目的。

在本项目实施过程中，易出现看了图样，想象不出整体的现象，对于这种问题应多做一些拓展训练，提高空间思维能力。

项目七

画汽车齿轮泵泵体草图

一、项目要求

【知识要求】

（1）熟练掌握手工绘图和零件测绘的基本方法。

（2）掌握常用测量工具及测量方法。

（3）掌握箱体类零件草图的画法。

【能力要求】

能绘制汽车齿轮泵泵体草图（若绘制草图有难度，可改为识读汽车齿轮泵泵体零件图）。

项目实施条件：普通教室、绘图仪器、测量工具、多媒体教室、课件、汽车齿轮泵泵体零件。

二、相关知识

（一）手工绘图

徒手绘图也称草图，是指不借助绘图工具，用目测估计图形与实物的比例，按一定画法要求徒手绘制的图样。在现场测绘、讨论设计方案、技术交流、现场参观时，通常需要绘制草图进行记录和交流。因此，工程技术人员必须具备徒手绘图的能力。由于计算机绘图的普及，草图的应用也越来越广泛。仪器绘图、计算机绘图、徒手绘图已成为 3 种主要的绘图手段。

1. 徒手绘图的要求

徒手绘图的要求如下：

① 画线要稳，图线要清晰。

② 目测尺寸要准，各部分比例匀称。

③ 绘图速度要快。

④ 标注尺寸无误，字体工整。

2. 徒手绘图的方法

画徒手草图一般选用 HB 或 B 标号的铅笔，常在印有浅色方格的纸上画图。

(1) 徒手绘直线

画直线时，铅笔要握得轻松自然，眼睛看着图线的终点，手腕靠着纸面沿画线方向移动，以保证图线画得直。图 7-1 中（a)、(b)、(c）中所示分别为画水平线、垂直线、斜线时手臂运笔姿势。

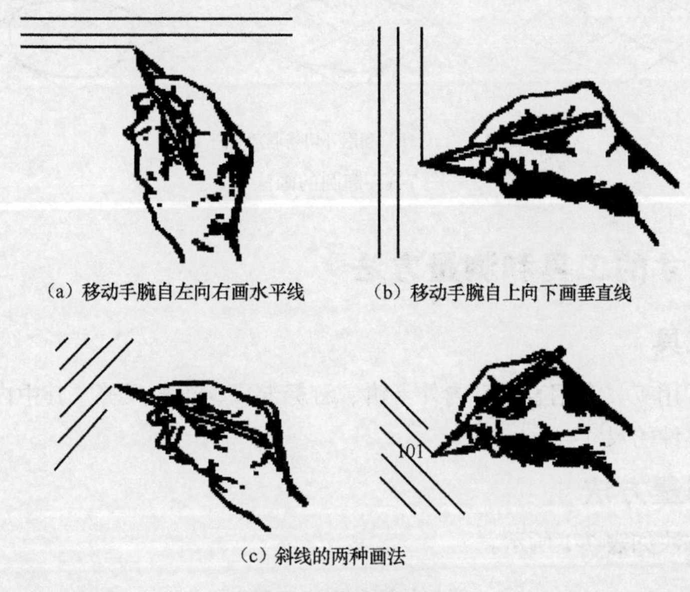

(a) 移动手腕自左向右画水平线　(b) 移动手腕自上向下画垂直线

(c) 斜线的两种画法

图 7-1　直线的画法

(2) 徒手绘圆和圆弧

画圆时，应先定圆心的位置，再通过圆心画对称中心线，如图 7-2（a）所示，在对称中心线上距圆心等于半径处截取 4 点，过 4 点画圆即可。画直径较大的圆时，除对称中心线以外，可再过圆心画两条不同方向的直线，同样截取 4 点，过 8 点画圆，如图 7-2 所示。

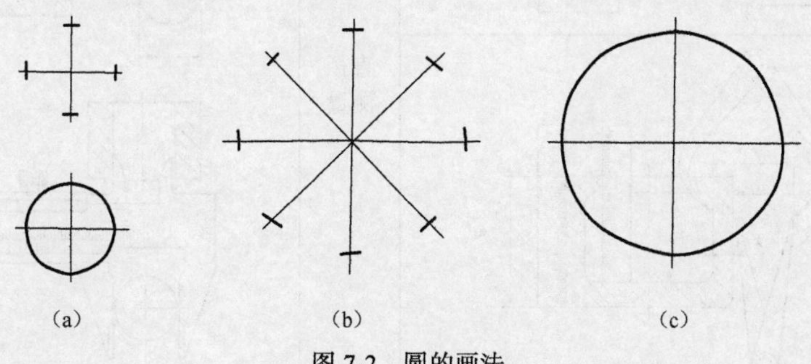

(a)　(b)　(c)

图 7-2　圆的画法

（3）徒手绘椭圆

已知长短轴画椭圆，如图 7-3（a）所示。先根据椭圆的长短轴，目测定出端点的位置，然后过 4 个端点画一矩形，再连接长短轴端点与矩形相切画椭圆。也可利用外切菱形画 4 段圆弧构成椭圆，如图 7-3（b）所示。

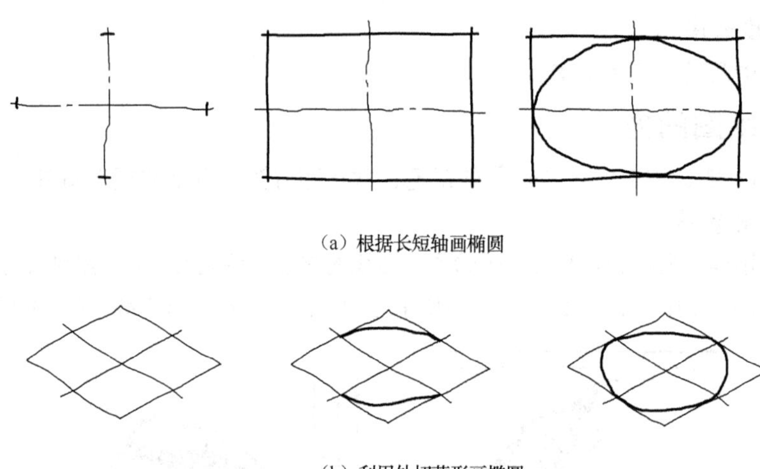

（a）根据长短轴画椭圆

（b）利用外切菱形画椭圆

图 7-3　椭圆的画法

（二）测量尺寸的工具和测量方法

1. 测量工具

测量尺寸的常用工具有钢直尺、内外卡钳、游标卡尺、千分尺等。其中内外卡钳须借助直尺才能获得被测零件的尺寸。

2. 常用测量方法

常用的测量方法如表 7-1 所示。

表 7-1　　常用的测量方法示例表

线性尺寸测量	55 直角尺	直径测量	D
壁厚测量	A B X=A−B X D C Y X=C−D		

续表

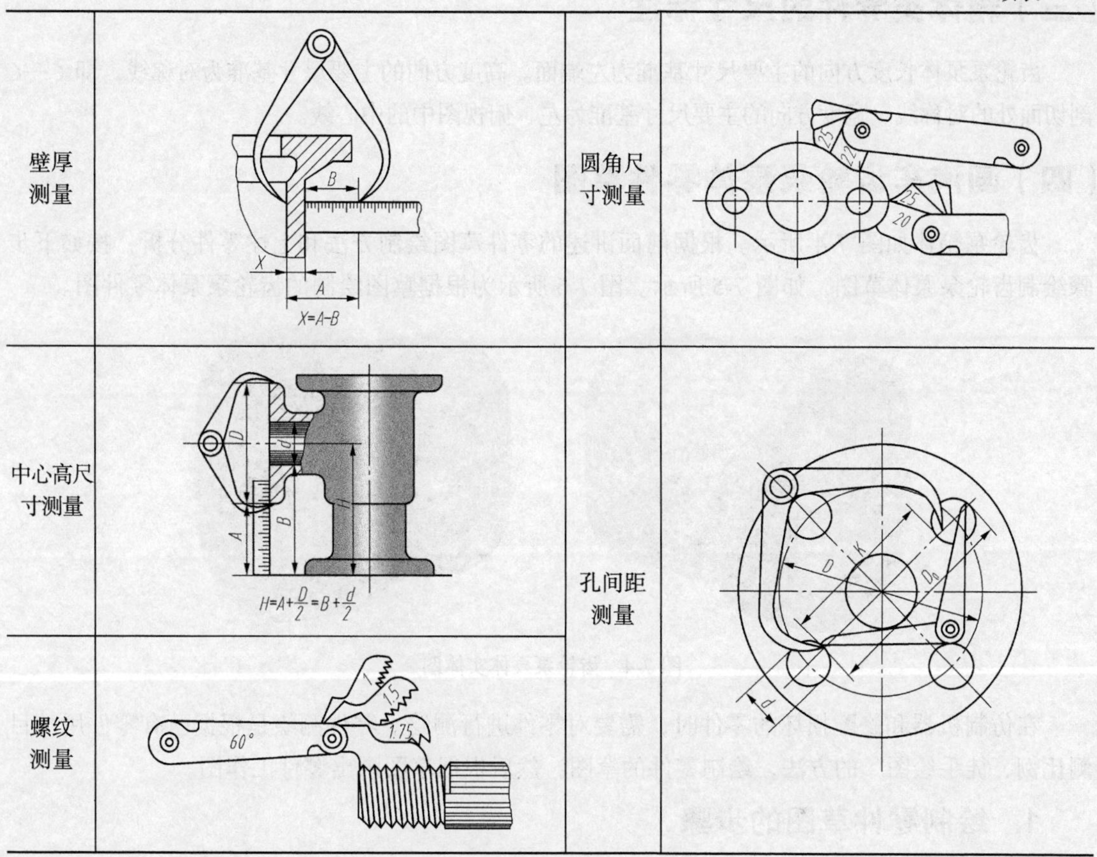

三、项目实施——画汽车齿轮泵泵体草图

（一）箱体类零件的结构特点及常见工艺结构

箱体类零件是汽车上的主体零件之一，主要用于支撑、包容、保护运动零件或其他零件，也起定位和密封作用，其结构形状往往比较复杂。

（二）箱体类零件的视图选择

箱体类零件的视图选择要求如下：

① 通常采用最能反映其形状特征及各结构间相对位置的一面作为主视图的投射方向。以自然安放位置或工作位置作为主视图的摆放位置（即零件的摆放位置）。

② 一般需要两个或两个以上的基本视图才能将其主要结构形状表示清楚。

③ 一般要根据具体零件选择合适的视图、剖视图、断面图，来表达其复杂的内外结构。

④ 往往还需要局部视图或局部剖视或局部放大图来表达尚未表达清楚的局部结构。

该齿轮泵泵体采用了主、俯、左 3 个基本视图和 B、D 两个局部视图来表达，并且将主、左两个视图画成了半剖视图，将俯视图画成了全剖视图。

（三）箱体类零件的尺寸标注

齿轮泵泵体长度方向的主要尺寸基准为左端面。高度方向的主要尺寸基准为对称线，即 *C—C* 剖切面处的对称线。宽度方向的主要尺寸基准为左、俯视图中的中心线。

（四）画汽车齿轮泵泵体零件草图

齿轮泵箱体如图 7-4 所示。根据前面讲述的零件草图绘制方法和上述零件分析，按如下步骤绘制齿轮泵泵体草图，如图 7-5 所示。图 7-6 所示为根据草图绘制的齿轮泵泵体零件图。

图 7-4　齿轮泵泵体实体图

在仿制机器和修配损坏的零件时，需要对零件进行测绘。零件测绘是根据已有零件用“目测比例、徒手绘图”的方法，绘制零件的草图，然后根据草图画出零件工作图。

1. 绘制零件草图的步骤

首先了解零件的名称和材料，分析零件在机器中的作用和装配关系，再根据它的结构特点确定表达方案，测量并标注它各部分的尺寸及技术要求。

① 在图纸上定出各视图的位置。画出各视图的基准线、中心线，如图 7-5（a）所示。安排各视图的位置时，要考虑到各视图间应留出标注尺寸的位置及右下角放置标题栏的位置。

② 详细地画出零件的结构形状，如图 7-5（b）所示。

③ 标注出零件各表面粗糙度符号，选择标注尺寸基准并画尺寸线、尺寸界线及箭头。经过仔细校核后，描深轮廓线，画好剖面线，如图 7-5（c）所示。

④ 测量尺寸，定出技术要求，并将尺寸数字、技术要求记入图中，如图 7-5（d）所示。

2. 零件测绘时的注意事项

① 零件的制造缺陷（如砂眼、气孔、刀痕）和零件在工作中造成的磨损等，都不应画出。

② 零件上因制造、装配需要而形成的工艺结构，如铸造圆角、倒角等必须画出。

③ 有配合关系的尺寸（如配合的孔与轴的直径），一般只要测出它的基本尺寸，其配合性质和相应的公差值，应在进行综合分析后，查阅有关手册确定。没有配合关系的尺寸或不重要的尺寸，允许将测量所得尺寸作适当调整。

④ 对螺纹、键槽、沉头孔、轮齿等标准结构的尺寸，应把测量的结果与标准值对照，采用标准的结构尺寸。

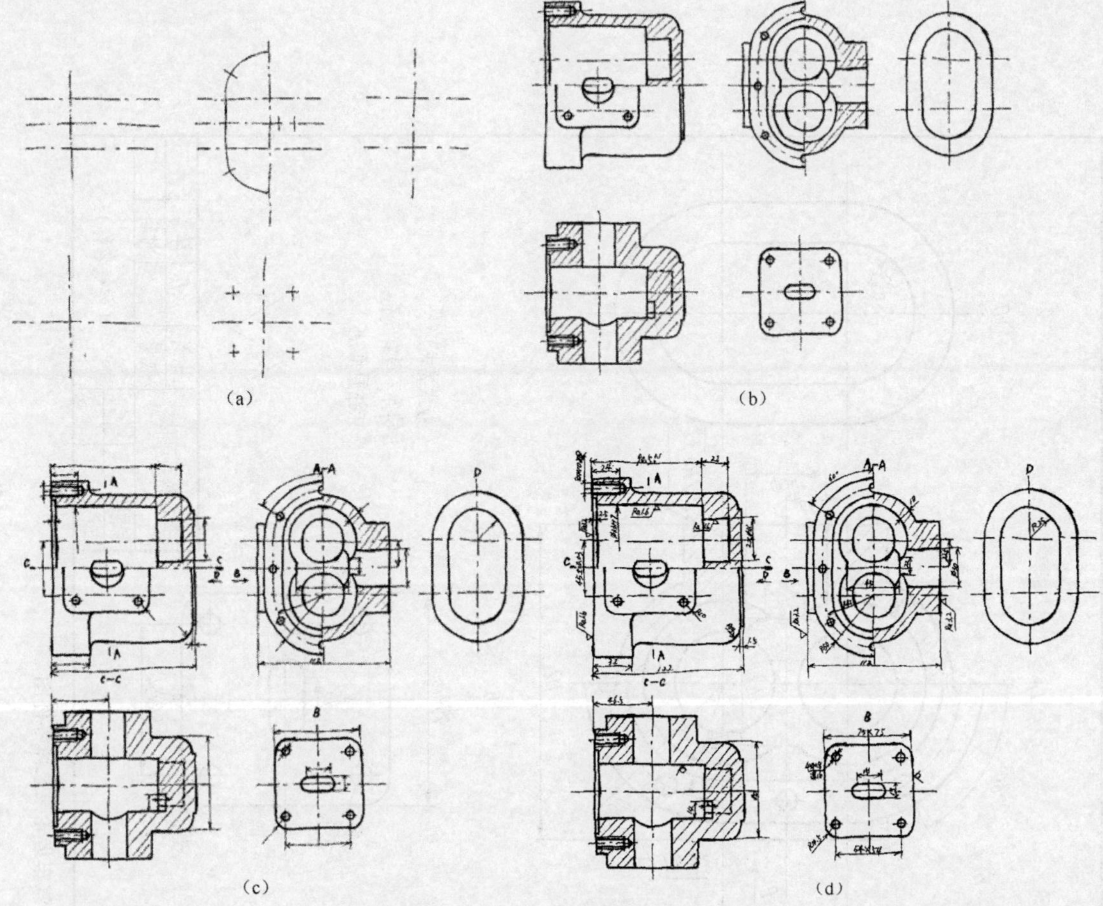

图 7-5　汽车齿轮泵泵体零件草图绘制步骤

（五）绘制汽车齿轮泵泵体零件图

零件草图完成后，应对草图进行校核、整理，进行必要的修改和补充，最后画出零件工作图。零件工作图的绘图步骤与零件草图类似，不同的是在图纸上用尺规按比例绘制，或根据零件草图在计算机上绘制，如图 7-6 所示。

（六）项目考核与评估

1. 项目成果评定（60%）
2. 学习过程评价（30%）
3. 团队合作评价（10%）

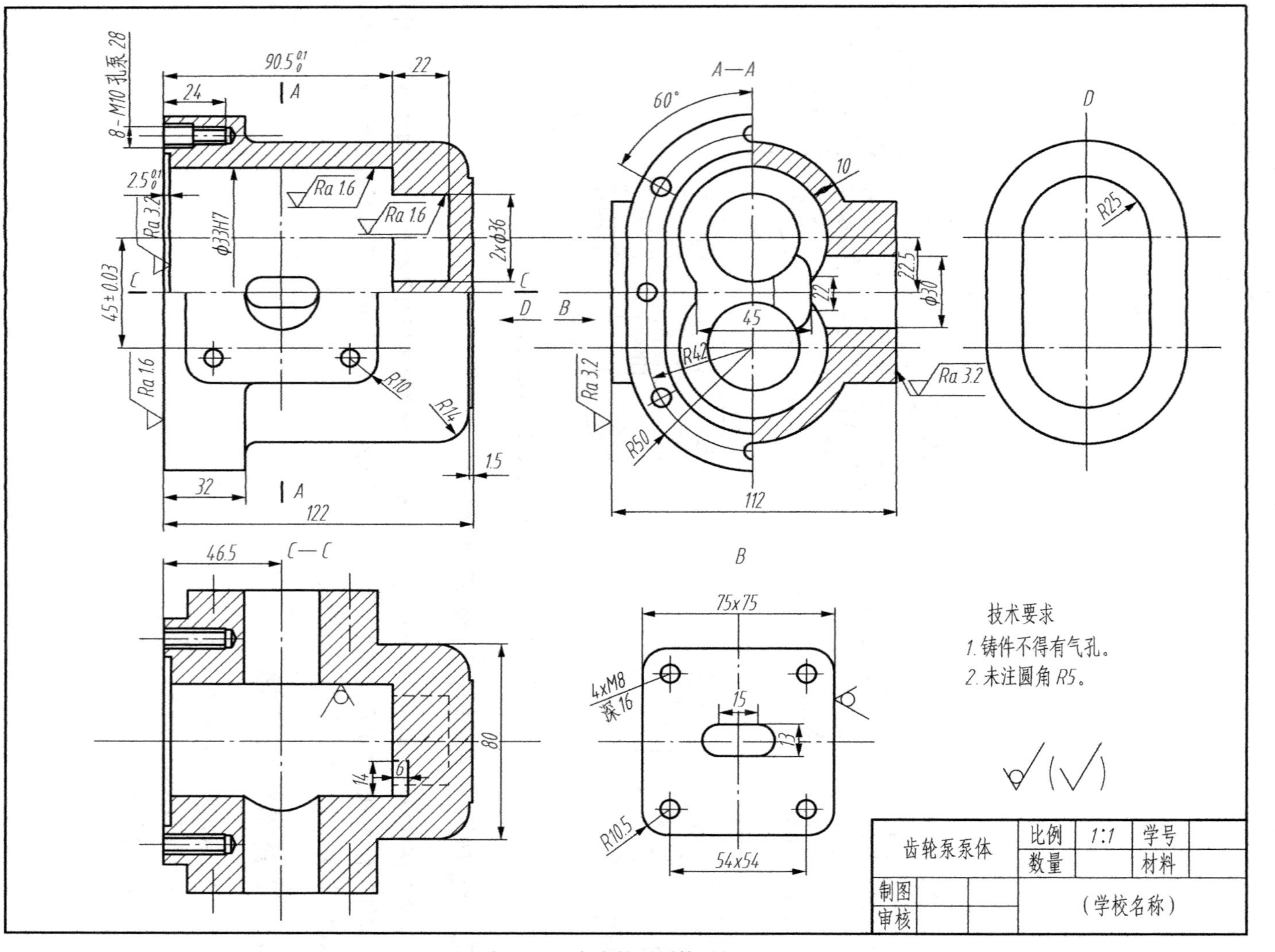

图 7-6 汽车齿轮泵泵体零件图

四、拓展训练——识读蜗轮蜗杆减速器箱体零件图

蜗轮蜗杆减速器箱体的结构如图 7-7 所示。箱体主要由容纳蜗轮的圆柱形腔体和安装蜗杆的方形腔体组成。主视图的投射方向选择为安装蜗杆的支撑孔的公共轴线方向，全剖视的主视图反映了零件两部分的内腔及内腔中用来支撑蜗杆的凸台形状，外表面凸台则由 *A* 向局部视图来表示。俯视图处理成局部剖视图，既表示出两个支撑孔的结构和圆柱形腔体的形状，又反映了箱体上部凸台的形状和螺纹孔的分布情况。左视图用来表明左侧方形腔体形状，也表示了安装箱盖的螺纹孔以及箱体下方径向分布的四组孔的情况。箱体零件图如图 7-8 所示。

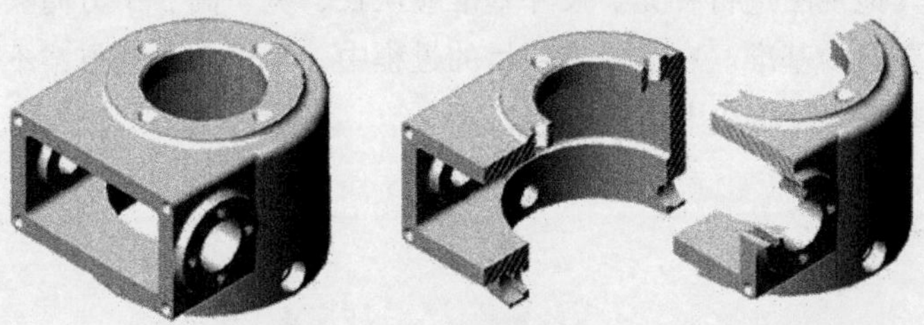

图 7-7　减速器箱体立体图

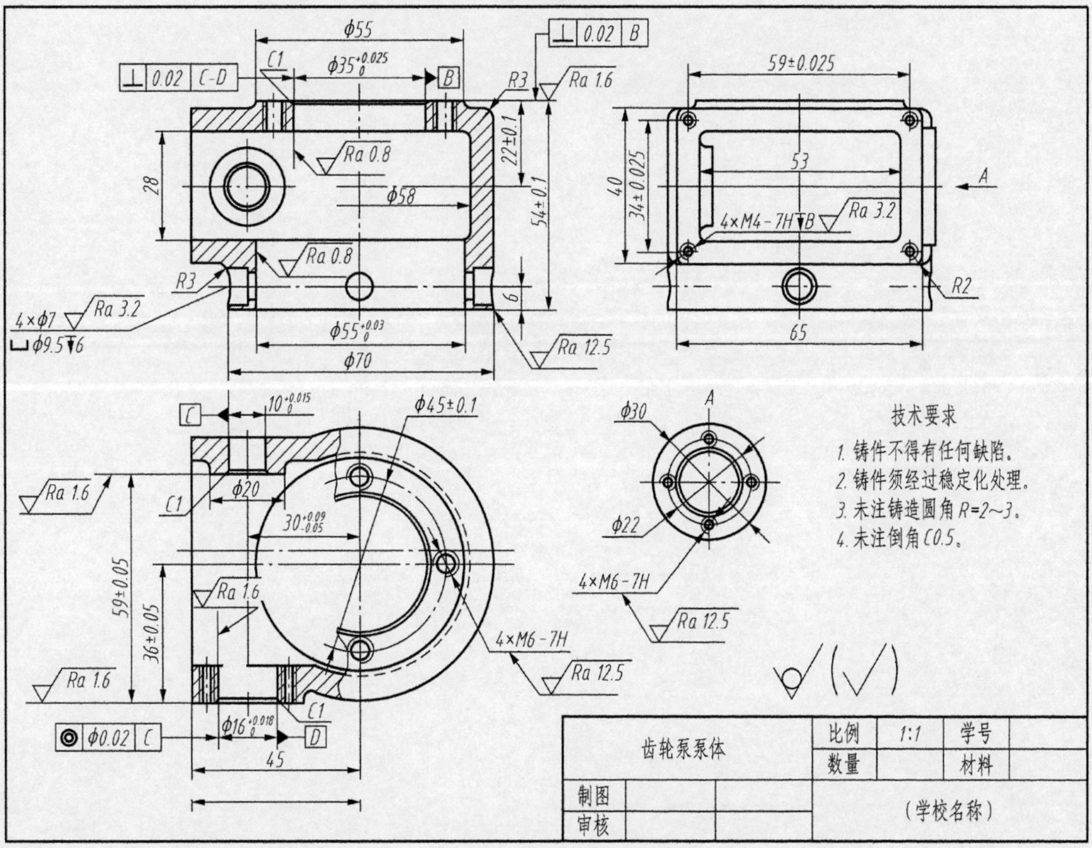

技术要求

1. 铸件不得有任何缺陷。
2. 铸件须经过稳定化处理。
3. 未注铸造圆角 $R=2\sim3$。
4. 未注倒角 $C0.5$。

齿轮泵泵体		比例	1:1	学号	
		数量		材料	
制图			（学校名称）		
审核					

图 7-8　箱体零件图

项目小结

通过手工绘图和零件测绘等基本知识的介绍，读者应掌握对汽车上一些较复杂零件进行测绘的技能，并能够完成绘制汽车齿轮泵泵体草图的任务。

在实施本项目的过程中，要注意箱体类零件的结构特点，绘制图样时为了读图方便，一定要选择合理的表达方案。注意考虑方案的全局性和关联性，每个视图应具备各自的表达重点。以主视图为核心，其他视图进行补充。尺寸基准应从长、宽、高 3 个方向去考虑，选择以在其方向上主要的几何要素为基准。在实施本项目的过程中，易出现表达方案不合理、草图太草的现象，读者应多做些练习以解决上述问题。

项目八
画汽车常用螺栓连接图

一、项目要求

【知识要求】

（1）掌握汽车上常用的螺纹、齿轮、键、销、弹簧、轴承的画法。

（2）掌握螺栓连接件的比例画法。

【能力要求】

能绘制螺栓连接图。

项目实施条件：多媒体教室、课件、普通教室、绘图仪器、图板、丁字尺、螺栓连接等相关零件。

二、相关知识

在汽车上，经常会用到各种螺纹紧固件（螺栓、螺母、垫圈等）、连接件（键、销等）、齿轮、弹簧、滚动轴承等各种不同的零件。实行全部标准化的零件，称为标准件；实行部分标准化的零件，称为常用件。对它们的结构和形状，可根据相应的国家标准所规定的画法、代号和标记进行绘图和标注。

（一）螺纹

1. 螺纹的形成及加工方法

螺纹是在圆柱或圆锥表面上，沿着螺旋线形成的具有相同剖面形状（如等边三角形、正方形、梯形、锯齿形等）的连续凸起和沟槽。在圆柱或圆锥外表面所形成的螺纹称为外螺纹，在圆柱或圆锥内表面所形成的螺纹称为内螺纹。用于连接的螺纹称为连接螺纹；用于传递运动或动力的螺纹称为传动螺纹。各种螺纹都是根据螺旋线原理加工而成的，外螺纹可采用车床加工。内螺纹可以在车床上加工，也可以先在工件上钻孔，再用丝锥攻制而成，如图 8-1、图 8-2 所示。

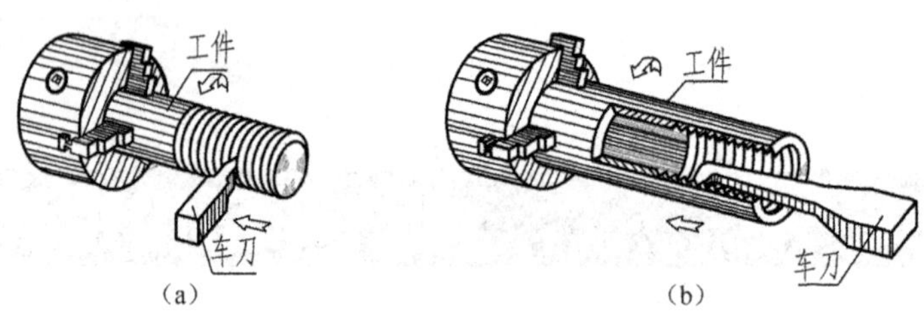

图 8-1　车床上加工外、内螺纹

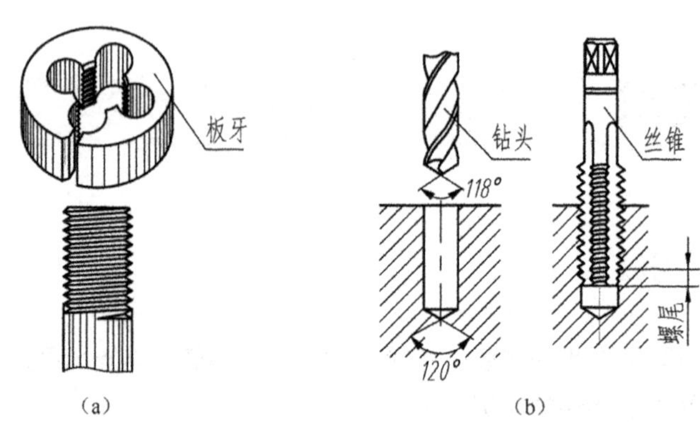

图 8-2　板牙和丝锥加工外、内螺纹

2. 螺纹的各部分名称及要素

螺纹的结构和尺寸是由牙型、直径（大径、中径、小径）、螺距和导程、线数、旋向等要素确定的，通常称为螺纹五要素。只有这五要素都相同的外螺纹和内螺纹才能相互旋合。

（1）牙型

在通过螺纹轴线的剖面上，螺纹的轮廓形状称为螺纹牙型。它由牙顶、牙底和两牙侧构成，并形成一定的牙型角。常见的螺纹牙型有三角形、梯形、锯齿形和矩形等多种，如图 8-3 所示。

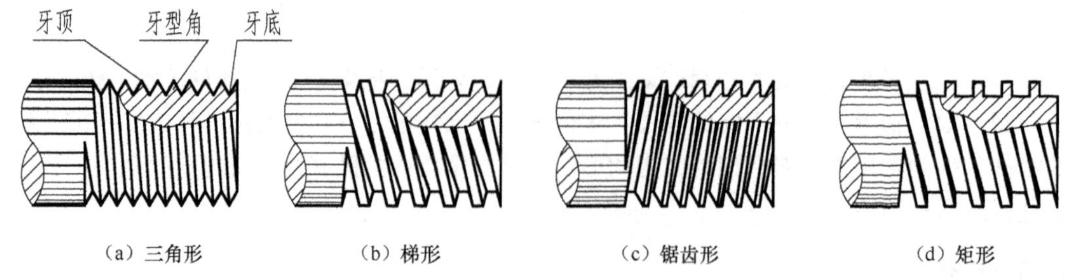

图 8-3　螺纹的牙型

（2）大径、小径和中径

大径（d、D）是指与外螺纹的牙顶或内螺纹的牙底相切的假想圆柱或圆锥的直径。内螺纹

的大径用大写字母 D 表示，外螺纹的大径用小写字母 d 表示。

小径（d_1、D_1）是指与外螺纹的牙底或内螺纹的牙顶相切的假想圆柱或圆锥的直径。内螺纹的小径用 D_1 表示，外螺纹的小径用 d_1 表示。

中径（d_2、D_2）是指一个假想的圆柱或圆锥直径，该圆柱或圆锥的母线通过牙型上沟槽和凸起宽度相等的地方。

公称直径：代表螺纹尺寸的直径，指螺纹大径的公称尺寸。

各参数如图 8-4 所示。

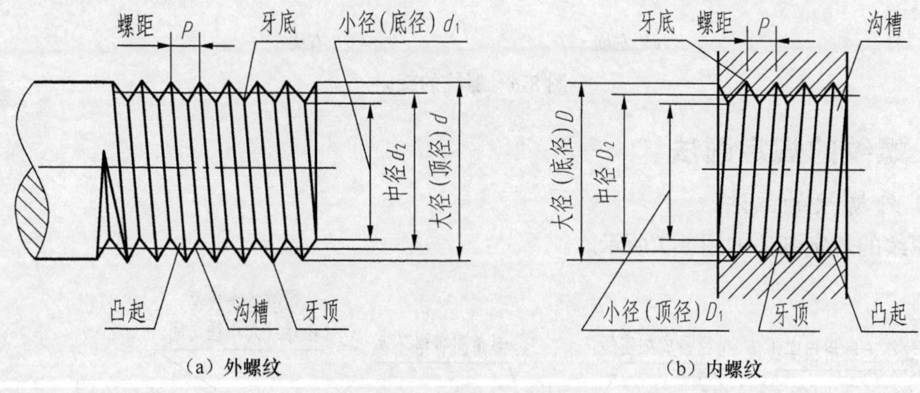

图 8-4　螺纹的直径

（3）线数

形成螺纹的螺旋线条数称为线数，线数用字母 n 表示。沿一条螺旋线所形成的螺纹称为单线螺纹。沿两条或两条以上，且在轴向等距分布的螺旋线所形成的螺纹称为多线螺纹，如图 8-5 所示。

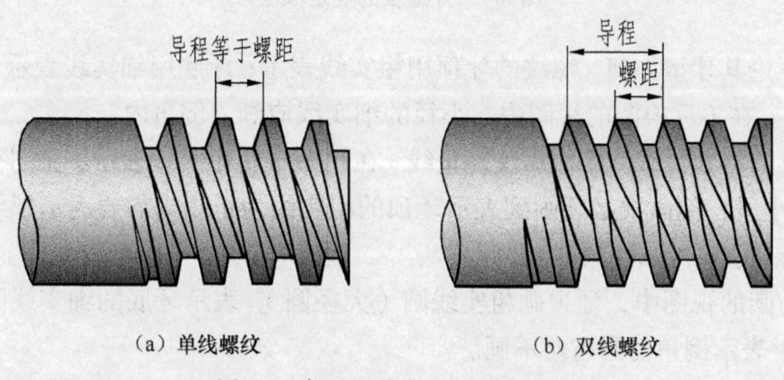

图 8-5　螺纹的线数、导程与螺距

（4）导程与螺距

同一条螺旋线上的相邻两牙在中径线上对应两点间的轴向距离称为导程，以 S 来表示。相邻两牙在中径线上对应两点间的轴向距离称为螺距，用 P 来表示。导程与螺距之间的关系为 $S = nP$，如图 8-5 所示。

（5）旋向

螺纹的旋合方向称为旋向，分左旋和右旋两种。螺纹的可见部分是右高左低者称右旋螺纹，左高右低者称左旋螺纹，如图 8-6 所示。

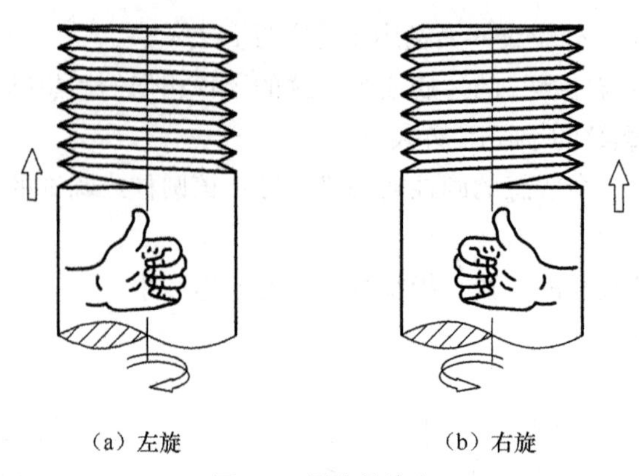

（a）左旋　　（b）右旋

图 8-6　螺纹的旋向

3. 螺纹的规定画法

（1）外螺纹的画法

外螺纹的规定画法如图 8-7 所示。

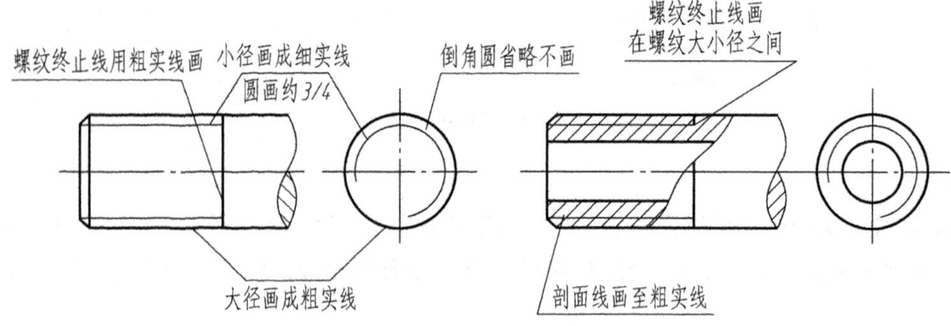

图 8-7　外螺纹的规定画法

① 外螺纹不论其牙型如何，螺纹的牙顶用粗实线表示；牙底用细实线表示；螺纹小径按大径的 0.85 倍绘制。在不反映圆的视图中，小径的细实线应画入倒角内。

② 完整螺纹的终止界线（简称螺纹终止线）在视图中用粗实线表示；在剖视图中则只画螺纹牙型高度的一小段，剖面线必须画到表示牙顶的粗实线为止。当需要表示螺纹收尾时，螺纹尾部的小径用与轴线成 30° 的细实线绘制。

③ 在投影为圆的视图中，牙顶画粗实线圆（大径圆）；表示牙底的细实线圆（小径圆）只画约 3/4 圈；此时表示倒角的圆省略不画。

（2）内螺纹的画法

内螺纹的规定画法如图 8-8 所示。

① 内螺纹通常采用剖视图表达，在平行螺纹孔轴线的剖视图或断面图中，内螺纹小径用粗实线表示，大径用细实线表示（小径近似画成大径的 85%），螺纹终止线用粗实线表示，剖面线必须画到小径的粗实线处。

② 在垂直于螺纹轴线的投影面的视图中，内螺纹小径用粗实线圆表示，大径用约 3/4 圈的细实线圆表示（空出约 1/4 的位置不作规定），倒角圆的投影省略不画。

③ 不可见内螺纹的所有图线（轴线除外）均用虚线绘制。

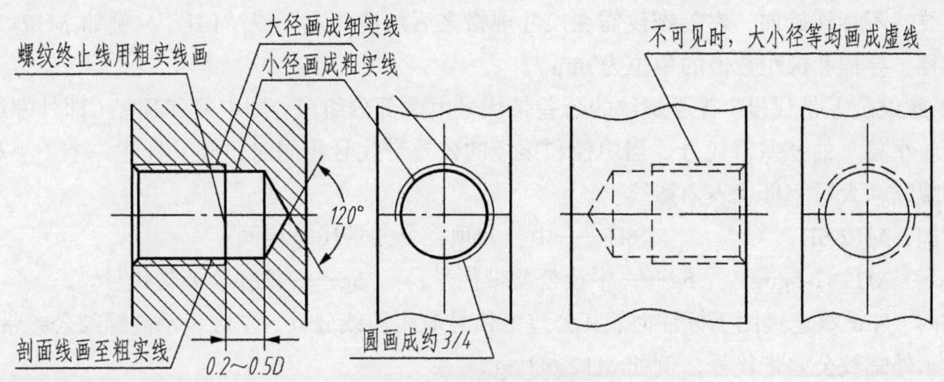

图 8-8　内螺纹的规定画法

④ 绘制不穿透螺纹孔时，一般应将钻孔深度与螺纹孔深度分别画出，底部的锥顶角画成120°。钻孔深度应比螺孔深度大 0.2～0.5D。

（3）内、外螺纹连接的画法

内、外螺纹连接的画法如图 8-9 所示。

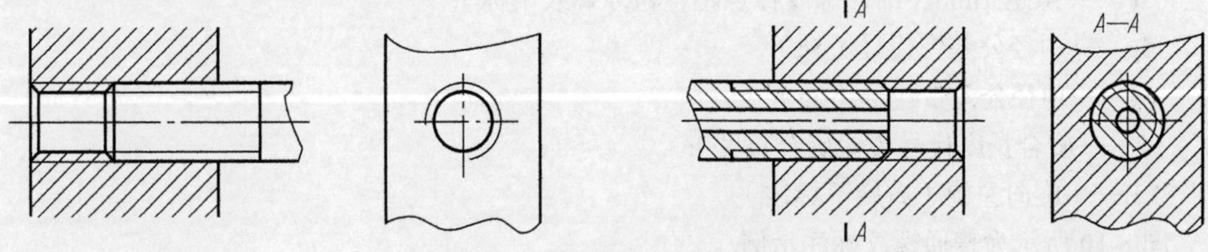

图 8-9　内、外螺纹连接的画法

① 在剖视图中表示内、外螺纹连接时，其旋合部分应按外螺纹绘制，其余部分仍按各自的画法表示。

② 表示外螺纹牙顶的粗实线、牙底的细实线必须分别与表示内螺纹牙底的细实线、牙顶的粗实线对齐。这与倒角大小无关，它表明内、外螺纹具有相同的大径和相同的小径。画螺纹连接图时，内、外螺纹的大、小径应分别对齐。

③ 在剖切平面通过螺纹轴线的剖视图中，实心螺杆按不剖绘制。

4. 螺纹的标注方法

螺纹按用途分为连接螺纹和传动螺纹，普通螺纹和管螺纹为连接螺纹，梯形螺纹和锯齿形螺纹属于传动螺纹。各种螺纹的标注方法和示例如下。

（1）普通螺纹的标注

普通螺纹的完整标记是用尺寸标注形式注在内、外螺纹的大径上，其标注的格式如下：

[牙型符号] [公称直径]×[螺距(导程/线数)] – [中径公差带代号] [顶径公差带代号] – [旋合长度代号] – [旋向]

① 螺纹代号。普通螺纹的牙型代号用“M”表示，其直径、螺距可查表得知。粗牙普通螺纹的螺纹代号用牙型符号 M 和公称直径（大径）表示（不标注螺距），如 M12；细牙普通螺纹用牙型符号 M 和公称直径×螺距（多线螺纹用“导程/线数”）表示，例如 M12×1；右旋螺纹为

常用螺纹，不标注旋向；左旋螺纹需在尺寸规格之后加注“左”或“LH”，例如 M12×1 左。公称直径、导程和螺距数值的单位为 mm。

② 螺纹公差带代号。普通螺纹的公差带代号由两部分组成，即中径和顶径（即外螺纹大径或内螺纹小径）的公差带代号。当中径和顶径的公差带代号相同时，则只标注一个（小写字母代表外螺纹，大写字母代表内螺纹）。

例如：M12-6H　　　　6H——中径和顶径公差带代号相同；

M12×1-5g6g　　5g——中径公差带代号；　　6g——顶径公差带代号。

在内、外螺纹连接图上标注时，其公差带代号应用斜线分开，左边表示内螺纹公差带代号，右边表示外螺纹公差带代号，例如 M12-6H/6g。

③ 旋合长度代号。普通螺纹的旋合长度分为短、中和长三种，其代号分别用 S、N 和 L 表示。在标记中代号 N 省略不注。

例如：M12×1–5g6g–S-LH

其中，M——螺纹代号（普通螺纹）；

12——公称直径 12mm；

1 ——螺距 1mm（细牙螺纹标螺距，粗牙螺纹不标）；

5g——中径公差带代号（5g）；

6g——顶径公差带代号（6g）；

S——旋合长度代号（短旋合长度）；

LH——旋向左旋（右旋不标注）。

图 8-10 所示为普通螺纹标注示例。

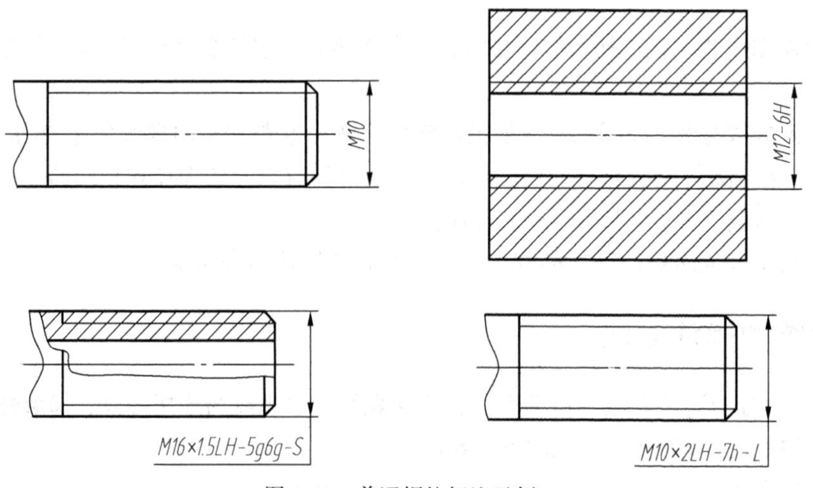

图 8-10　普通螺纹标注示例

（2）传动螺纹的标注

传动螺纹主要指梯形螺纹和锯齿形螺纹，其尺寸标注形式由螺纹代号、公差带代号及旋合长度代号组成，注在内、外螺纹的大径上。其标注格式如下：

牙型符号 公称直径×导程（P 螺距）– 中径公差带代号 – 旋合长度代号 – 旋向

① 梯形螺纹的牙型符号为“Tr”，符合 GB/T 13576.1—92 标准的锯齿形（3°、30°）螺纹，

其牙型符号用“B”表示。多线螺纹标注导程与螺距，单线螺纹只标注螺距。

② 传动螺纹只标注中径公差带代号。

③ 旋合长度只注“S”（短）、“L”（长），中等旋合长度代号“N”省略标注。

例如：Tr36×6（P3）LH-7e-L 为梯形螺纹的完整标记。内、外螺纹旋合时，标记如 Tr36×7–7H/7e。

④ 右旋螺纹不标注代号，左旋螺纹标注字母“LH”。

图 8-11 所示为传动螺纹标注示例。

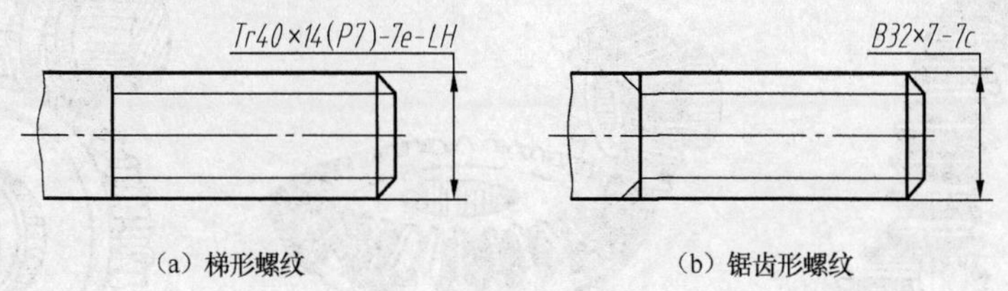

（a）梯形螺纹　　（b）锯齿形螺纹

图 8-11　传动螺纹标注示例

（3）管螺纹的标注

常用的管螺纹分为螺纹密封的管螺纹和非螺纹密封的管螺纹。管螺纹的牙型为等腰三角形，牙型角为 55°，管螺纹的标记必须标注在大径的引出线上。其公称尺寸为管子的孔径，单位为英寸。

管螺纹标注的格式如下。

螺纹密封管螺纹代号：[螺纹特征代号] [尺寸代号] × [旋向代号]

非螺纹密封管螺纹代号：[螺纹特征代号] [尺寸代号] [公差等级代号] – [旋向代号]

① 螺纹特征代号。

a. 用螺纹密封的管螺纹特征代号

- 圆锥外螺纹——R
- 圆锥内螺纹——R_C
- 圆柱管螺纹——R_P

b. 非螺纹密封的圆柱管螺纹特征代号——G。

② 尺寸代号。标注在螺纹特征代号之后，如 R_P3/8，R_C1，G1/2 等。

③ 公差等级代号。只对非螺纹密封的外管螺纹，分为 A、B 两个精度等级，在尺寸代号后注明；对内螺纹不标注公差等级代号，如 G1$\frac{1}{2}$A，G1$\frac{1}{2}$B，G1$\frac{1}{2}$等。

图 8-12 所示为管螺纹标注示例。

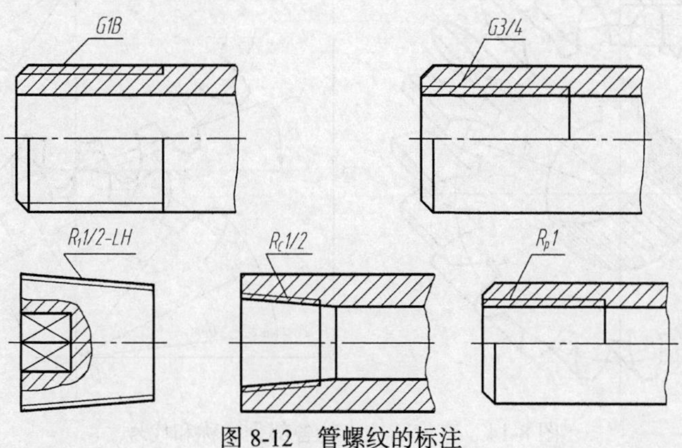

图 8-12　管螺纹的标注

（二）齿轮

齿轮是广泛应用于各种机械传动的一种常用件，用以传递动力和运动，并具有改变转速和转向的作用。依据两啮合齿轮轴线在空间的相对位置不同，常见的齿轮传动可分为下列三种形式：圆柱齿轮传动（用于两平行轴之间的传动）、圆锥齿轮传动（用于两相交轴之间的传动）、蜗杆蜗轮传动（用于两交错轴之间的传动），如图 8-13 所示。

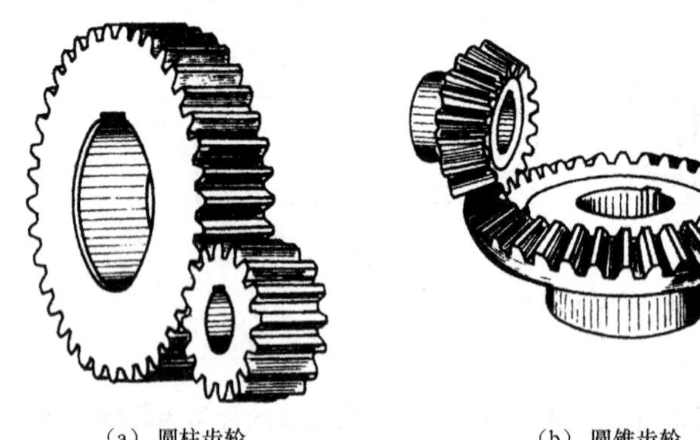

（a） 圆柱齿轮　　（b） 圆锥齿轮　　（c） 蜗杆蜗轮

图 8-13　齿轮传动形式

1. 直齿圆柱齿轮各部分名称及有关参数

直齿圆柱齿轮各部分名称如图 8-14 所示。

齿数：齿轮上轮齿的个数，以 z 表示。

齿顶圆：通过齿轮顶端的圆，其直径用 d_a 表示。

齿根圆：通过齿轮根部的圆，其直径用 d_f 表示。

齿厚：在分度圆上，一个齿的两侧对应齿廓之间的弧长，用 s 表示。

槽宽：在分度圆上，一个齿槽的两侧相应齿廓之间的弧长，用 e 表示。

分度圆：是一个假想的圆，在该圆上齿厚 s 与槽宽 e 相等，其直径用 d 表示。

齿顶高：齿顶圆与分度圆之间的径向距离，用 h_a 表示。

齿根高：齿根圆与分度圆之间的径向距离，用 h_f 表示。

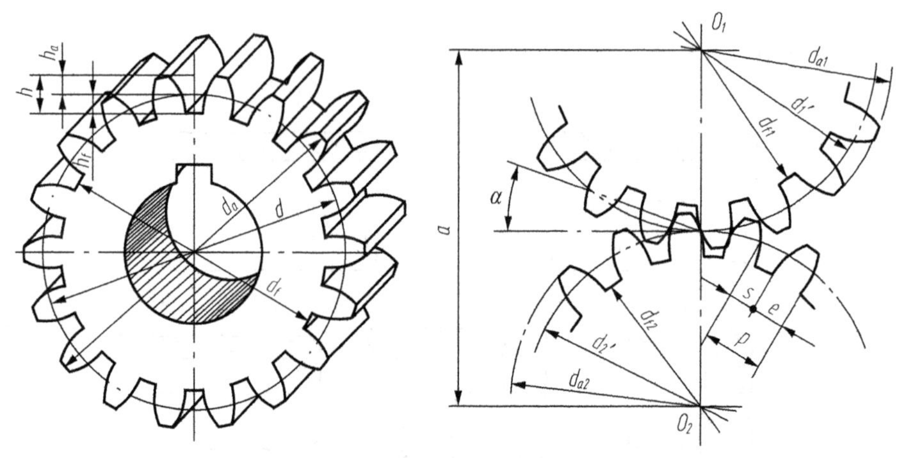

图 8-14　直齿圆柱齿轮各部分名称和代号

齿高：齿顶圆与齿根圆之间的径向距离，用 h 表示，$h=h_a+h_f$。

齿距：在分度圆上相邻两齿同侧齿廓的弧长，用 p 表示，$p=s+e$。

压力角：相互啮合的一对齿轮，其受力方向（齿廓曲线的公法线方向）与运动方向之间所夹的锐角，用 α 表示。同一齿廓的不同点上的压力角是不同的，在分度圆上的压力角，称为标准压力角。国家标准规定，标准压力角为 20°。

中心距：两圆柱齿轮轴线之间的距离，用 a 表示。

2. 直齿圆柱齿轮的基本参数与轮齿各部分的尺寸关系

齿轮轮齿各部分的尺寸都是根据模数来确定的。

（1）模数

由于分度圆的周长$=\pi d=zp$，所以 $d=\dfrac{p}{\pi}z$，$m=\dfrac{p}{\pi}$ 就称为齿轮的模数。模数是以 mm 为单位的，它是齿轮设计和制造的重要参数。国家标准对模数规定了标准值。齿轮的模数如表 8-1 所示。

表 8-1　　标准模数(摘自 GB/T 1357—2008)

圆柱齿轮	第一系列（优先）	1, 1.25, 1.5, 2, 2.5, 3, 4, 5, 6, 8, 10, 12, 16, 20, 25, 32, 40, 50
	第二系列	1.125, 1.375, 1.75, 2.25, 2.75, 3.5, 4.5, 5.5, (6.5), 7, 9, 11, 14, 18, 22, 28, 35, 45

注：选用圆柱齿轮模数时，应优先选用第一系列，其次选第二系列，括号内的模数尽可能不用。

（2）模数与轮齿各部分的尺寸关系

标准直齿圆柱齿轮的轮齿各部分尺寸，可根据模数和齿数来确定，其计算公式如表 8-2 所示。

表 8-2　　标准直齿圆柱齿轮各公称尺寸的关系

名称及代号	计 算 公 式
齿距 p	$p=\pi m$
齿顶高 h_a	$h_a=m$
齿根高 h_f	$h_f=1.25m$
齿高 h	$h=2.25m$
分度圆直径 d	$d=mz$
齿顶圆直径 d_a	$d_a=m(z+2)$
齿根圆直径 d_f	$d_f=m(z-2.5)$
中心距 a	$a=m(z_1+z_2)/2$

3. 直齿圆柱齿轮的规定画法

（1）单个齿轮的画法

齿轮的轮齿部分按 GB/T 4459.2—2003 的规定绘制。除轮齿部分外，其余轮体结构均应按真实投影绘制。轮体的结构和尺寸，由设计要求确定。

齿轮属于轮盘类零件，其表达方法与一般轮盘类零件相同，通常将轴线水平放置，可选用两个视图，或一个视图和一个局部视图，其中的非圆视图可作半剖视或全剖视。

① 齿顶圆和齿顶线用粗实线绘制，分度圆和分度线用细点画线绘制，齿根圆和齿根线用细实线绘制，也可省略不画，齿根线在剖开时用粗实线绘制，如图 8-15 所示。

② 在剖视图中，当剖切平面通过齿轮的轴线时，轮齿一律按不剖处理，齿根线画成粗实线，如图 8-15（b）所示。

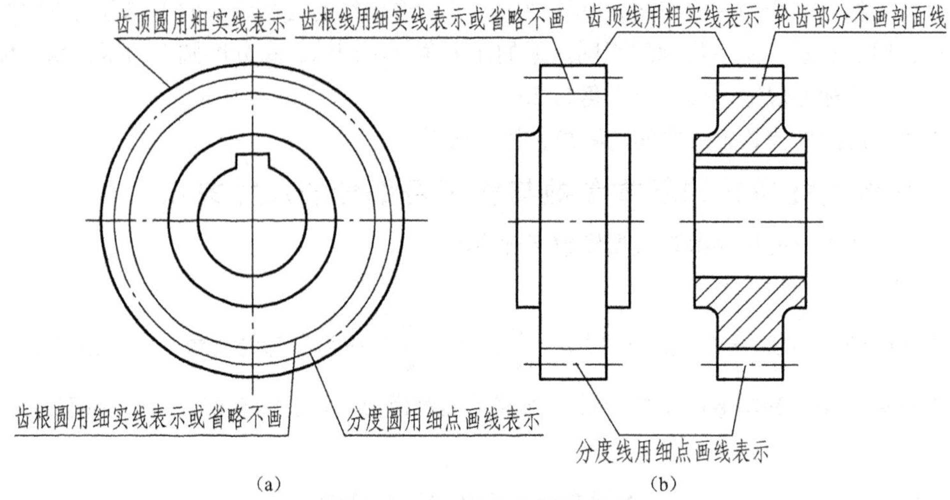

图 8-15　单个齿轮的规定画法

（2）两齿轮啮合的画法

两齿轮啮合时，除啮合区外，其余部分均按单个齿轮绘制。

一对齿轮的啮合图，一般可以采用两个视图表达，如图 8-16 所示。

① 在垂直于圆柱齿轮轴线投影的视图中，两分度圆应相切，啮合区的齿顶圆均用粗实线绘制，如图 8-16（a）所示，也可采用省略画法，如图 8-16（b）所示。

② 在剖视图中，当剖切平面通过两啮合齿轮的轴线时，在啮合区内，将一个齿轮的轮齿用粗实线绘制，另一个齿轮的轮齿被遮挡的部分用虚线绘制，如图 8-16（a）所示，虚线也可省略不画。

③ 在平行于圆柱齿轮轴线投影面的外形视图中，啮合区内的齿顶线不需要画出，节线用粗实线绘制，其他处的节线用点画线绘制，如图 8-16（c）所示。

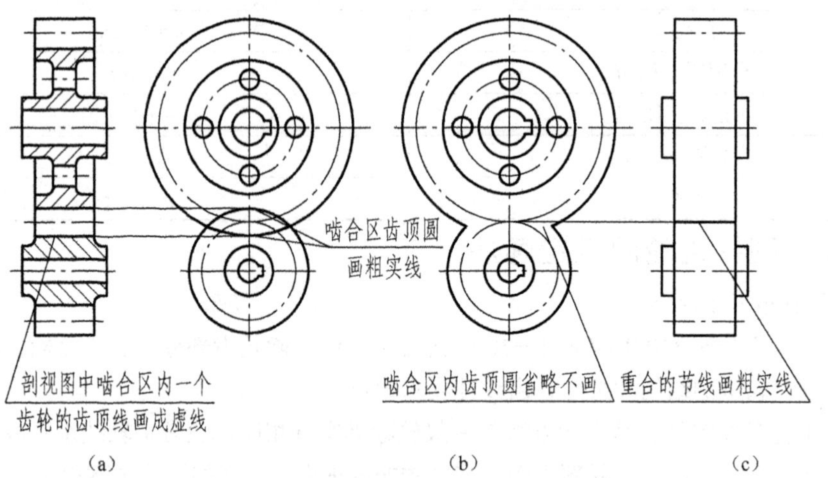

图 8-16　齿轮啮合的规定画法

（三）键连接、销连接

1. 键及其连接

键主要用于轴和轴上零件（如齿轮、带轮）之间的轴向连接，以传递扭矩和运动，如图 8-17 所示。

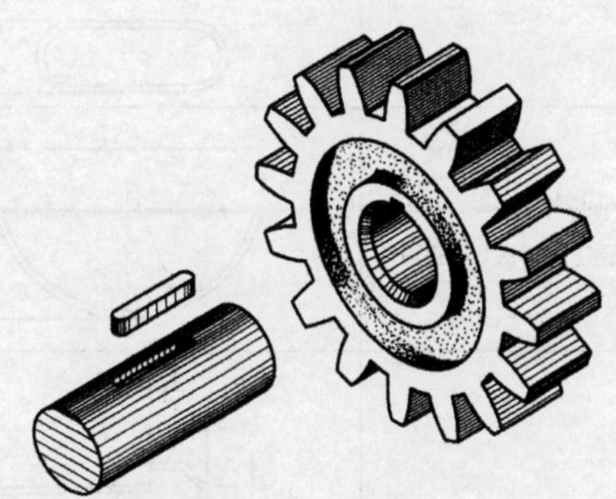

图 8-17 键连接

（1）常用键及其标记

键连接有多种形式，常用的键有普通平键、半圆键、钩头楔键等，其形状如图 8-18 所示，其中普通平键最为常见。

普通平键根据其头部结构的不同可以分为圆头普通平键（A 型）、平头普通平键（B 型）和单圆头普通平键（C 型）三种，如图 8-19 所示。

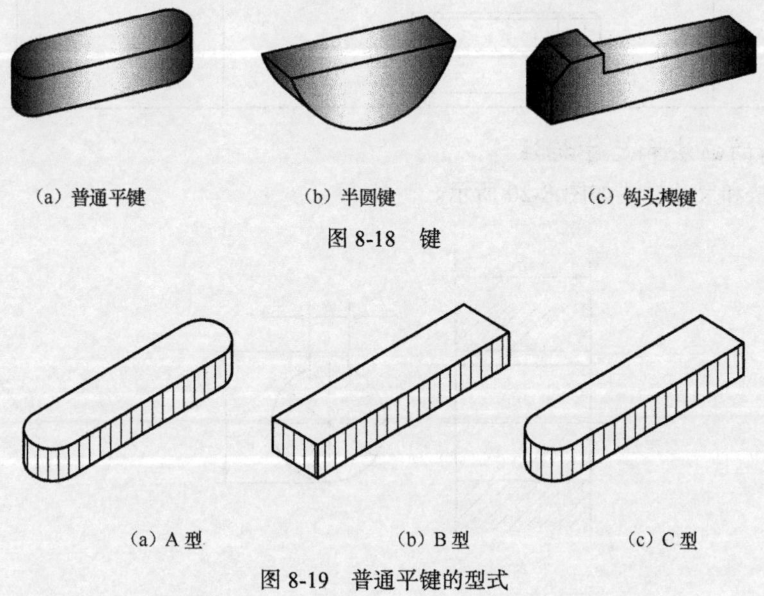

（a）普通平键　（b）半圆键　（c）钩头楔键

图 8-18 键

（a）A 型　（b）B 型　（c）C 型

图 8-19 普通平键的型式

普通平键的标记格式和内容为：

标准编号　名称　型式　键宽×键高×键长

其中 A 型可省略型式代号。例如：宽度 b =18mm，高度 h =11mm，长度 L =100mm 的圆头普通平键（A 型），其标记是“GB/T 1096 键 18×11×100”。

表 8-3 列出了这几种键的标准编号、画法及其标记示例。

表 8-3　常用键的图例和标记

名称及标准编号	图　例	标 记 示 例	说　明
普通平键 GB/T 1096—2003		GB/T 1096 键 18×11×100	圆头普通平键 键宽 b=18，h=11，键长 L=100
半圆键 GB/T 1099.1—2003		GB/T 1099.1 键 6×25	半圆键键宽 b=6，直径 d=25
钩头楔键 GB/T 1565—2003		GB/T 1565 键 18×8×100	钩头楔键 键宽 b=18，h=8，键长 L=100

（2）键槽的画法和尺寸标注

键槽的画法和尺寸标注如图 8-20 所示。

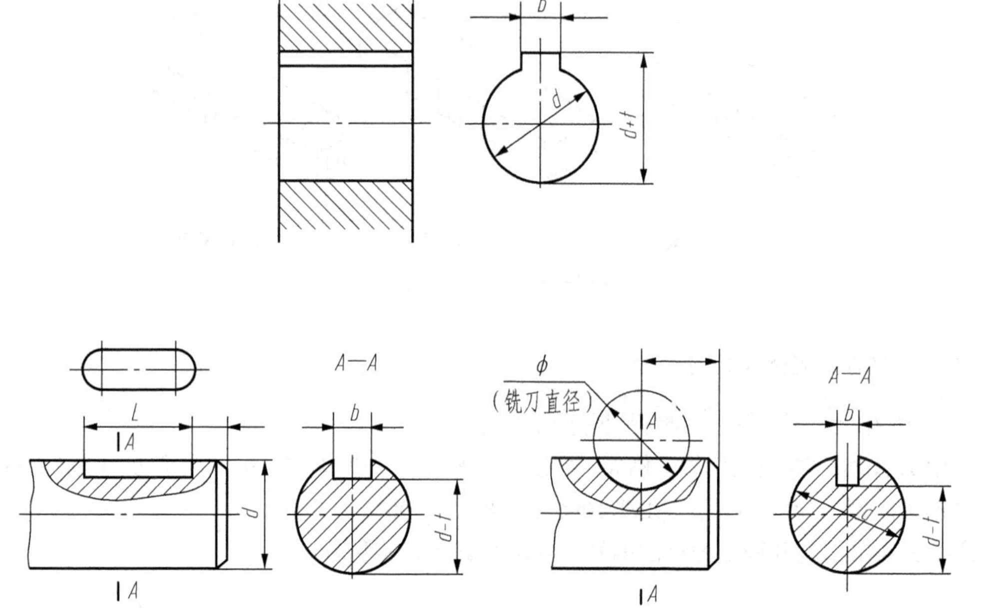

图 8-20　键槽的画法和尺寸标注

（3）键连接的画法

设计时，首先应确定轴的直径、键的型式、键的长度，然后根据轴的直径 d 查阅标准选择键，确定键槽尺寸。图 8-21 和图 8-22 所示为普通平键和半圆键连接的画法。

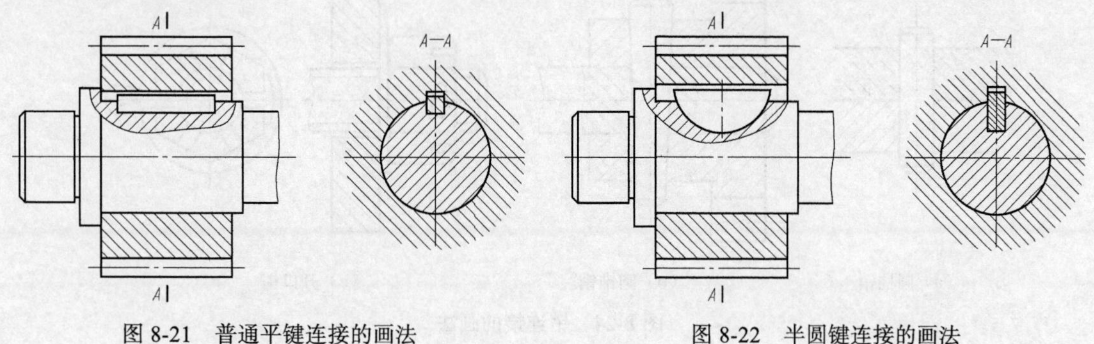

图 8-21　普通平键连接的画法　　　　图 8-22　半圆键连接的画法

2. 销及其连接

销主要用于零件之间的定位。常用的销有圆柱销、圆锥销、开口销等，如图 8-23 所示。

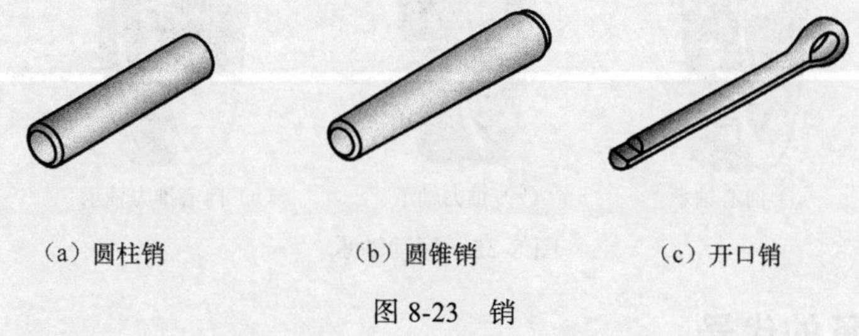

（a）圆柱销　　（b）圆锥销　　（c）开口销

图 8-23　销

表 8-4 列出了常用的几种销的标准代号、形式和标记示例。

表 8-4　　销的画法和标记示例

名　称	圆 柱 销	圆 锥 销	开 口 销
结构及规格尺寸			
简化标记示例	销 GB/T 119.2　5 × 20	销 GB/T 117　6 × 24	销 GB/T 91　5 × 30
说明	公称直径 d = 5mm，长度 L = 20mm，公差为 m6，材料为钢，普通淬火（A 型），表面氧化的圆柱销	公称直径 d = 6mm，长度 L = 24mm，材料为 35 钢，热处理硬度为 28～38HRC，表面氧化处理的 A 型圆锥销	公称直径 d = 5mm，长度 L = 30mm，材料为 Q215 或 Q235，不经表面处理的开口销

图 8-24 所示为常用 3 种销的连接画法，当剖切平面通过销的轴线时，销作不剖处理。

（四）滚动轴承

滚动轴承是支撑旋转轴并承受轴上载荷的标准组件。它主要由内圈、外圈、滚动体和保持架等部分组成。滚动轴承按所承受的载荷方向不同可分为向心轴承（主要承受径向载荷）、推力轴承（只承受轴向载荷）、向心推力轴承（既承受径向载荷，又承受轴向载荷）3种，如图8-25所示。

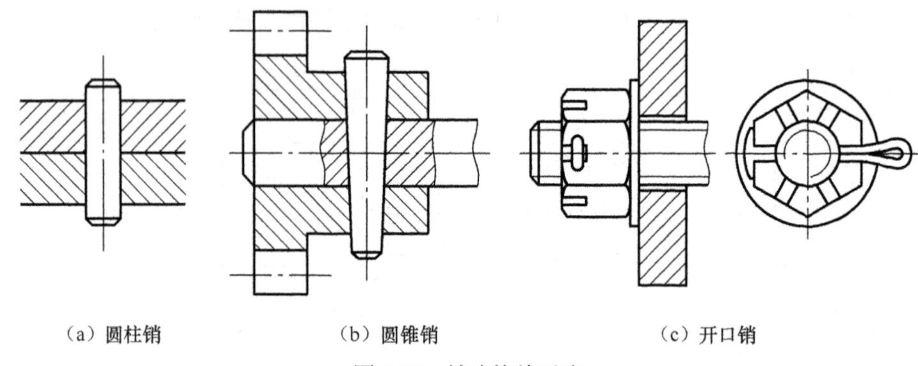

（a）圆柱销　（b）圆锥销　（c）开口销

图8-24　销连接的画法

（a）向心轴承

（b）推力轴承

（c）向心推力轴承

图8-25　滚动轴承

1. 滚动轴承的代号

滚动轴承代号是用字母加数字表示滚动轴承的结构、尺寸、公差等级、技术性能等特征的产品符号。

滚动轴承的代号由基本代号、前置代号和后置代号三部分组成，排列顺序如下：

前置代号	基本代号	后置代号

（1）基本代号

滚动轴承的基本代号由轴承类型代号、尺寸系列代号、内径代号三部分构成。

① 类型代号：由数字或字母表示，如表8-5所示。

表8-5　轴承类型代号

代　号	轴承类型	代　号	轴承类型
0	双列角接触球轴承	6	深沟球轴承
1	调心球轴承	7	角接触球轴承
2	调心滚子轴承和 推力调心滚子轴承	8	推力轴承
3	圆锥滚子轴承	N	圆柱滚子轴承
4	双列深沟球轴承	U	外球面球轴承
5	推力球轴承	QJ	四点接触球轴承

注：在表中代号后或前加字母或数字表示该轴承中的不同结构。

② 尺寸系列代号：由轴承宽(高)度系列代号和直径系列代号组合而成，用两位数字表示；其中左边一位数字为宽度系列代号，右边一位数字为直径系列代号。向心轴承、推力轴承尺寸系列代号如表 8-6 所示。

表 8-6　　滚动轴承尺寸系列代号

直径系列代号	向心轴承									推力轴承		
	宽度系列代号									宽度系列代号		
	8	0	1	2	3	4	5	6	7	9	1	2
	尺寸系列代号											
7	—	—	17	—	37	—	—	—	—	—	—	—
8	—	08	18	28	38	48	58	68	—	—	—	—
9	—	09	19	29	39	49	59	69	—	—	—	—
0	—	00	10	20	30	40	50	60	70	90	10	—
1	—	01	11	21	31	41	51	61	71	91	11	—
2	82	02	12	22	32	42	52	62	72	92	12	22
3	83	03	13	23	33	43	53	63	73	93	13	23
4	—	04	—	24	—	—	—	—	74	94	14	24
5	—	—	—	—	—	—	—	—	—	95	—	—

③ 内径代号：用数字表示轴承的公称内径，如表 8-7 所示。

表 8-7　　滚动轴承内径代号

轴承公称内径（d）/mm		内 径 代 号
0.6～10（非整数）		用公称内径毫米数直接表示，在其与尺寸系列代号之间用“/”分开
1～9（整数）		用公称内径毫米数直接表示，对深沟球轴承及角接触轴承 7、8、9 直径系列，内径与尺寸系列代号之间用“/”分开
10～17	10	00
	12	01
	15	02
	17	03
20～480（22、28、32 除外）		公称内径除以 5 的商数，商数为个位数，需要在商数左边加“0”，如 08
≥500 以及 22、28、32		用尺寸内径毫米数直接表示，但在与尺寸系列代号之间用“/”分开

例如，基本代号示例：

① 轴承

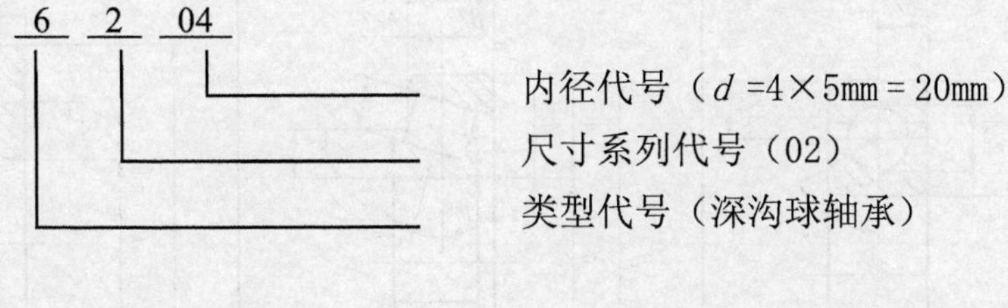

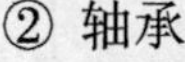

② 轴承

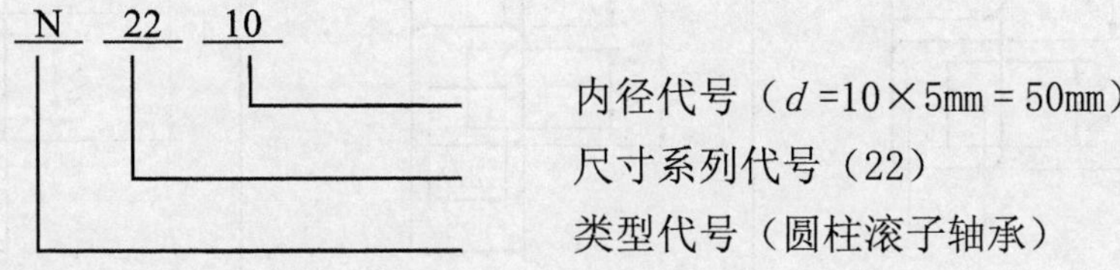

（2）前置、后置代号

前置和后置代号是轴承在结构形式、尺寸、公差和技术要求等有改变时，在其基本代号前后添加的补充代号。

① 前置代号。前置代号用字母表示。

如：前置代号 L——表示可分离轴承的可分离内圈，示例 LNU207。

WS——表示推力圆柱滚子轴承轴圈，示例 WS1107。

② 后置代号。后置代号用字母（或加数字）表示。

如：

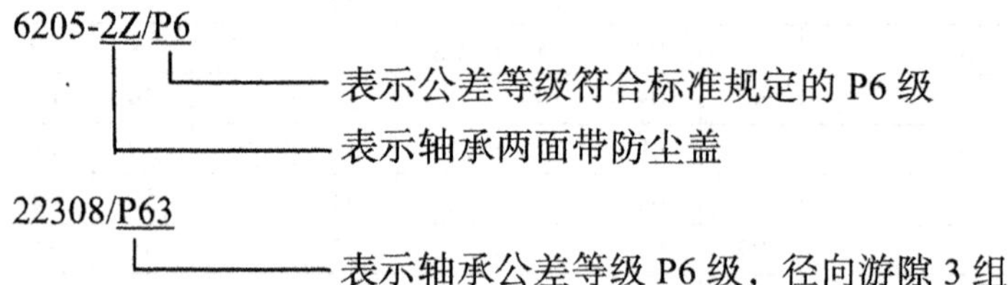

2. 滚动轴承的画法

滚动轴承是标准组件，一般不单独绘出零件图，国标规定在装配图中采用简化画法和规定画法来表示，其中简化画法又分为通用画法和特征画法两种，如表 8-8 所示。

表 8-8　　常用滚动轴承的画法

种　类	深沟球轴承	圆锥滚子轴承	推力球轴承
已知条件	*D*、*d*、*B*	*D*、*d*、*B*、*T*、*C*	*D*、*d*、*T*
特征画法	2B/3, B/6, D, d, B	2T/3, 30°, D, d, T	A/6, A, 2A/3, D, d, T
规定画法	B/2, A/2, A, 2/A, 60°, D, d, B, 2A/3, 2B/3	C, B/2, A/2, A, A/4, A/2, 15°, D, d, B, 2A/3, 2B/3, T	T/2, 60°, A, A/2, T/2, D, d, 2A/3, 2B/3, T

（1）简化画法

用简化画法绘制滚动轴承时，应采用通用画法和特征画法。但在同一图样中，一般只采用其中的一种画法。

① 通用画法。在剖视图中，当不需要确切地表示滚动轴承的外形轮廓、载荷特性、结构特征时，可用矩形线框以及位于线框中央正立的十字形符号来表示。矩形线框和十字形符号均用粗实线绘制，十字形符号不应与矩形线框接触。

② 特征画法。在剖视图中，如果需要比较形象地表示滚动轴承的结构特征时，可采用在矩形线框内画出其结构要素符号的方法表示。特征画法的矩形线框、结构要素符号均用粗实线绘制。

（2）规定画法

必要时，滚动轴承可采用规定画法绘制。采用规定画法绘制滚动轴承的剖视图时，轴承的滚动体不画剖面线，其各套圈等可画成方向和间隔相同的剖面线，滚动轴承的保持架及倒角等可省略不画。规定画法一般绘制在轴的一侧，另一侧则按通用画法绘制。规定画法中各种符号、矩形线框和轮廓线均用粗实线绘制。

（五）弹簧

弹簧是一种常用件，它通常用来减振、夹紧、测力和存储能量。弹簧的种类很多，图 8-26 所示为常用的弹簧，其中使用较多的是圆柱螺旋压缩弹簧，板弹簧在汽车上应用也较多。

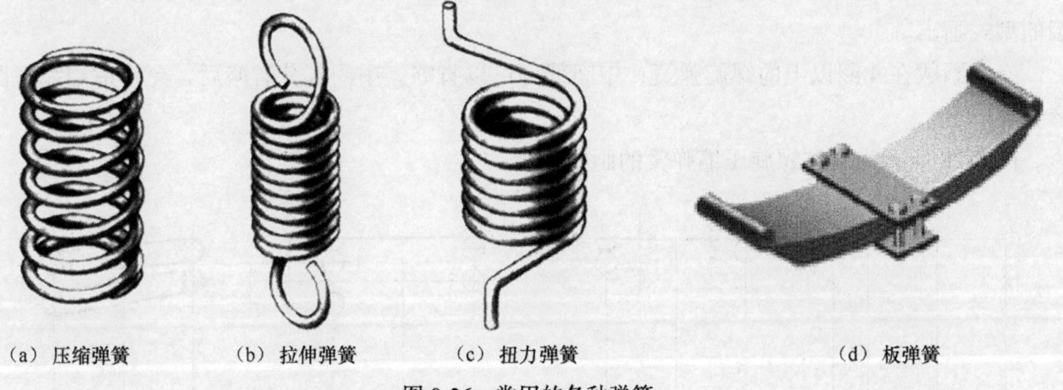

（a）压缩弹簧　（b）拉伸弹簧　（c）扭力弹簧　（d）板弹簧

图 8-26　常用的各种弹簧

1. 圆柱螺旋压缩弹簧的参数及尺寸关系

圆柱螺旋压缩弹簧的参数如图 8-27 所示。

① 材料直径 d：制造弹簧的钢丝直径。

② 弹簧直径：分为弹簧外径、内径和中径。

弹簧外径 D 即弹簧的最大直径。

弹簧内径 D_1 即弹簧的最小直径，$D_1 = D - 2d$。

弹簧中径 D_2 即弹簧外径和内径的平均值，$D_2 = (D+D_1)/2 = D-d = D_1+d$。

③ 圈数：包括支撑圈数、有效圈数和总圈数。

支撑圈数 n_2——为使弹簧工作时受力均匀，弹簧两端并紧磨平而起支撑作用的部分称为支撑圈，两端支撑部分加在一起的圈数称为支撑圈数。当材料直径 $d \leqslant 8$mm 时，支撑圈数 $n_2 = 2$；当 $d > 8$mm 时，$n_2 = 1.5$，两端各磨平 3/4 圈。

有效圈数 n——支撑圈以外的圈数为有效圈数。

总圈数 n_1——支撑圈数和有效圈数之和为总圈数，$n_1=n+n_2$。

④ 节距 t：除支撑圈外的相邻两圈对应点间的轴向距离。

⑤ 自由高度 H_0：弹簧在未受负荷时的轴向尺寸。

⑥ 展开长度 L：弹簧展开后的钢丝长度。有关标准中的弹簧展开长度 L 均指名义尺寸，其计算方法为：当 $d\leqslant 8\text{mm}$ 时，$L=\pi D_2(n+2)$；当 $d>8\text{mm}$ 时，$L=\pi D_2(n+1.5)$。

⑦ 旋向：弹簧的旋向与螺纹的旋向一样，也有右旋和左旋之分。

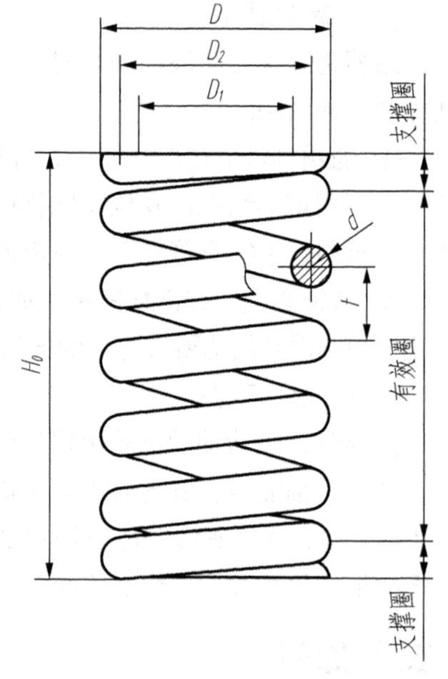

图 8-27　弹簧的参数

2. 弹簧的规定画法

在平行于弹簧轴线的投影面的视图中，各圈的轮廓线画成直线。

螺旋弹簧均可画成右旋，左旋弹簧可画成左旋或右旋，但一定要注出旋向“左”字。

压缩弹簧在两端并紧磨平时，不论支撑圈数多少或末端并紧情况如何，均按支撑圈数 2.5 圈的型式画出。

有效圈数在 4 圈以上的螺旋弹簧，中间部分可以省略。中间部分省略后，允许适当缩短图形长度。

图 8-28 所示为圆柱螺旋压缩弹簧的画图步骤。

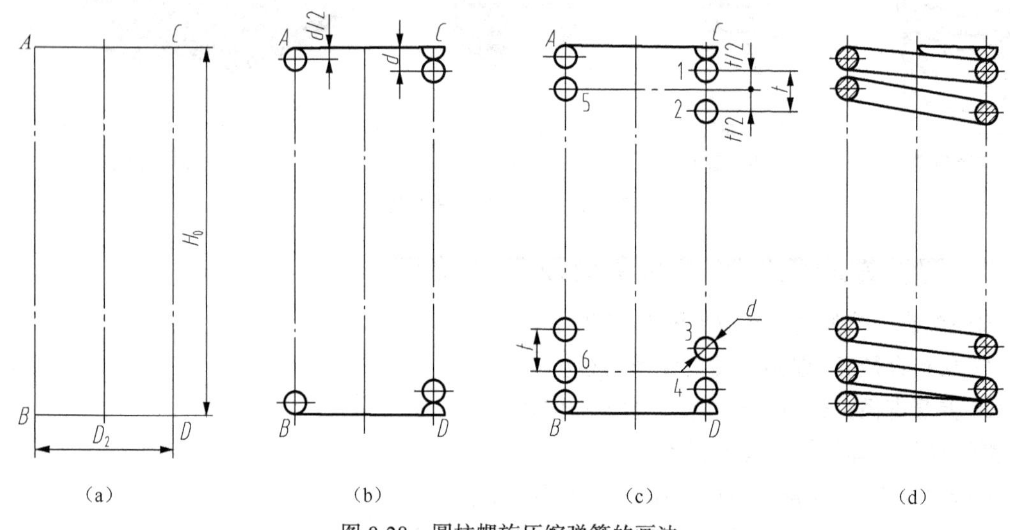

图 8-28　圆柱螺旋压缩弹簧的画法

3. 弹簧在装配图中的画法

在装配图中，弹簧的画法要注意以下几点。

① 螺旋弹簧被剖切时，允许只画簧丝剖面。当簧丝直径小于或等于 2mm 时，其剖面可涂黑表示，如图 8-29（b）所示。

② 当簧丝直径小于或等于 2mm 时，允许采用示意画法，如图 8-29（c）所示。

③ 弹簧被挡住的结构一般不画，其可见部分应从弹簧的外径或中径画起，如图 8-29（a）所示。

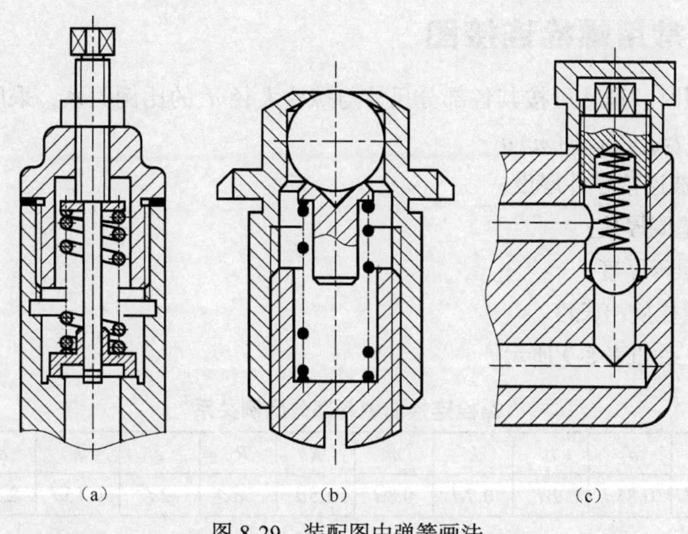

图 8-29 装配图中弹簧画法

三、项目实施——画汽车常用螺栓连接图

（一）螺纹紧固件的连接形式

螺纹紧固件连接的基本形式有 3 种：螺栓连接、螺柱连接、螺钉连接，如图 8-30 所示。

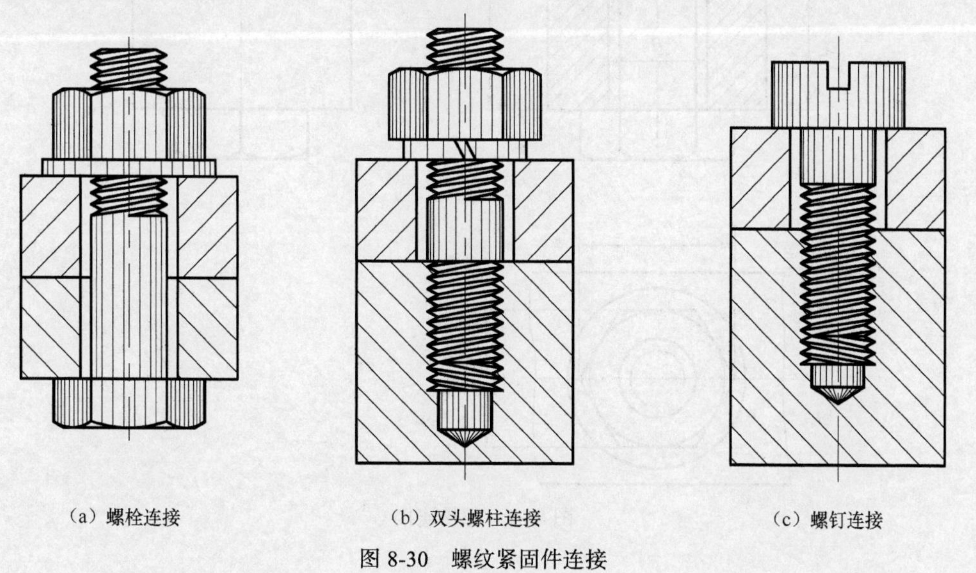

图 8-30 螺纹紧固件连接

画螺纹紧固件的装配画法时，应遵守下列规定。

① 两零件的接触面只画一条粗实线；不接触的表面，不论间隙多小都必须画成两条线。

② 在剖视图中，相邻两个零件的剖面线方向应相反，但同一零件在各剖视图中，剖面线的倾斜角度、方向和间隔应相同。

③ 当剖切平面通过紧固件的轴线时，均按不剖绘制。

（二）画汽车常用螺栓连接图

画螺栓联接图时，通常可按其各部分尺寸与螺栓大径 d 的比例关系，采用近似画法绘制。螺栓有效长度 l 为 $l \approx \delta_1+\delta_2+h+m+a$

式中，δ_1、δ_2——被连接零件厚度；

h——垫圈厚度；

m——螺母厚度；

a——螺栓旋出长度。

其各部比例关系如表 8-9 所示。

表 8-9　　螺栓连接图中各部分比例关系

参数	a	d_1	b	k	m	R	R_1	e	h	d_2	D	c
尺寸比例	$0.3d$	$0.85d$	$2d$	$0.7d$	$0.8d$	$1.5d$	d	$2d$	$0.15d$	$2.2d$	$1.1d$	$0.1d$

螺栓连接示意图如图 8-31 所示。

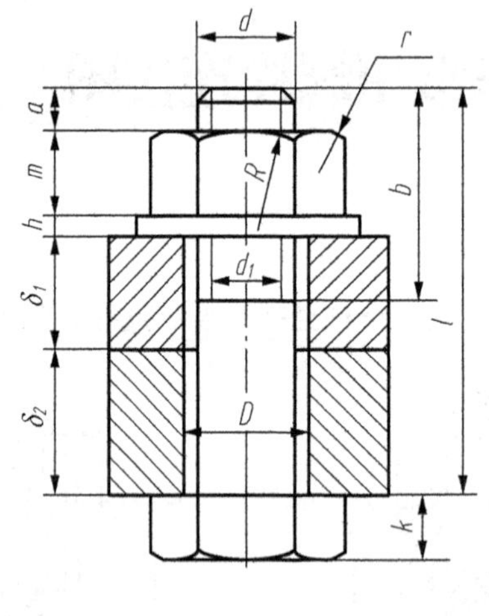

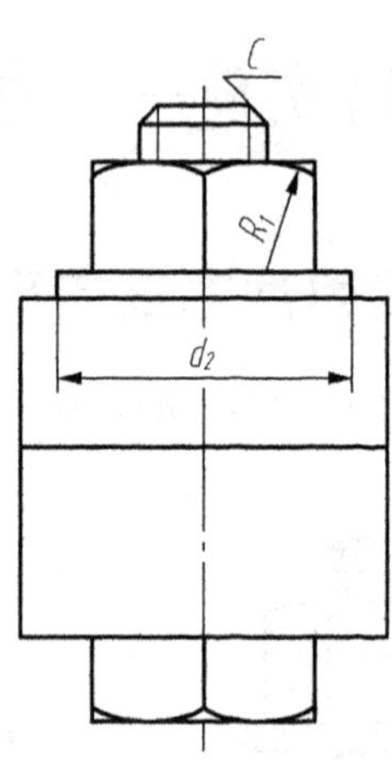

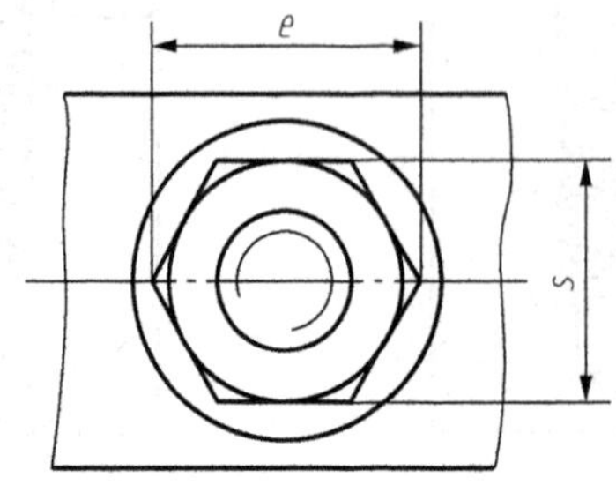

图 8-31　螺栓连接

【案例 8-1】螺栓、螺母及垫圈的比例画法。

根据螺纹公称直径（d、D），按与其近似的比例关系计算出各部分尺寸后作图。

此法作图方便，常用于画联接图。图 8-32 为常用的螺栓、螺母和垫圈的比例画法，图中注明了近似比例关系。螺栓头部和螺母因 30°倒角而产生截交线，此截交线为双曲线，作图时，常用圆弧近似代替双曲线的投影。

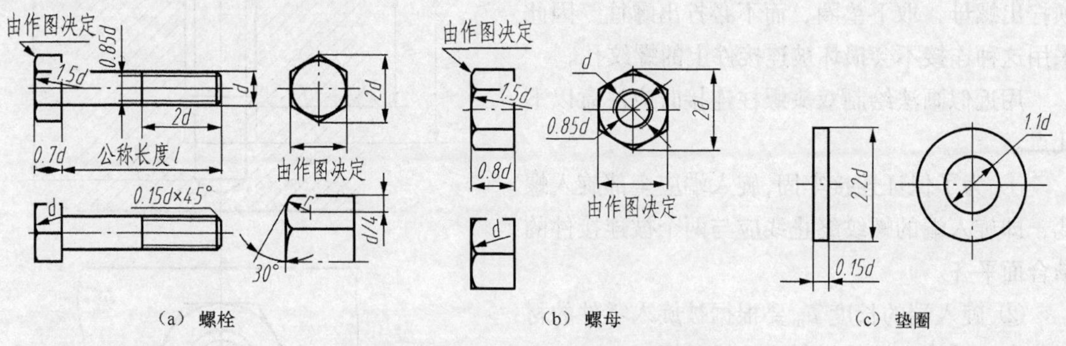

图 8-32　螺栓、螺母、垫圈的比例画法

【案例 8-2】螺柱及螺钉的比例画法。

图 8-33（a）所示为双头螺柱的比例画法，图 8-33（b）为开槽圆柱头螺钉的比例画法，图 8-33（c）所示为沉头螺钉的比例画法。

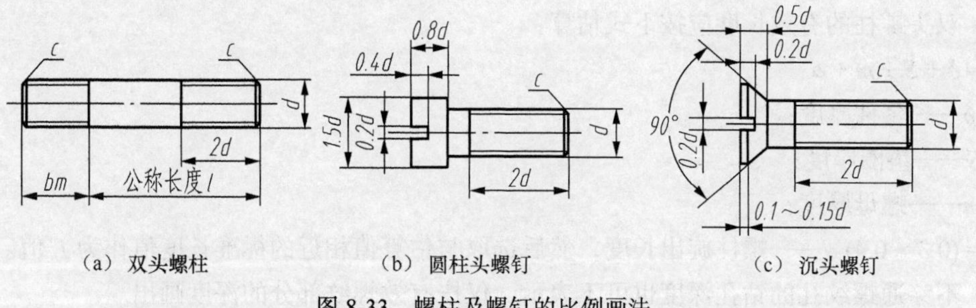

图 8-33　螺柱及螺钉的比例画法

（三）项目考核与评估

1. 项目成果评定（60%）
2. 学习过程评价（30%）
3. 团队合作评价（10%）

四、拓展训练——绘制螺柱、螺钉连接图

1. 绘制 M16 螺柱连接图

当两个被连接件中有一个较厚或不允许钻成通孔时，不适合用螺栓连接，常用双头螺柱连接。连接件有双头螺柱、螺母和垫圈。双头螺柱两端均加工有螺纹，连接时，旋入较厚零件中

的螺孔中的一端称为旋入端，穿过较薄零件的通孔，套上垫圈，再用螺母拧紧的一端称为紧固端，如图 8-34 所示。在较薄的零件上加工成通孔，孔径取 1.1d，而在较厚的零件上制出不穿通的内螺纹，钻头头部形成的锥顶角为 120°。在拆卸时只须拧出螺母，取下垫圈，而不必拧出螺柱，因此采用这种连接不会损坏被连接件上的螺纹孔。

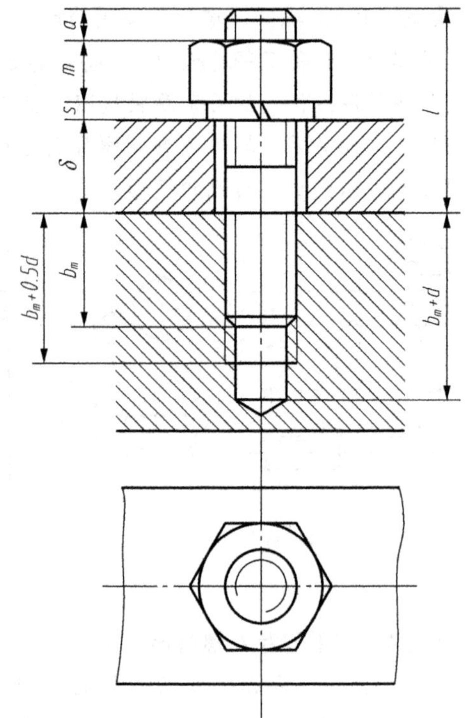

图 8-34 绘制 M16 螺柱连接图

用近似画法绘制双头螺柱连接时应注意以下几点。

① 为了保证连接牢固，旋入端应全部旋入螺孔，即旋入端的螺纹终止线应与两个被连接件的结合面平齐。

② 旋入端的长度 b_m 要根据被旋入零件的材料而定，被旋入端的材料为钢或青铜时，$b_m = d$；被旋入端的材料为铸铁时，$b_m = 1.25 \sim 1.5d$；被连接件为铝等较软材料时，取 $b_m = 2d$。

③ 旋入端的螺孔深度取 $b_m + 0.5d$，钻孔深度取 $b_m + d$。

④ 双头螺柱的有效长度应按下式估算：

$L \approx \delta + S + m + a$

式中，δ——零件厚度；

S——垫圈厚度；

m——螺母厚度；

$a = (0.3 \sim 0.4)\,d$——螺柱旋出长度，然后选取与估算值相近的标准长度值作为 L 值。

⑤ 不穿通螺纹孔的钻孔深度也可不表示，仅按有效螺纹部分的深度画出。

2. 绘制螺钉连接图

螺钉连接用于不经常拆卸，受力不大且一个较薄、一个较厚的两个零件。螺钉按用途可分为连接螺钉和紧定螺钉。螺钉穿过较薄零件的通孔，直接旋入较厚零件的螺孔内，靠螺钉头部压紧被连接件，实现两者的联接。螺钉连接的画法如图 8-35 所示。

用比例画法绘制螺钉连接，其旋入端与螺柱连接相同，被连接板的孔部画法与螺栓连接相同，被连接板的孔径取 1.1d，螺钉的有效长度为 $l = \delta + bm$，并根据标准校正。画图时注意以下两点。

① 螺纹终止线应高于两零件的结合面，表示螺钉有拧紧余地，以保证连接紧固。

② 对于带槽螺钉的槽部，在投影为圆的视图中画成与中心线成 45°；当槽宽小于 2mm 时，可涂黑表示。

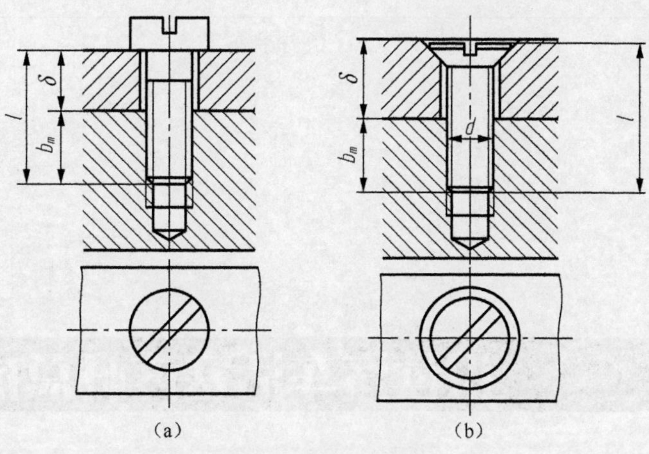

图 8-35　螺钉连接图

项目小结

通过对螺纹、齿轮、键、销、轴承及弹簧制图的介绍，读者应掌握各种标准件和常用件的基本知识、画法及标注方法，并能完成汽车常用螺栓及螺钉的连接图。在实施本项目过程中，易出现的问题是螺纹终止线位置不对，或者粗细线画错，这就要求制图时，应在了解螺纹连接基础上，严格遵循各项规定，正确制图。

项目九

识读汽车活塞连杆总成装配图

一、项目要求

【知识要求】

（1）掌握识读装配图的基本知识。

（2）掌握装配图的规定画法、特殊画法。

【能力要求】

能识读汽车活塞连杆总成装配图。

项目实施条件：多媒体教室、课件、普通教室、汽车活塞连杆总成装配体、汽车活塞连杆总成装配图、千斤顶、千斤顶装配图图样等。

二、相关知识

（一）概述

1. 装配图的作用

表示产品及其组成部分的连接、装配关系的图样，称为装配图。

在工业生产中，不论是开发新产品，还是对其他产品进行仿制改造，一般都先由设计部门画出装配图，然后根据装配图画出零件图；生产部门则先根据零件图制造出零件，再根据装配图把零件装配成机器或部件。同时，装配图还是安装、调试、操作和检修机器或部件的重要资料。因此，装配图是表达设计思想、指导生产和进行技术交流的重要技术文件。

2. 装配图的内容

图 9-1 所示为千斤顶的立体图。图 9-2 所示为它的装配图。

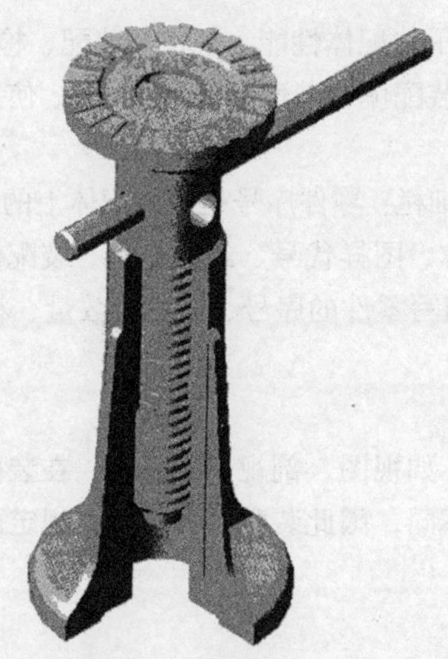

图 9-1 千斤顶的立体图

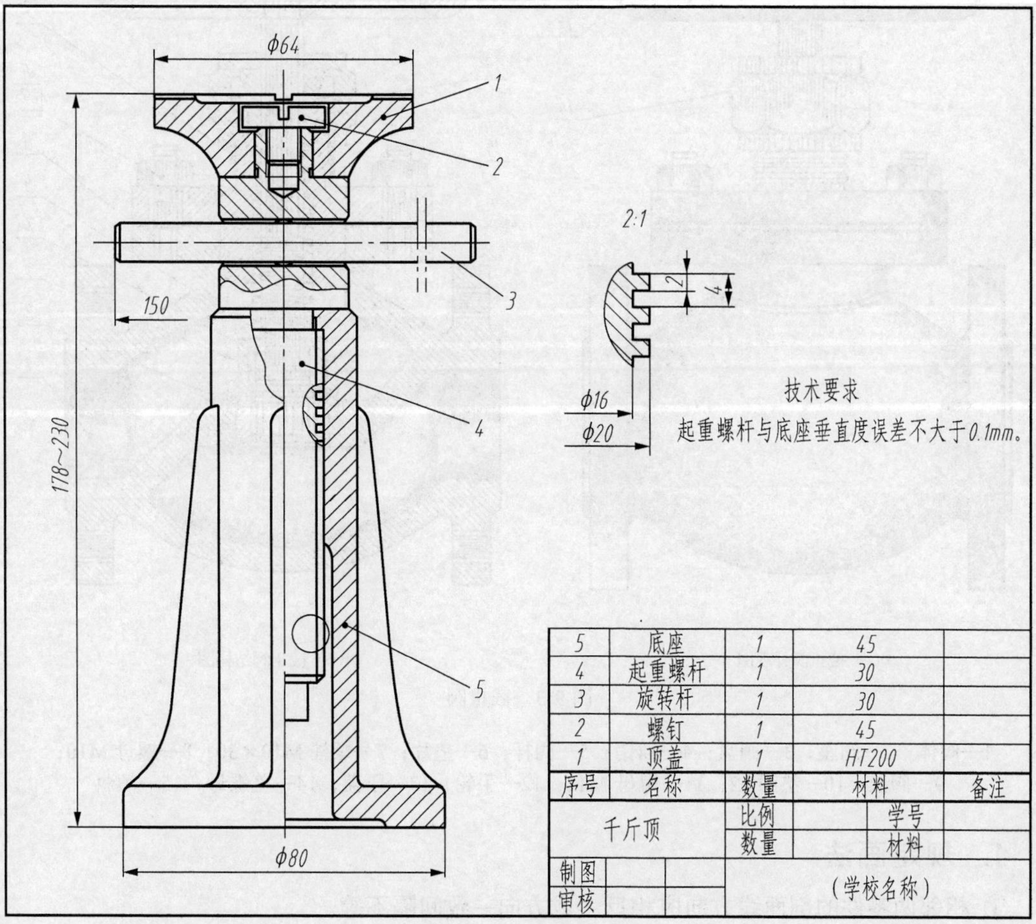

φ64

1

2

3

150

178~230

4

5

φ80

2:1

2

4

φ16

φ20

技术要求

起重螺杆与底座垂直度误差不大于0.1mm。

5	底座	1	45	
4	起重螺杆	1	30	
3	旋转杆	1	30	
2	螺钉	1	45	
1	顶盖	1	HT200	
序号	名称	数量	材料	备注

千斤顶		比例		学号	
		数量		材料	
制图		(学校名称)			
审核					

图 9-2 千斤顶装配图

从图中可以看到，一张完整的装配图应包括以下几项内容。

① 一组图形：用来表达装配体的工作原理，零件间的装配关系、连接方式及主要零件的结构形状等。

② 必要的尺寸：标注出表示装配体性能、规格及装配、检验、安装时所需的尺寸。

③ 技术要求：用文字说明装配体在装配、检验、调试、使用和维护时需遵循的技术条件和要求等。

④ 零件序号、标题栏和明细栏：零件序号是对装配体上的每一种零件按顺序编号；标题栏一般应注明单位名称、图样名称、图样代号、绘图比例、装配体的质量，以及设计、审核人员签名和签名日期等；明细栏应填写零件的序号、名称、数量、材料等内容。

（二）装配图的表达方法

零件图上的各种表达方法，如视图、剖视、断面等，在装配图中都同样适用。但由于装配图和零件图所需要表达的重点不同，因此装配图另有一些规定画法和特殊画法，参照图 9-3 所示的截止阀。

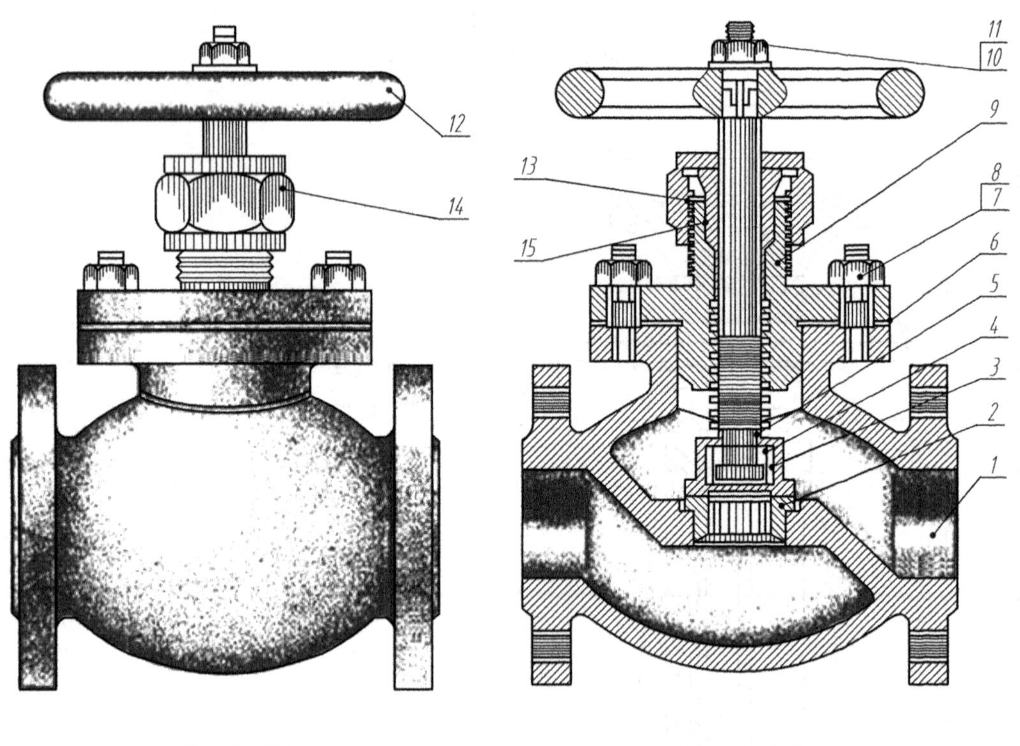

（a）截止阀外观图　　（b）截止阀结构图

图 9-3　截止阀

1—阀体；2—阀座；3—阀盘；4—插销；5—阀杆；6—垫片；7—螺柱 M10×30；8—螺母 M10；9—阀盖；10—垫圈 12；11—螺母 M12；12—手轮；13—压盖；14—盖螺母；15—填料

1. 规定画法

① 相邻两零件的剖面线方向应相反，或方向一致间隔不等。

在一张装配图上，每个被剖切的零件，在所有视图上的剖面线方向、间隔、倾斜角度都应一致，以便于对照视图，识别零件。如图 9-4 所示截止阀装配图中的件 9、13、14。

当零件厚度小于 2mm 时，允许以涂黑来代替剖面符号，如图 9-4 所示的垫片。

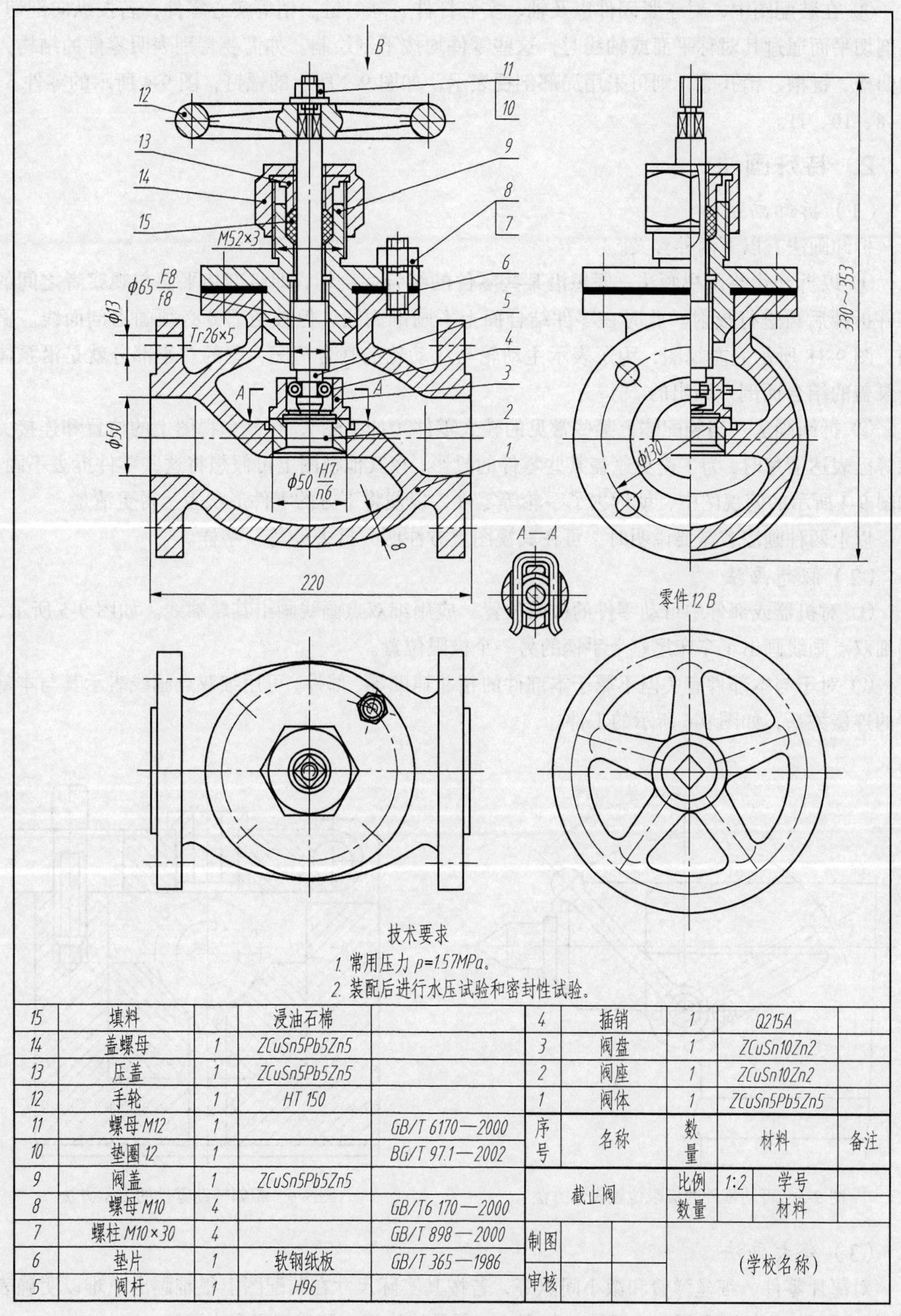

序号	名称	数量	材料	备注
15	填料		浸油石棉	
14	盖螺母	1	ZCuSn5Pb5Zn5	
13	压盖	1	ZCuSn5Pb5Zn5	
12	手轮	1	HT 150	
11	螺母 M12	1		GB/T 6170—2000
10	垫圈 12	1		BG/T 97.1—2002
9	阀盖	1	ZCuSn5Pb5Zn5	
8	螺母 M10	4		GB/T6 170—2000
7	螺柱 M10×30	4		GB/T 898—2000
6	垫片	1	软钢纸板	GB/T 365—1986
5	阀杆	1	H96	
4	插销	1	Q215A	
3	阀盘	1	ZCuSn10Zn2	
2	阀座	1	ZCuSn10Zn2	
1	阀体	1	ZCuSn5Pb5Zn5	

截止阀	比例	1:2	学号
	数量		材料
制图		（学校名称）	
审核			

图 9-4　截止阀装配图

② 相接触和相配合的两零件表面接触处，规定只画一条线；凡是非接触、非配合的两表面，不论间隙多小，都必须画出两条线。

③ 在装配图中，对于紧固件以及轴、实心杆件、球、键、销等实心零件，若按纵向剖切，且剖切平面通过其对称平面或轴线时，这些零件均按不剖绘制。如需要特别表明零件的结构，如凹槽、键槽、销孔等，则可采用局部剖视表示，如图 9-2 所示的螺钉，图 9-4 所示的零件 5、7、8、10、11。

2. 特殊画法

（1）拆卸画法

拆卸画法有以下两种含义。

① 以拆卸代替剖视画法。假想沿某些零件的结合面剖切，即将剖切平面与观察者之间的零件拆掉后再进行投射。此时在零件结合面上不画剖面线，但被切部分必须画出剖面线。例如，图 9-18 所示的左视图，为了表示主动轮与从动轮的啮合情况，图的右半部分就是沿泵体与泵盖的结合面剖开画出的。

② 拆卸画法。当装配体上某些常见的较大零件（如手轮），在某个视图上的位置和连接关系等已表达清楚时，为了避免遮盖某些零件的投影，在其他视图上可假想将这些零件拆去不画。如图 9-4 所示的俯视图中，就拆去了手轮等零件，以便将下方的零件形状表达得更清楚。

以上两种画法若需要说明时，可在其视图上方注明“拆去××等”字样。

（2）假想画法

① 对机器或部件中可动零件的极限位置，应用细双点画线画出其轮廓线。如图 9-5 所示，用细双点画线画出了车床尾座上手柄的另一个极限位置。

② 对于与本部件有关但不属于本部件的相邻辅助零、部件，可用细双点画线表示其与本部件的连接关系，如图 9-6 所示的工件。

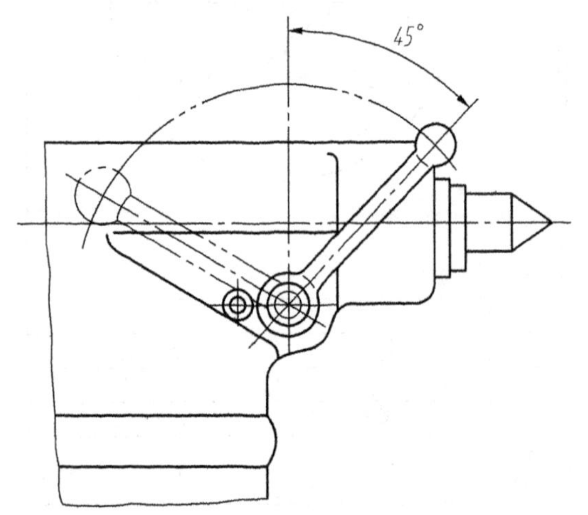

图 9-5　可动零件的极限位置表示方法

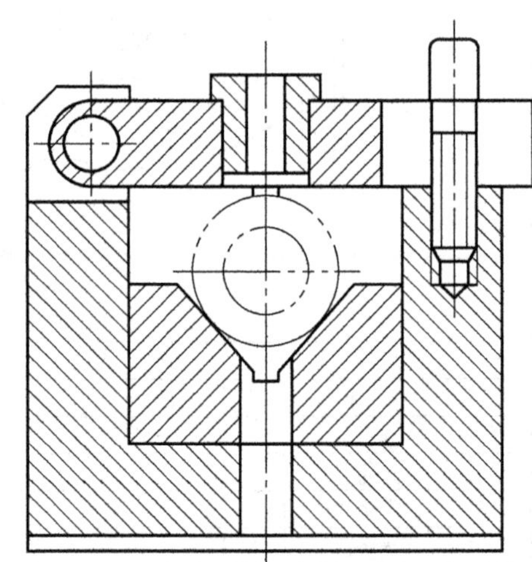
图 9-6　相邻辅助零件的表示方法

（3）夸大画法

对薄片零件、细丝弹簧和微小间隙等，若按其实际尺寸在装配图上很难画出或难以明确表示时，可不按比例而采用夸大画法。如图 9-4 所示的垫片，即采用了夸大画法。

（4）简化画法

① 装配图中若干相同的零件组，如螺栓连接等，允许仅详细地画出一组或几组，其余只需用点画线表示其位置，如图 9-7 所示。

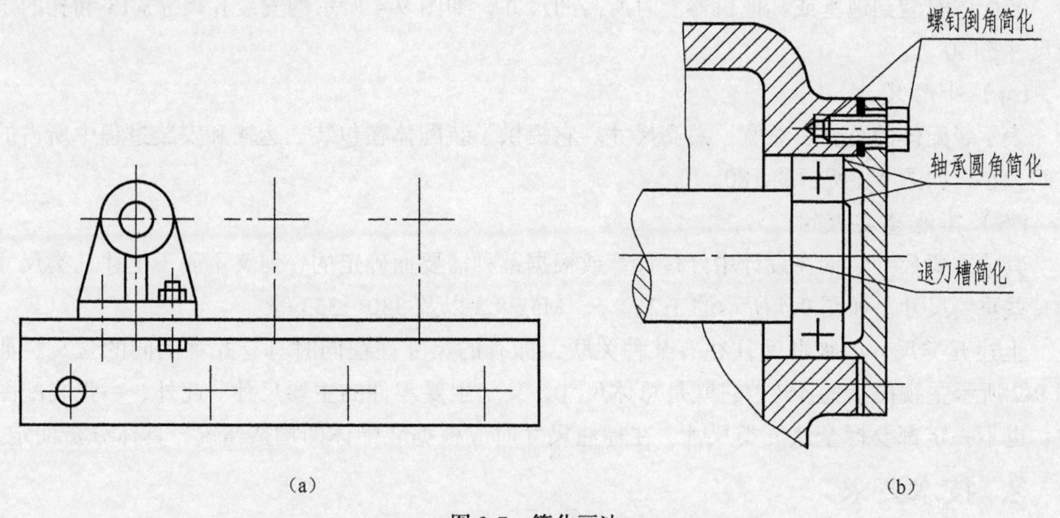

图 9-7　简化画法

② 在装配图中，零件的某些工艺结构，如倒角、圆角、退刀槽等允许不画，如图 9-7 所示。

③ 在装配图中，剖切平面通过某些标准产品组合体（如油杯、油标、管接头等）轴线时，可以只画外形。对于标准件（如滚动轴承、螺栓、螺母等）可采用简化或示意画法，如图 9-7（b）中滚动轴承的画法等。

（5）单独表示某零件的画法

在装配图中，可以单独地画出某一零件的视图。但必须在所画视图的上方注出该零件的视图名称，在相应视图附近用箭头指明投射方向，并注上同样的字母，如图 9-4 中手轮的 *B* 向视图。

（三）装配图的尺寸标注和技术要求

1. 尺寸标注

装配图与零件图不同，不需要注出每个零件的所有尺寸，而只要求注出与装配体的装配、检验、安装或调试等有关的尺寸。装配图中的尺寸可分为以下几类。

（1）性能尺寸

性能（或规格）尺寸是表示装配体性能或规格的尺寸。它作为设计的一个重要数据，在画图之前就已确定，如图 9-2 所示中间部分的直径$\phi 64$，它反映了该部件与其他物体的接触尺寸；图 9-4 截止阀的通孔直径$\phi 50$，表明了管路的通径。

（2）装配尺寸

装配尺寸是表示装配体各零件之间装配关系的尺寸，通常包含配合尺寸和相对位置尺寸。

① 配合尺寸：用来表示两个零件之间配合性质的尺寸，如图 9-4 中的$\phi 65\dfrac{F6}{f5}$。

② 相对位置尺寸：零件在装配时，需要保证的相对位置尺寸，如两齿轮的中心距、主要轴线到基准面的定位尺寸等。

（3）安装尺寸

装配体安装到地基或其他机器上时所需的尺寸，如图 9-4 所示的安装孔尺寸ϕ13 和孔的定位尺寸ϕ130 等。

（4）外形尺寸

表示装配体的总长、总宽、总高尺寸。它提供了装配体在包装、运输和安装过程中所占的空间大小，如图 9-2 所示的ϕ80。

（5）其他重要尺寸

其他重要尺寸包括在设计中经过计算或根据某种需要而确定的、但又不属于上述几类尺寸的一些重要尺寸。如图 9-4 所示的 Tr26 × 5、M52 × 3 以及 330～353 等。

上述五类尺寸，彼此间往往有某种关联，即有的尺寸往往同时具有几种不同的含义，如图 9-2 所示主视图上的ϕ80，它既是总体尺寸，又是主要零件的主要尺寸。此外，一张装配图中，也不一定都要标全这五类尺寸，在标注尺寸时应根据装配体的构造情况，具体分析而定。

2. 技术要求

不同性能的装配体，其技术要求也各不相同。拟订技术要求一般可从以下几个方面考虑。

① 装配要求：装配体在装配过程中需注意的事项，装配后应达到的要求，如准确度、装配间隙、润滑要求等。

② 检验要求：对装配体基本性能的检验、试验及操作时的要求。

③ 使用要求：对装配体的规格、参数及维护、保养、使用时的注意事项及要求。

装配图上的技术要求应根据装配体的具体情况而定，并将其用文字注写在明细栏的上方或图样下方的空白处。

（四）装配图中零、部件的序号和明细栏

在生产中，为了便于读图和管理图样，对装配图中各零、部件都必须编写序号，并填写明细表。明细表可直接画在装配图标题栏上面，也可另列零、部件明细表，内容应包含零件的名称、材料及数量等，这样有利于读图时对照查阅，并可根据明细表做好生产准备工作。

1. 零、部件序号的编排方法

（1）一般规则

① 装配图中所有的零、部件都必须编写序号。规格相同的零件只编一个序号，标准化组件如油杯、滚动轴承、电动机等，可看作一个整体编一个序号。

② 装配图中零、部件的序号应与明细栏中的序号一致。

（2）零、部件序号的通用表示方法

零、部件序号的通用表示方法如图 9-8 所示。

① 在所指零、部件的可见轮廓内画一圆点，自圆点画指引线（细实线）。指引线的另一端画出水平细实线或细实线圆，在水平线上或圆内注写序号，序号字高比装配图中所注尺寸数字高度大一号或两号，如图 9-8（a）所示。

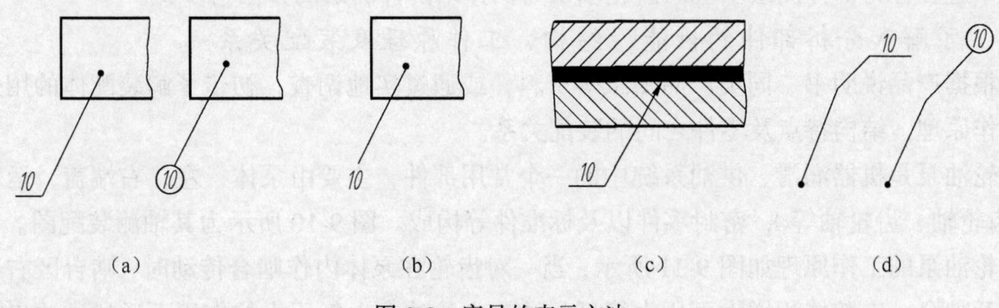

图 9-8　序号的表示方法

② 指引线附近直接注写序号，序号字高比装配图中所注尺寸数字高度大两号，如图 9-8（b）所示。

③ 若所指部分是很薄的零件或涂黑的剖面，不便于画圆点，则可用箭头代替圆点并指向该部分轮廓，如图 9-8（c）所示。

但应注意，同一张装配图中编注序号的形式应一致。

（3）其他规则

① 指引线相互不能相交，也不要与剖面线平行。必要时可画成折线，但只允许转折一次，如图 9-8（d）所示。对于一组紧固件及装配关系清楚的零件组，可采用公共指引线，如图 9-9 所示。

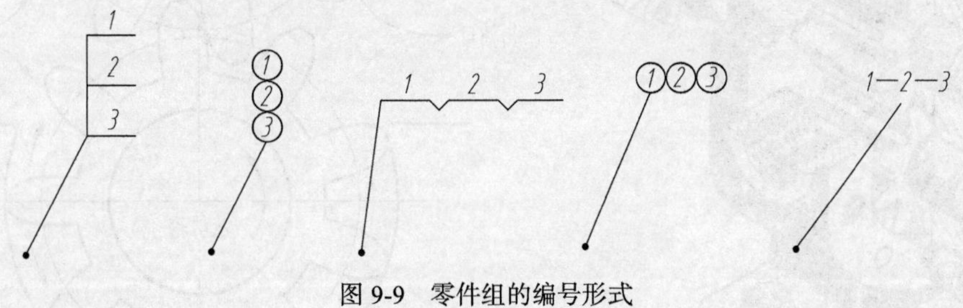

图 9-9　零件组的编号形式

② 序号应按顺时针或逆时针方向顺次排列整齐。如在整个图上无法连续排列时，应尽量在每个水平或垂直方向顺次排列。

2. 明细栏

明细栏一般由序号、代号、名称、数量、材料、备注等组成，格式可按 GB/T 10609.2—2009 的规定绘制，也可按实际需要设置内容。学生作业中所用的明细栏建议采用如图 1-2 所示的格式。

明细栏一般配置在装配图标题栏的上方，按由下而上的顺序填写。当位置不够时，可紧靠在标题栏的左边自下而上延伸。若不能在标题栏的上方配置明细栏时，可作为装配图的续页按 A4 幅面单独给出，但其顺序应是由下而上填写。

（五）部件测绘和装配图画法

1. 部件测绘

部件测绘是根据现有的部件或机器，首先画出零件草图，再画出装配图和零件图的整套图样，这个过程称为部件测绘。现以齿轮油泵为例介绍部件测绘的方法与步骤。

（1）了解和分析部件的性能、结构、工作原理及装配关系

可根据产品说明书、同类产品图纸等资料，或通过实地调查，初步了解装配体的用途、性能、工作原理、结构特点及零件之间的装配关系。

齿轮油泵是机器润滑、供油系统中的一个常用部件，主要由泵体，左、右端盖，运动零件（传动齿轮轴、齿轮轴等），密封零件以及标准件等构成。图 9-10 所示为其轴测装配图。

齿轮油泵的工作原理如图 9-11 所示，当一对齿轮在泵体内作啮合传动时，啮合区右边轮齿逐渐脱开啮合，空腔体积增大而压力降低，油池内的油在大气压力的作用下通过进油口被吸入泵内；而啮合区左边轮齿逐渐进入啮合，空腔体积减小而压力加大，随着齿轮的转动而被带至左边的油就从出油口排出，经管道送至机器中需要润滑的部位。

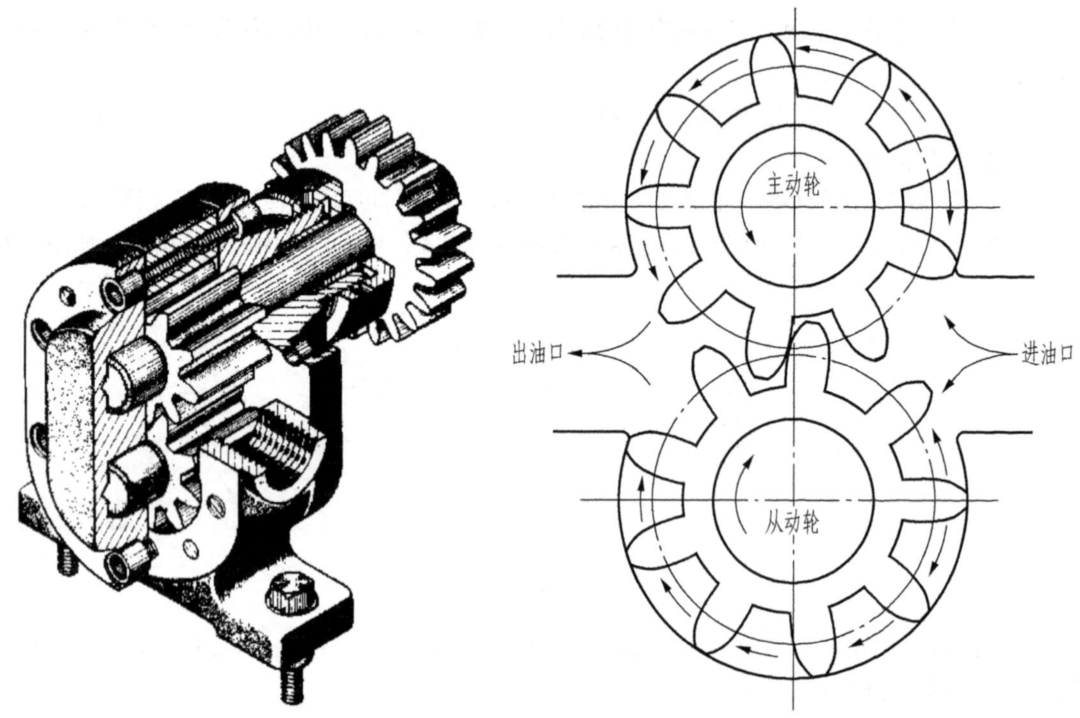

图 9-10　齿轮油泵轴测装配图

图 9-11　齿轮油泵工作原理示意图

凡属泵、阀类部件都要考虑防漏问题。为此，在泵体与泵盖的结合处加入了垫片 5，并在传动齿轮轴 3 的伸出端用填料 8、轴套 9、压紧螺母 10 加以密封，如图 9-12 所示。

（2）拆卸零件，绘制装配示意图

在初步了解部件功能的基础上，按一定顺序拆卸零件，通过拆卸可以进一步了解部件的结构、工作原理及装配关系。零件较多的部件，为便于拆卸后重装和为画装配图提供参考，在拆卸的过程中，应同时画出装配示意图。

在拆卸零件时，为防止丢失和混淆，应将零件进行编号；不便拆卸的连接、过盈配合的零件应尽量不拆，以免损坏零件或影响装配精度；对标准件和非标准件最好分类保管。

装配示意图是用规定符号和较形象的图线绘制的图样，是一种表意性的图示方法，用以记录部件中各零件间的相互位置、连接关系和配合性质，注明零件的名称、数量和编号等。

装配示意图的画法：对一般零件可按其外形和结构特点形象地画出零件的大致轮廓。通常从主要零件和较大的零件入手，按装配顺序和零件的位置逐个画出。画示意图时，可将零件视作透明体，其表示可不受前后层次的限制，并尽量把所有零件都集中在一个视图上表达出来，必要时才画出第二个图（应与第一个视图保持投影关系）。

齿轮油泵的装配示意图如图 9-12 所示。

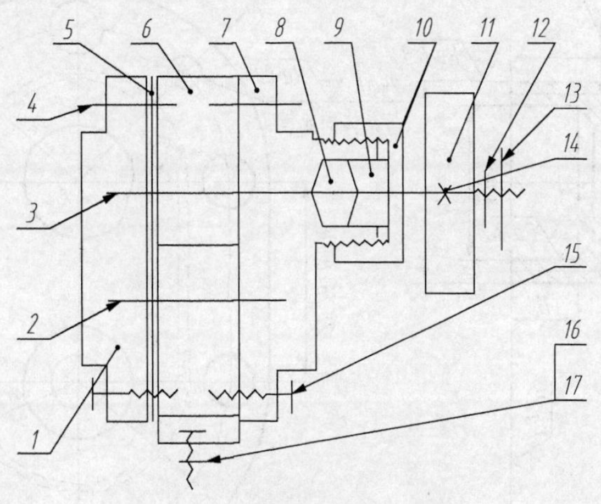

图 9-12　齿轮油泵装配示意图

1—左端盖；2—齿轮轴；3—传动齿轮轴；4—销；5—垫片；6—泵体；7—右端盖；8—填料；9—轴套；10—压紧螺母；11—传动齿轮；12—垫圈；13—螺母；14—键；15—螺钉；16—螺栓；17—螺母

（3）画零件草图

组成部件的每一个零件，除标准件外，都应画出草图，草图应具备零件图的所有内容。图 9-13 所示为齿轮油泵右端盖的零件草图。

画部件的零件草图时，应尽可能注意到零件间尺寸的协调。标准件可不画草图，但应测量出其规格尺寸，并与标准手册进行核对。

（4）画装配图

根据装配示意图和零件草图，画出装配图。画装配图的过程，是一次检验、校对零件形状、尺寸的过程。草图中的形状和尺寸如有错误或不妥之处，应及时改正，以保证零件之间的装配关系能在装配图上正确地反映出来，以便顺利地拆画零件图。

（5）拆画零件图

根据装配图和零件草图绘制出每个非标准零件的零件图。

2. 装配图画法

（1）选择表达方案

① 主视图的选择。主视图一般按部件的工作位置选择，要求能够尽量反映部件的工作原理、传动路线、装配关系及零件间的相互位置等，主视图通常取剖视。对齿轮油泵，可取由前向后作为主视图的投射方向，并采用两相交剖切平面剖切而获得的全剖视。这样主视图既可反映齿轮副的传动关系，又可将泵盖与泵体间的定位、连接形式以及端盖与泵体间的防漏、传动齿轮轴上的密封结构表示得很清晰。

② 其他视图的选择。其他视图的选择应能补充主视图尚未表达清楚的内容。一般情况下，

部件中的每一种零件至少应在视图中出现一次。齿轮油泵的左视图可采用拆卸画法，即沿左端盖1和泵体6的结合面剖切，这样可清楚地反映出齿轮油泵的外部形状和一对齿轮的啮合情况。进油孔的结构可用局部剖视表达。

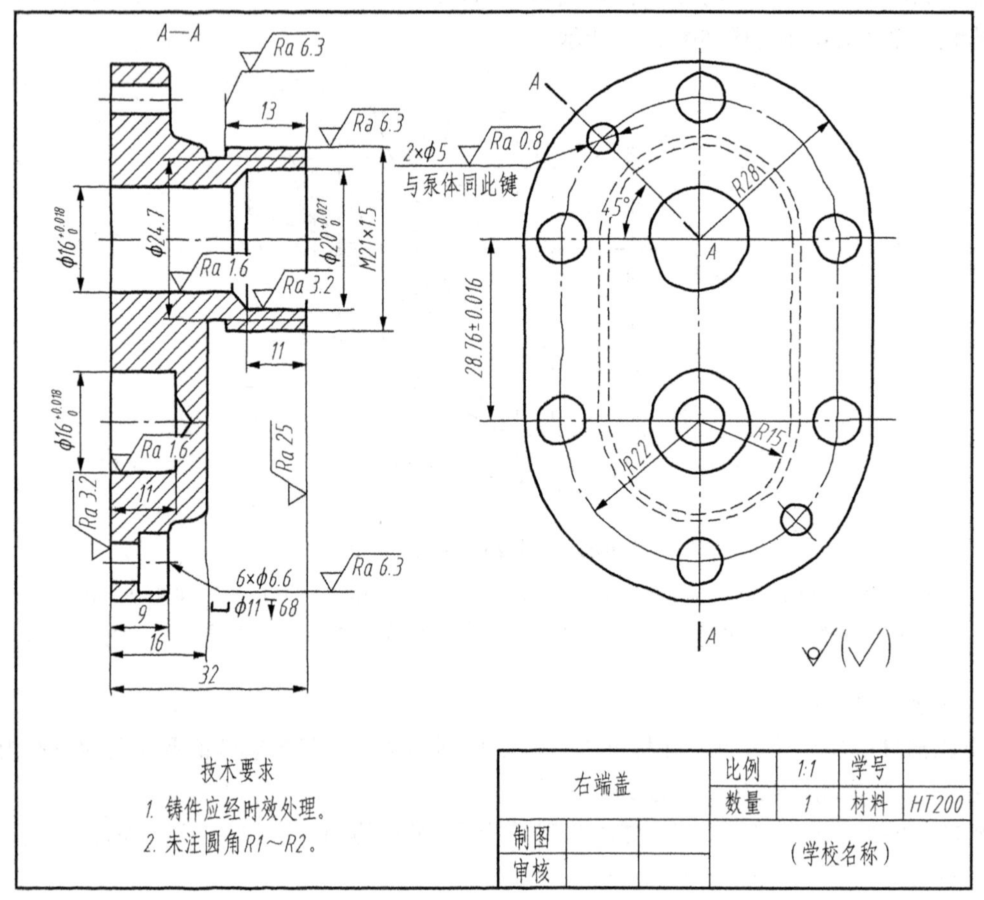

图 9-13　右端盖的零件草图

（2）绘图准备工作

表达方案确定之后，根据部件的大小、复杂程度和视图数量确定绘图比例和图纸幅面。布图时，应同时考虑标题栏、明细栏、零件序号、标注尺寸和技术要求等所需要的位置。

（3）画图步骤

① 绘制各视图的主要基准线，如图9-14所示，主要基准线一般是指主要的轴线（装配干线）、对称中心线、主要零件上较大的平面或端面等。

② 绘制主体结构和与之相关的重要零件。不同的机器或部件，其主体结构不尽相同，但在绘图时都应首先绘制出主体结构的轮廓。与主体结构相接的重要零件要相继画出。图9-15首先画出了两齿轮轴的轮廓。

③ 绘制其他次要零件和细部结构。逐步画出主体结构与重要零件的细节，以及各种连接件等，如图9-16和图9-17所示。

④ 检查底稿，描深图线，画剖面线。

⑤ 标注尺寸，编写序号，画标题栏、明细栏，注写技术要求，完成全图，如图9-18所示。

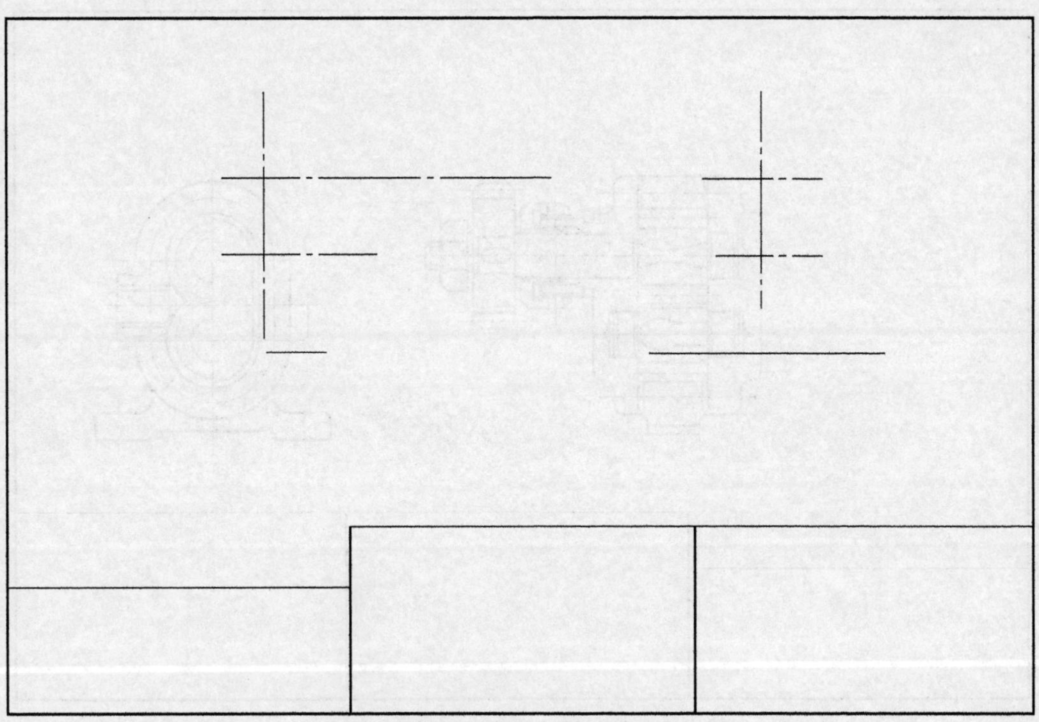

图 9-14　齿轮油泵装配图画图步骤（一）

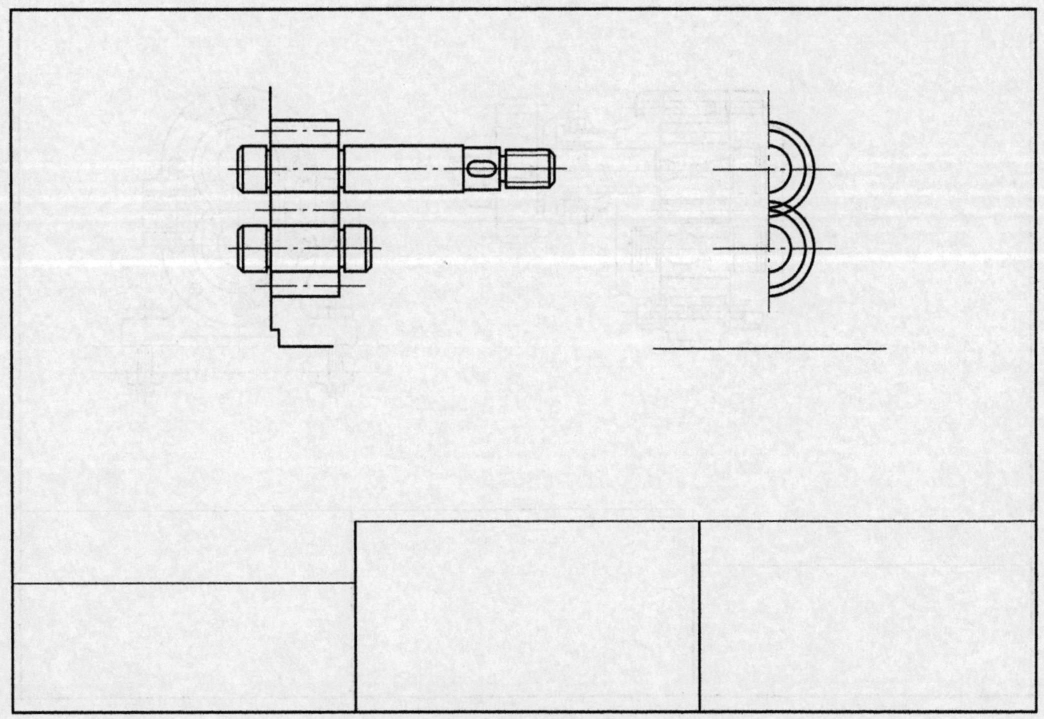

图 9-15　齿轮油泵装配图画图步骤（二）

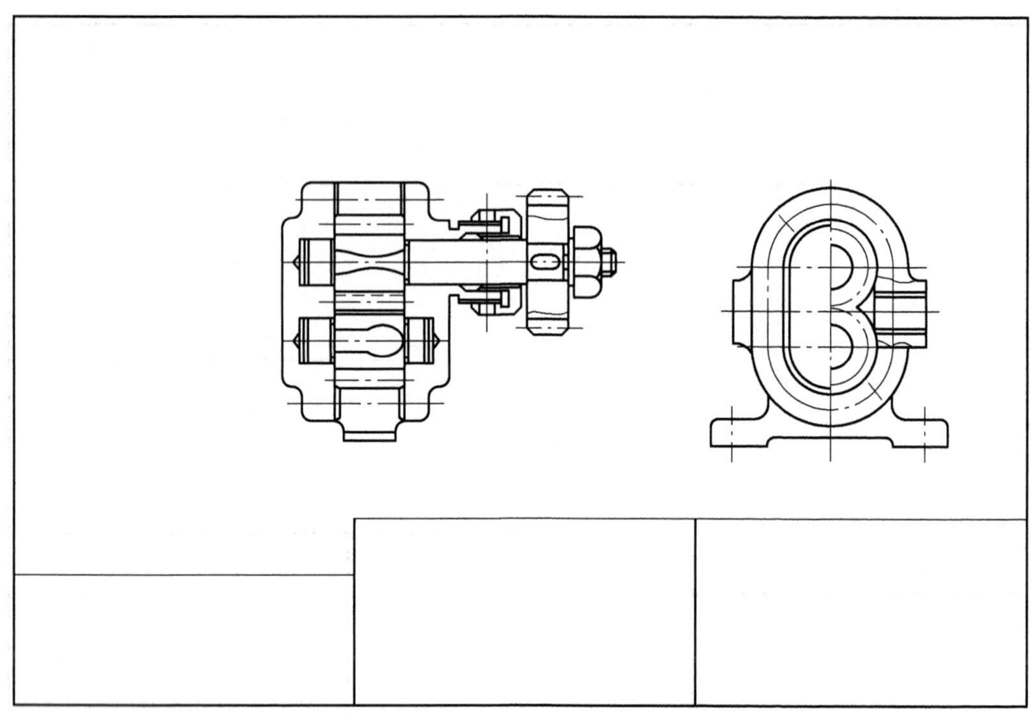

图 9-16　齿轮油泵装配图画图步骤（三）

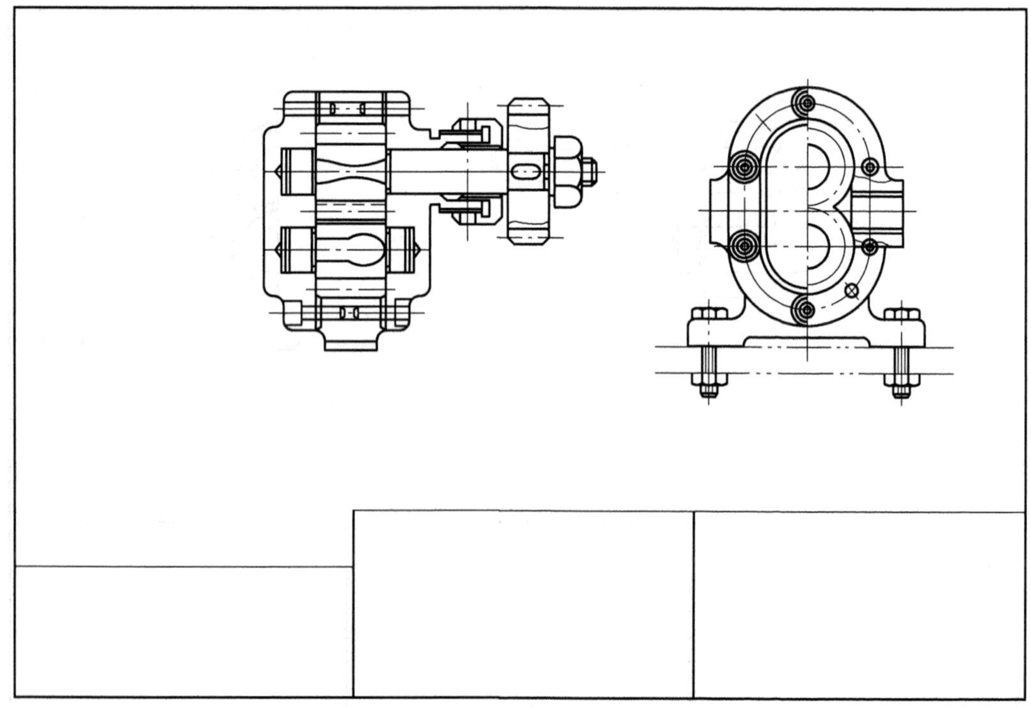

图 9-17　齿轮油泵装配图画图步骤（四）

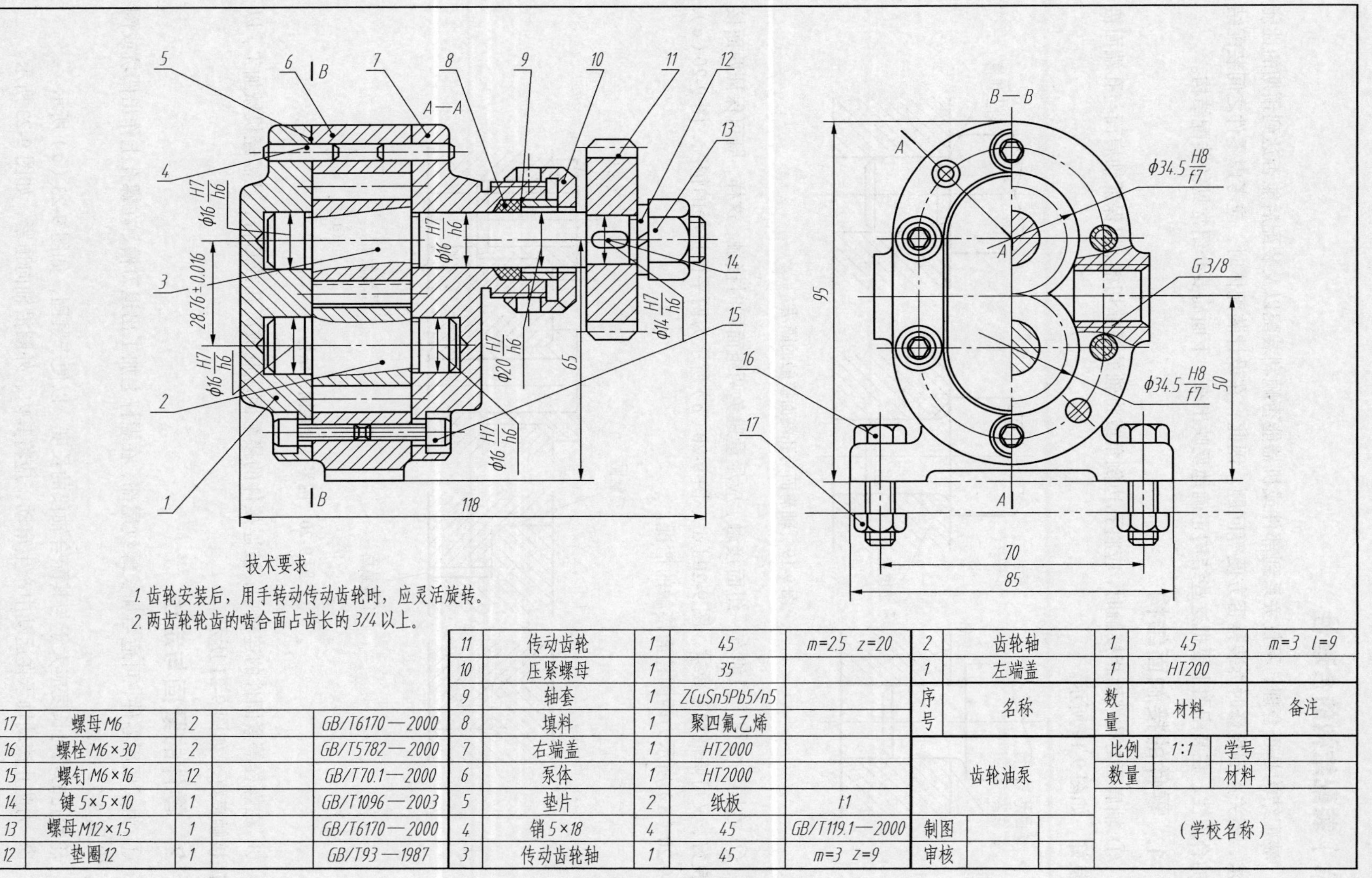

图 9-18　齿轮油泵装配图

（六）装配结构的合理性

装配结构是否合理，不仅关系到部件或机器能否顺利装配以及装配后能否达到预期的性能要求，还关系到检修时拆装是否方便等问题。因此，在设计装配体时，应考虑零件之间装配结构的合理性，在装配图上要把这些结构正确地反映出来。下面简要介绍常见的装配结构。

1. 零件的接触面结构

① 轴肩面与孔端面相接触时，应将孔边倒角或将轴的根部切槽，以保证轴肩面与孔端面接触良好，如图 9-19 所示。

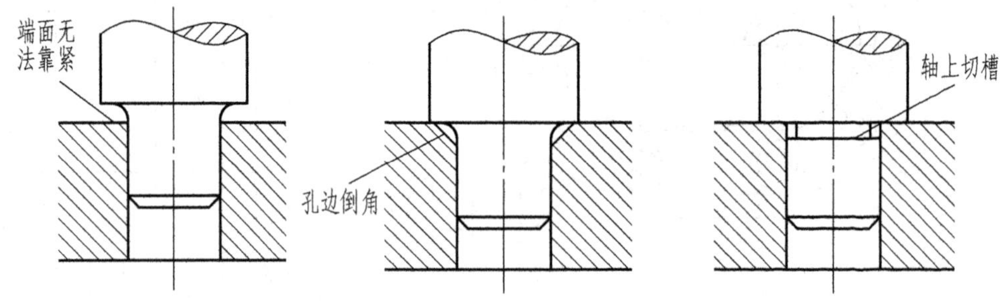

图 9-19　轴肩面与孔端面接触的画法

② 在同一方向上只能有一组面接触，应尽量避免两组面同时接触，这样，既可保证两面接触良好，又可降低加工要求。图 9-20（a）、图 9-20（b）所示为两平面接触的情况，图 9-20（c）、图 9-20（d）所示为两圆柱面接触的情况。

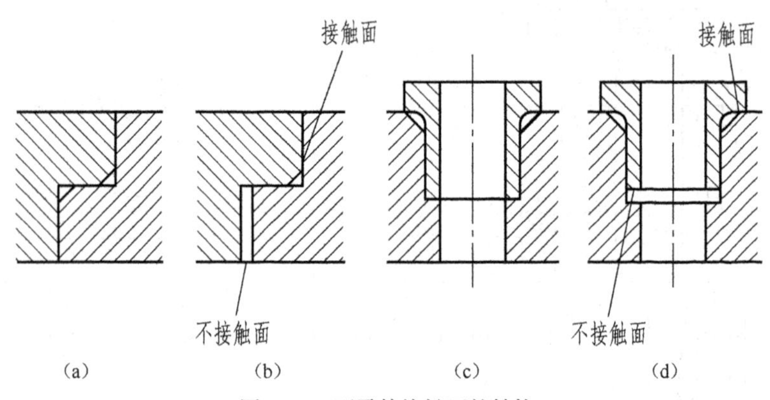

图 9-20　两零件接触面的结构

③ 在螺栓等紧固件的连接中，被连接件的接触面应制成沉孔或凸台，且需经机械加工，以保证接触良好，如图 9-21 所示。

2. 零件的紧固与定位

① 为了紧固零件，可适当加长螺纹尾部，在螺杆上加工出退刀槽，在螺孔上作出凹坑或倒角，如图 9-22 所示。

轮毂孔的轴向长度应大于与其配合轴段的长度，以便于紧固，如图 9-23（a）所示。

② 为防止滚动轴承在运动中产生窜动，应将其内、外圈沿轴向顶紧，如图 9-23 所示。

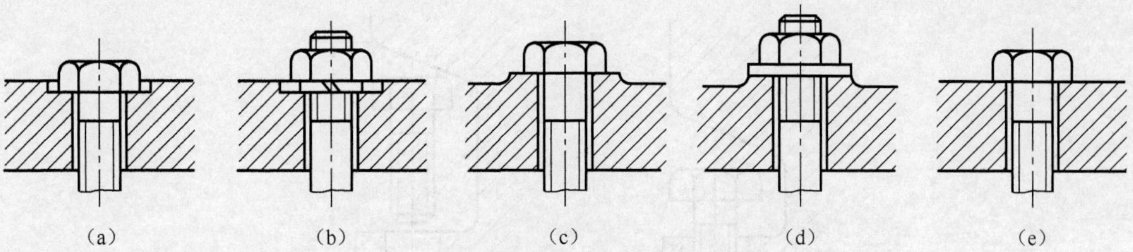

(a)
(b)
(c)
(d)
(e)

图 9-21　紧固件与被连接件接触面的结构

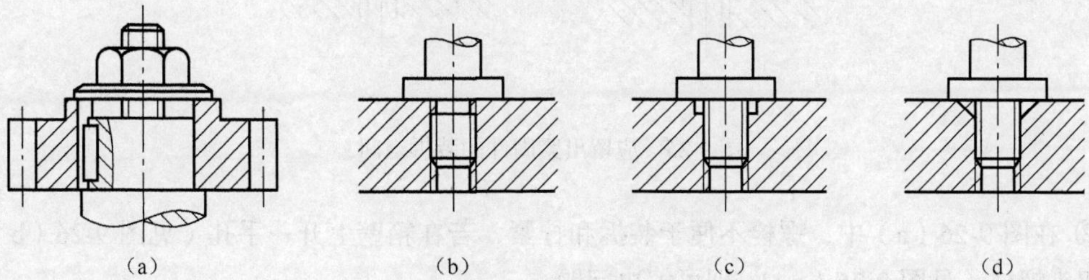

(a)
(b)
(c)
(d)

图 9-22　螺纹尾部结构

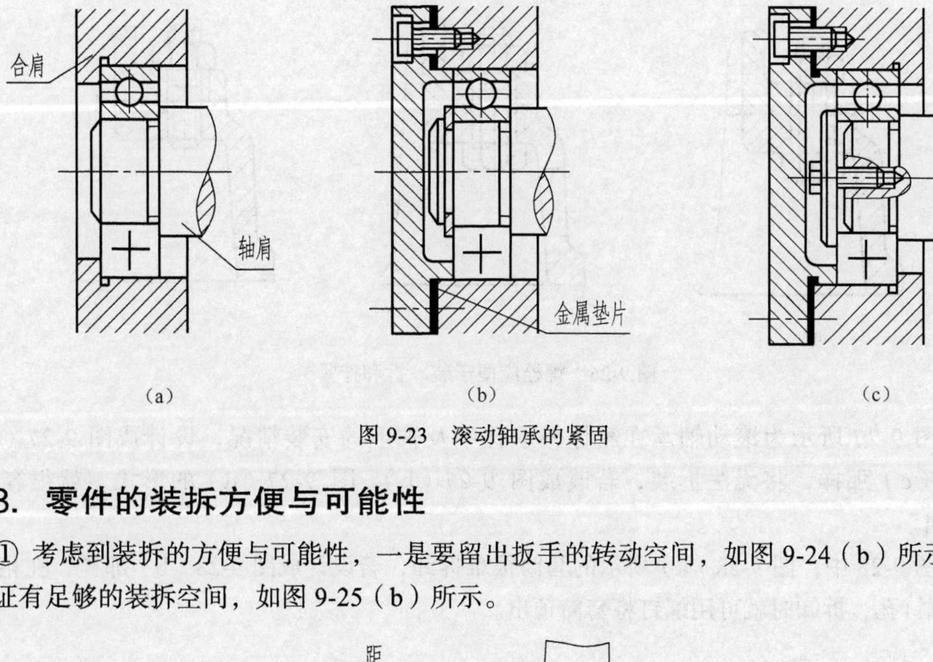

合肩
轴肩
金属垫片
(a)
(b)
(c)

图 9-23　滚动轴承的紧固

3. 零件的装拆方便与可能性

① 考虑到装拆的方便与可能性，一是要留出扳手的转动空间，如图 9-24（b）所示；二是要保证有足够的装拆空间，如图 9-25（b）所示。

距离过小
(a)
(b)

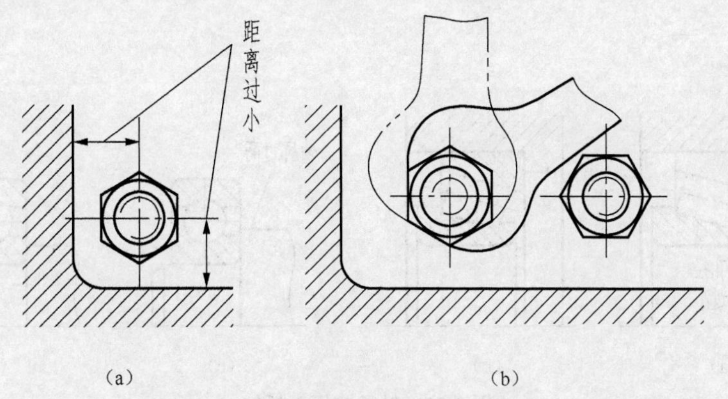

图 9-24　紧固件的位置应便于装拆

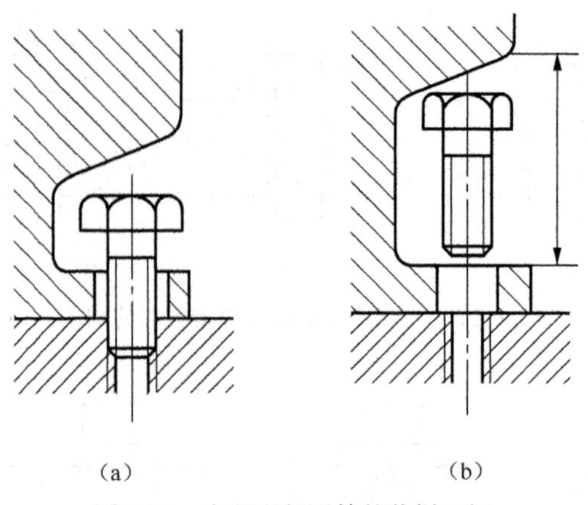

图 9-25　应留出紧固件的装拆空间

② 在图 9-26（a）中，螺栓不便于装拆和拧紧，若在箱壁上开一手孔（见图 9-26（b））或改用双头螺柱（见图 9-26（c）），即可解决问题。

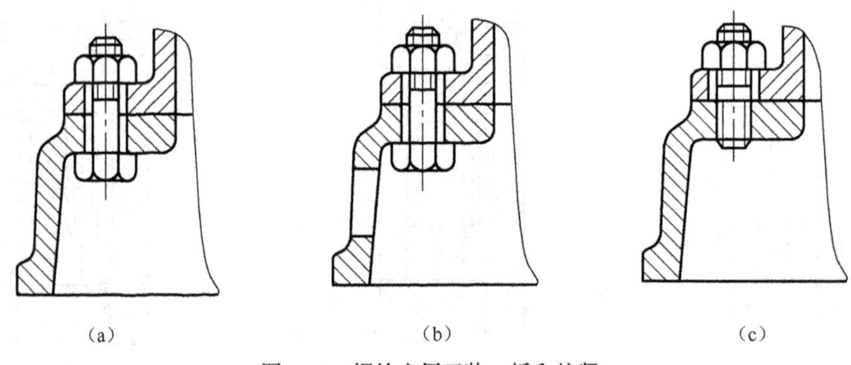

图 9-26　螺栓应便于装、拆和拧紧

③ 图 9-27 所示为滚动轴承在箱体轴承孔中及轴上的安装情况，设计成图 9-27（a）、图 9-27（c）那样，将无法拆装，若改成图 9-27（b）、图 9-27（d）的形式，就很容易将轴承顶出。

④ 图 9-28 中，图 9-28（a）所示的套筒很难拆卸，若设计成图 9-28（b）那样，在箱体上钻几个螺钉孔，拆卸时就可用螺钉将套筒顶出。

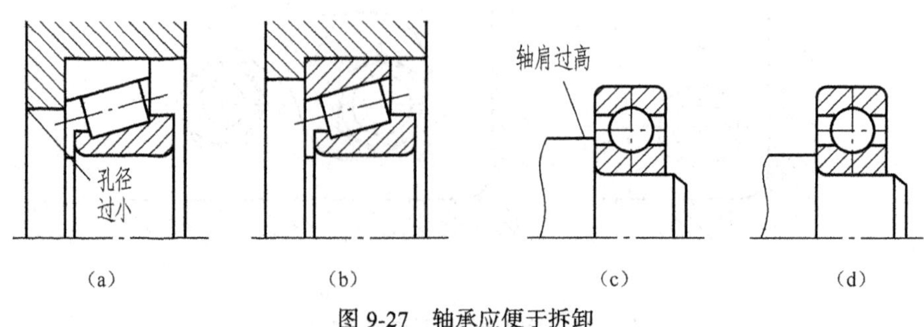

图 9-27　轴承应便于拆卸

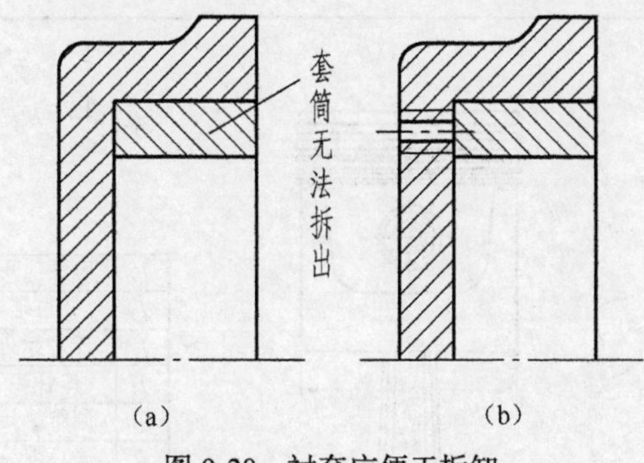

图 9-28 衬套应便于拆卸

三、项目实施——识读活塞连杆总成装配图

(一) 识读装配图的基本要求

任何复杂的机器都是由许多个部件组成的，而部件又是由许多个零件装配而成的。在机械和部件的设计、装配、检验、维修过程中都需要看装配图。作为汽车制造、汽车维修的工程技术人员，必须具备熟练识读装配图的能力。识读装配图的基本要求如下。

① 了解装配体的名称、用途、性能和工作原理。

② 了解装配体各零件的装配关系，各零件的相对位置、拆装顺序、连接方式。

③ 了解其他组成部分、主要尺寸、操作方法、技术要求等。

(二) 识读活塞连杆总成装配图

1. 概括了解

首先由标题栏了解该装配体的名称；由明细栏了解组成该装配图各种零件的名称、数量、材料及标准件的规格，按图上的编号了解各零件的大体装配情况。

由图 9-29 所示的标题栏可知，该装配体的名称为“活塞连杆总成”。从明细表可知，该装配体由 14 个零件组成，其中标准件 2 个。依据名称可以推断，该装配体的作用是将爆发冲程所形成的活塞上下运动变成推动曲轴的旋转运动。

2. 分析视图，明确表达目的

大致了解各视图，首先找到主视图，再根据投影关系识别出其他视图的名称，找出剖视图、断面图所对应的剖切位置，识别各视图表达的意图和重点。

根据图 9-29 中的视图位置，可知该装配体表达方案中采用了主视图和左视图两个基本视图。主视图采用了局部剖视图，用来表达活塞内部结构形状、活塞、活塞销、连杆衬套和连杆的相对位置、装配关系和工作原理。左视图表达了活塞连杆总成的外形。

3. 依照序号查找零件，弄懂装配关系

① 根据装配图中的零件序号，查明细栏中所对应的序号来了解各零件的名称、数量、材料以及是否是标准件。在图 9-29 中看到的零件 2 名称为上活塞环，材料是合金铸铁，数量为 1。

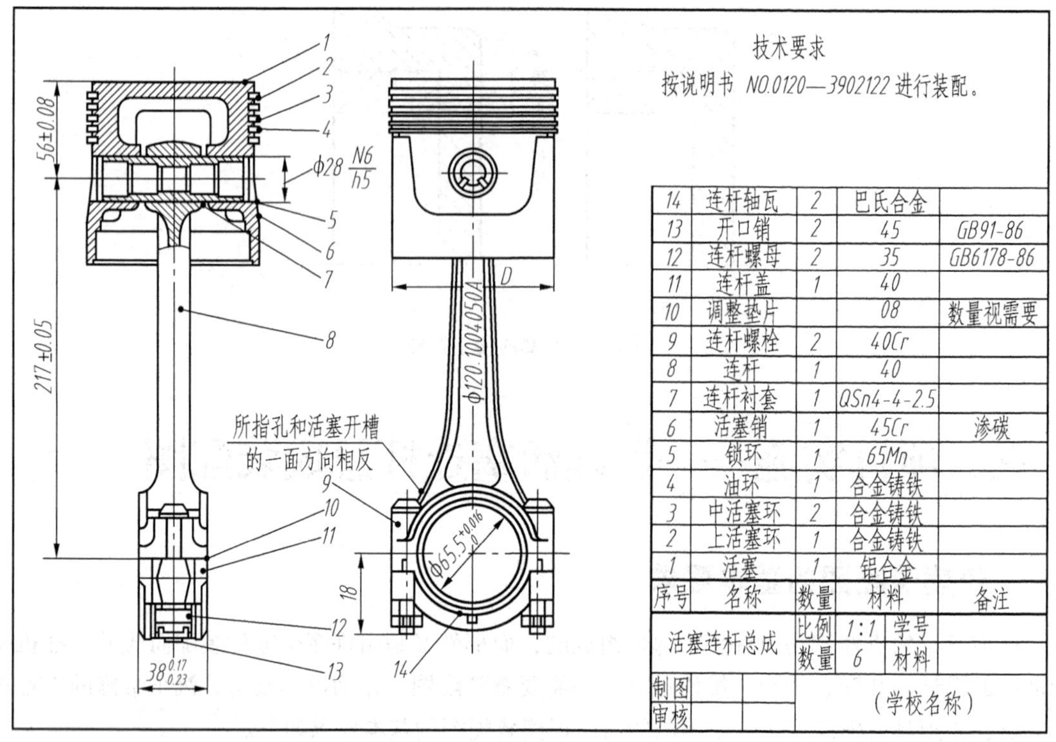

图 9-29　活塞连杆总成装配图

② 根据零件序号、各零件剖面线方向和间距以及其他有关规定，了解各零件之间的相对位置、装配关系。从图 9-29 中可以看出上活塞环 2，中活塞环 3 和油环 4 自上而下装配在活塞上部的环槽内；活塞销 6 两端外圆柱面与活塞 1 的销孔相配合；连杆衬套 7 内圆柱面与开口销 13 中部外圆柱面相配合；连杆衬套 7 外圆柱面与连杆 8 小头孔相配合；连杆盖 11 与连杆 8 之间有调整垫片 10。

③ 根据标准件了解零件之间的连接方式。从图 9-29 中看出，连杆盖 11 与连杆 8 是用连杆螺栓 9、连杆螺母 12 连接的，连杆盖 11 与连杆 8 的内孔中装有连杆轴瓦 14，连杆螺母 12 与连杆螺栓 9 采用开口销 13 锁定；在活塞销的两端装有活塞 1。

4. 分析零件的结构形状和作用

逐一分析每个零件，弄清每个零件的结构形状和零件间的装配关系，是看懂装配图的重要任务。在图 9-29 中，由于我们已熟悉了连接件和常用件的表达方式以及连接形式，所以，不难首先把它们从图中识别出来，再将剩下为数不多的一般零件，按先简单后复杂的顺序识读出来，将看懂的零件逐个“分离”出去，最后集中力量分析较复杂的活塞、连杆。两个视图联系起来想象它们的形状。

5. 读技术要求，了解有关性能和要求

技术要求提出按说明书 No.120—3902122 进行装配，因此装配前必须查阅说明书，按说明书的要求进行装配。由尺寸 $\phi28\frac{\mathrm{N6}}{\mathrm{h5}}$ 可知，活塞销与其孔的配合为基轴制的过渡配合，且配合要求较高，拆卸时应特别注意保护孔的表面。$38^{+0.17}_{-0.23}$、$\phi65.5^{+0.016}_{0}$ 为重要尺寸。

6. 综合归纳想整体

经过上述分析后，对整个装配体还不能形成完整的概念，必须把各个部分加以综合想象，按照识图的要求进行综合归纳，从而获得一个完整的装配体形象。

经过上述五项分析后，可以综合归纳如下。

（1）活塞连杆总成的装配关系和工作原理

上活塞环、中活塞环和油环以自上而下的顺序装在活塞上部的环槽内；活塞销两端外圆柱面与活塞销孔相配合，活塞销中部外圆柱面与连杆衬套内圆柱面相结合；连杆衬套外圆柱面与连杆小头孔相结合。为了防止活塞销左右轴向移动，在活塞销的两端装有锁环。连杆盖与连杆之间有调整垫片，它们是用连杆螺栓、连杆螺母联接的，连杆盖与连杆的内孔中装有连杆轴瓦。为了防止连杆螺母松动，采用开口销锁定。

（2）活塞连杆总成的拆卸顺序

先拔出开口销，拆下连杆螺母、连杆螺栓和连杆轴瓦，后用尖嘴钳夹出锁环，从活塞内打出活塞销，从连杆中打出连杆衬套。

另外，由配合尺寸可知，活塞销孔的配合要求较高，拆卸时应特别注意保护两个零件的配合表面。

（3）活塞连杆总成的整体形状

想象出活塞连杆总成的整体形状，如图 9-30 所示。

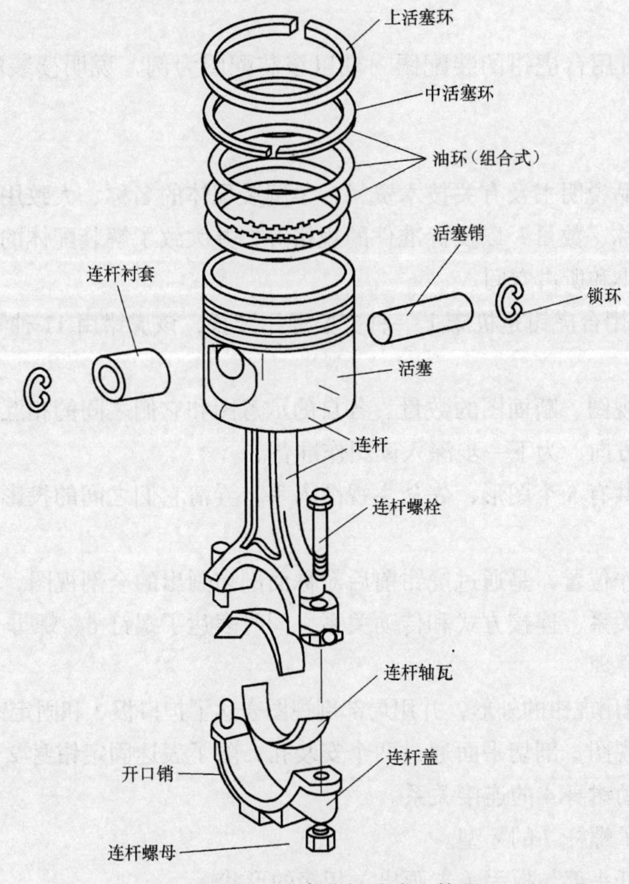

图 9-30　汽车连杆总成立体图

（三）项目考核与评估

1. 项目成果评定（60%）
2. 学习过程评价（30%）
3. 团队合作评价（10%）

四、拓展训练——识读机用虎钳装配图和由装配图拆画零件图

识读机用虎钳装配图和由装配图拆画零件图。

在生产过程中，经常要读装配图。例如在设计中，需要依据装配图来设计零件并画出零件图；在装配机器时，要根据装配图来组装部件或机器；在设备维修时，需参照装配图进行拆卸和重装；在技术交流时，需参阅装配图来了解装配体的具体情况等。因此，工程技术人员必须具备读装配图的能力。

1. 读装配图的一般方法与步骤

读装配图的目的是搞清装配体的性能、工作原理、装配关系和各零件的主要结构、作用以及拆装顺序等。

图 9-31 所示为机用台虎钳的装配图，现以该装配图为例，说明读装配图的一般方法与步骤。

（1）概括了解

根据标题栏和产品说明书及有关技术资料，了解装配体的名称、大致用途；由明细栏了解组成该部件的零件名称、数量，以及标准件的规格等，并大致了解装配体的复杂程度；由总体尺寸了解装配体的大小和所占空间。

图 9-31 所示的机用台虎钳是机床上一种夹紧通用装置，该虎钳由 11 种零件组成。

（2）分析视图

了解各视图、剖视图、断面图的数量、各自的示意图和它们之间的相互关系，找出视图名称、剖切位置、投射方向，为下一步深入读图作准备。

该台虎钳装配图共有 5 个图形，先从主视图入手，弄清它们之间的投影关系和每个图形所表达的内容。

主视图符合其工作位置，是通过虎钳前后对称面剖切画出的全剖视图，表达了螺杆 7 装配干线上各零件的装配关系、连接方式和传动关系，同时表达了螺钉 6、螺母 5 和活动钳身 4 的结构以及虎钳的工作原理。

俯视图主要反映机用虎钳的外形，并用局部剖视图表达了护口板 3 和固定钳身 2 的连接方式。

左视图采用半剖视图，剖切平面通过两个安装孔，除了表达固定钳身 2 的外形外，主要补充表达了螺母 5 与活动钳身 4 的连接关系。

局部放大图反映了螺杆 7 的牙型。

移出断面表达螺杆头部与扳手（未画出）相接的形状。

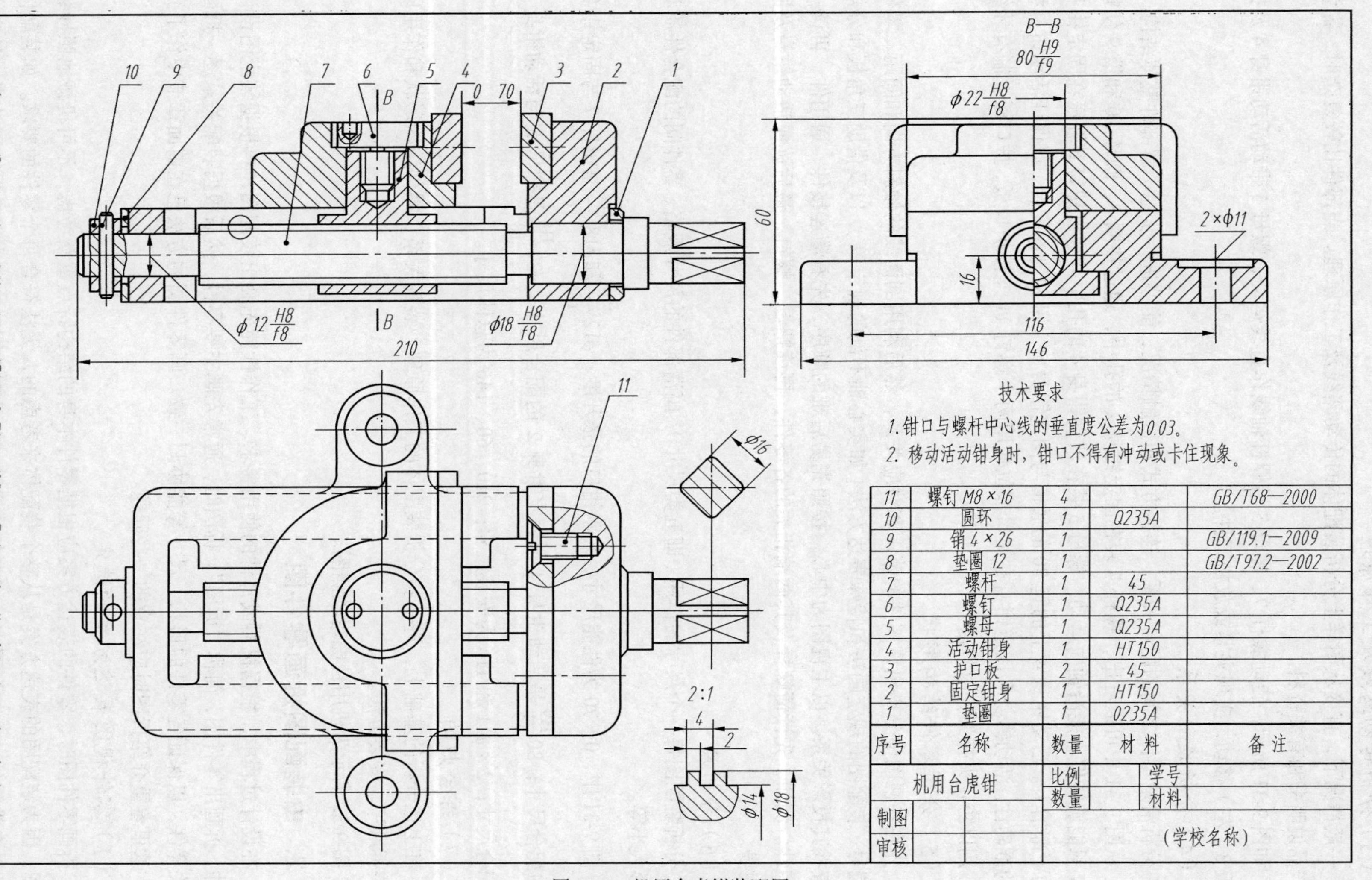

图 9-31 机用台虎钳装配图

（3）分析传动路线及工作原理

一般情况下，直接从图样上分析装配体的传动路线及工作原理。当部件比较复杂时，需参考产品说明书和有关资料。

如图 9-31 所示，旋动螺杆 7、螺母 5 沿螺杆轴线作直线运动，螺母 5 带动活动钳身 4 及护口板 3（左）移动，实现夹紧或放松工件。

（4）分析装配关系

分析清楚零件之间的配合关系、连接方式和接触情况，能够进一步地了解部件整体结构。

从图 9-31 中可以看出，螺杆 7 装在固定钳身 2 的孔中，通过垫圈 8、圆环 10 和销 9 使螺杆 7 只能旋转但不能沿轴向运动。螺母 5 装在活动钳身 4 的孔中并通过螺钉 6 轻压在固定钳身 2 的下部槽上。活动钳身 4 上的宽 80 的通槽与固定钳身 2 上部两侧面配合，以保证活动钳身移动的准确性。活动钳身和固定钳身在钳口部位均用两个螺钉 11 连接护口板，护口板上制有牙纹槽，用以防止夹持工件时打滑。

（5）分析零件结构形状

先在各视图中分离出该零件的范围和对应关系，然后利用剖面线的倾斜方向和间距、零件的编号、装配图的规定画法和特殊表达方法（如实心轴不剖的规定等），以及借助三角板和分规等查找其投影关系。以主视图为中心，按照先易后难的顺序，先看懂连接件、通用件，再读一般零件。例如，先读懂螺杆及其两端相关的各零件，再读螺母、螺钉，最后读懂活动钳身及固定钳身。

（6）分析尺寸

分析装配图每一个尺寸的作用（即五类尺寸），搞清部件的尺寸规格、零件间的配合性质和外形大小等。

图 9-31 中，0～70 为性能尺寸，表示钳口的张开度；$\phi 12\frac{H8}{f8}$和$\phi 18\frac{H8}{f8}$是螺杆 7 与固定钳身 2 的配合尺寸；$80\frac{H9}{f9}$是活动钳身 4 与固定钳身 2 的配合尺寸；$\phi 22\frac{H8}{f8}$是螺母 5 与活动钳身 4 的配合尺寸；$2\times\phi 11$ 和 116 为安装尺寸；210、60、146 为总体尺寸。

（7）综合归纳

在上述分析的基础上，进一步分析装配体的工作原理、装配关系、零件结构形状和作用以及装拆顺序、安装方法。

图 9-32 所示为机用台虎钳轴测图。

2. 由装配图拆画零件图

在设计过程中，根据机器或部件的使用要求、工作性能先画出装配图，再根据装配图设计零件，拆画出零件图，简称“拆图”。拆图时，通常先画主要零件，然后根据装配关系逐一拆画有关零件，以保证各零件的形状、尺寸等能协调一致。画零件图的方法已在前面章节中作了介绍，这里着重介绍拆图时应注意的一些问题。

（1）零件视图表达方案的选定

拆画零件图时，零件的表达方案应根据零件本身的结构特点重新考虑，不可机械地照抄装配图。因为装配图的表达方案是从整个装配体来考虑的，无法符合每个零件的要求。如装配体中的轴套类零件，在装配图中可能有各种位置，但画零件图时，通常以轴线水平放置，长度方向为主视图的方向，以便符合加工位置，便于看图。

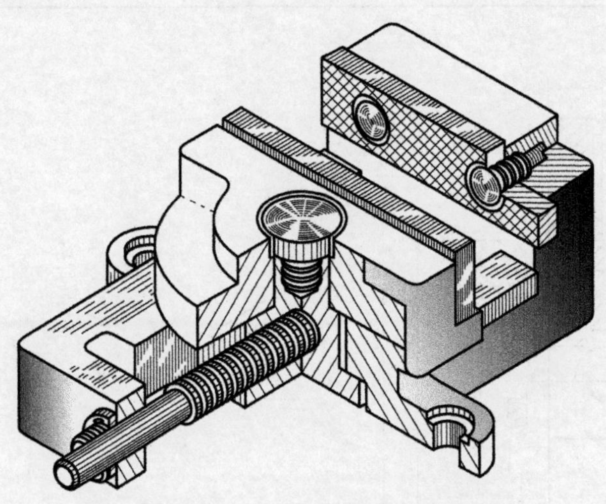

图 9-32　机用台虎钳轴测图

（2）完善零件的结构形状

在装配图中，对某些零件的局部结构，并不一定都能表达完全，在拆画零件图时，应根据零件功用加以补充、完善。在装配图上，零件的细小工艺结构，如倒角、圆角、起模斜度、退刀槽等往往被省略，拆图时，应将这些结构补全并标准化。

（3）零件图上的尺寸标注

在拆图时，零件图上的尺寸可用以下方法确定。

① 直接抄注装配图上已标出的尺寸。除了装配图上某些需要经过计算的尺寸外，其他已注出的零件的尺寸都可以直接抄录到零件图中；装配图上用配合代号注出的尺寸，也可查出偏差数值，注在相应的零件图上。

② 查手册确定某些尺寸。对零件上的标准结构，如螺栓通孔、销孔、倒角、键槽、退刀槽等，均应从有关标准中查得。

③ 计算某些尺寸数值。某些尺寸可根据装配图所给定的尺寸通过计算而定，如齿轮的分度圆、齿顶圆直径等。

④ 在装配图上按比例量取尺寸。零件上大部分不重要或非配合的尺寸，一般都可以按比例在装配图上直接量取，并将量得的数值取整数。

在标注过程中，首先要注意有装配关系的尺寸必须要协调一致；其次，每个零件应根据它的设计和加工要求选择好尺寸基准，将尺寸标注得正确、完整、清晰、合理。

（4）零件图上的技术要求

零件各表面的表面粗糙度，应根据该表面的作用和要求来确定。有配合要求的表面要选择适当的精度及配合类别。根据零件的作用，还可加标注其他必要的要求和说明。通常，技术要求制定的方法是查阅有关的手册或参考同类型产品的图样加以比较来确定。

图 9-33 所示为固定钳身的零件图。

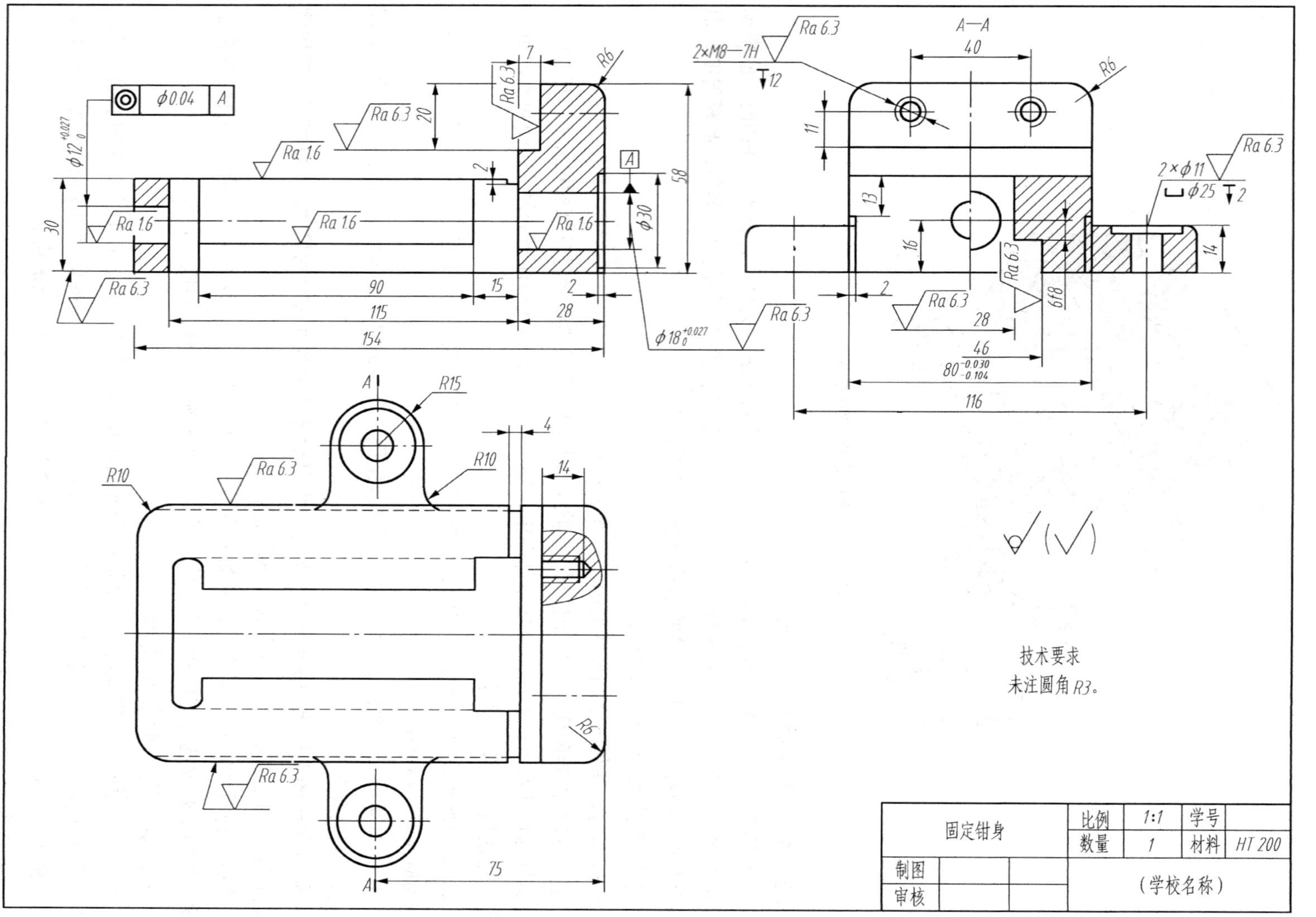

图 9-33　固定钳身零件图

项目小结

通过本项目的学习，读者在学完物体的表达方法、常用件和标准件后，也学到了装配图的作用、内容，装配图的规定画法、特殊画法以及如何确定一个装配体视图的表达方法，装配体中零件是如何编号的，明细栏和标题栏是如何注写的。

在实施本项目过程中，易出现看了很久图样，构思装配体的实体还是有些困难的问题，应多做些拓展训练，来提高空间想象力。若有条件的学校，可在汽车实训基地中，多配备些汽车中的装配体实物以及与其相对应的图样，通过让学生拆卸后组装这些装配体实物并参照图样，来加深对知识的理解。

项目十 用计算机绘制汽车制动毂零件图

一、项目要求

【知识要求】

（1）掌握 AutoCAD 2009 的基本绘图操作。

（2）掌握 AutoCAD 2009 的基本编辑、注释操作。

【能力要求】

能绘制汽车制动毂零件图。

项目实施条件：配备装有 AutoCAD 2009 软件的计算机房。

项目内容及要求：用计算机绘制如图 10-1 所示的汽车制动毂零件图。

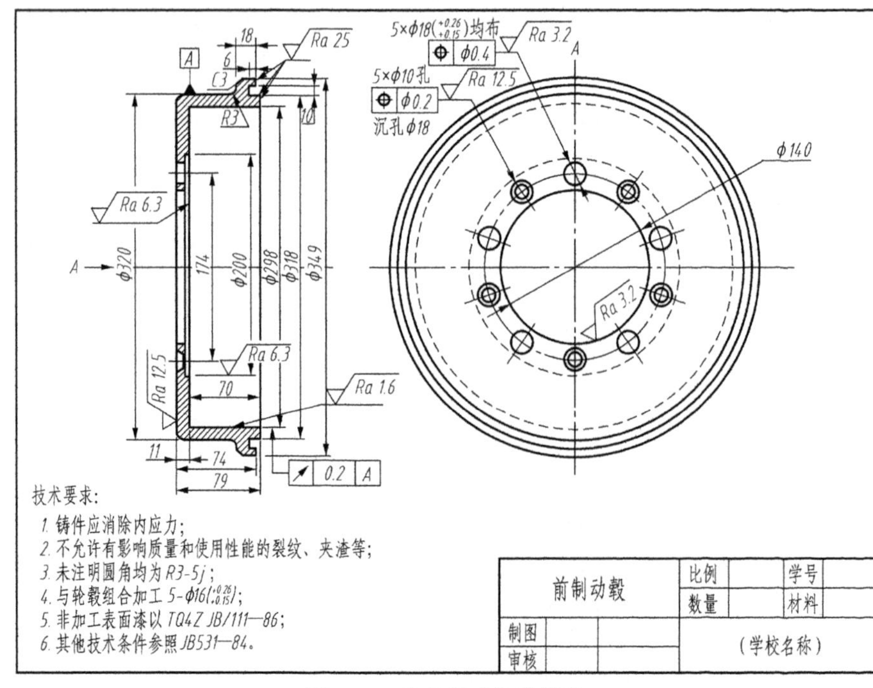

图 10-1　汽车制动毂零件图

二、相关知识

（一）AutoCAD 2009 工作界面

启动 AutoCAD 2009：安装 AutoCAD 2009 时一般在桌面上会有一个快捷图标，双击图标或从开始菜单中打开 AutoCAD 2009，其工作界面如图 10-2 所示。

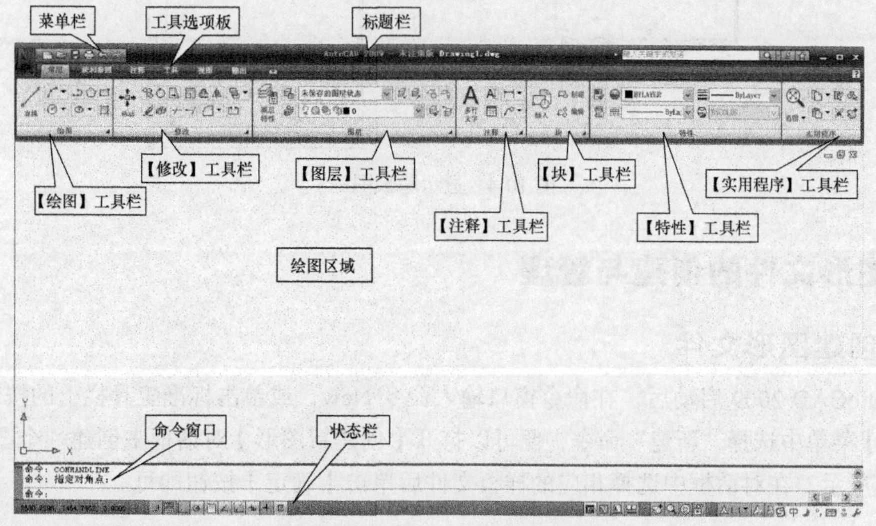

图 10-2　AutoCAD 2009 工作界面

AutoCAD 2009 中文版工作界面与其他 Windows 窗口软件界面是相类似的，由标题栏、菜单栏、工具栏、工具选项板、状态栏、命令窗口等组成。

（二）菜单与工具栏

AutoCAD 2009 的菜单默认为隐藏状态，单击菜单浏览器右下角箭头即可调用所需菜单，如图 10-3 所示。

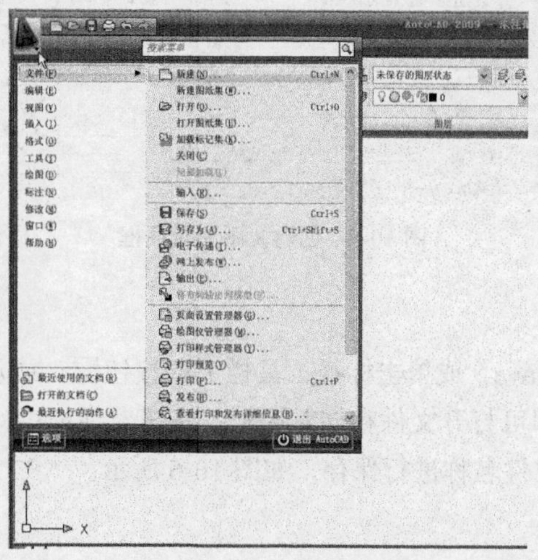

图 10-3　菜单浏览器

工具栏是 AutoCAD 2009 调用命令的一种方式，它包含许多由图标表示的命令按钮。默认状态下，【绘图】、【修改】、【图层】、【注释】、【块】、【特性】、【实用程序】7 个工具栏处于打开状态，如图 10-2 所示。

如果要显示工具栏中隐藏的图标，单击对应工具栏右下角的展开箭头即可，如图 10-4 所示。

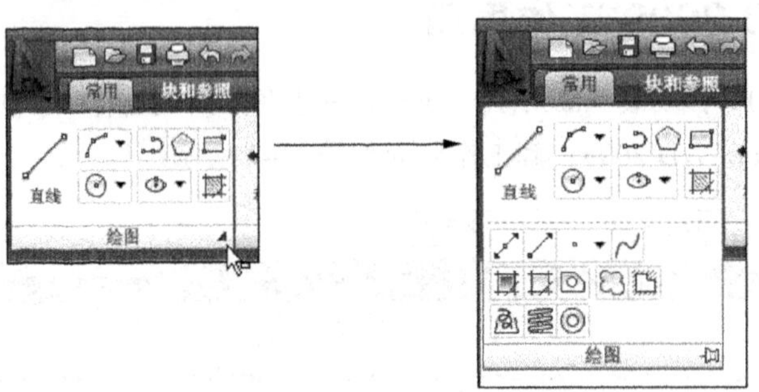

图 10-4　显示隐藏图标

（三）图形文件的创建与管理

1. 创建图形文件

当 AutoCAD 2009 启动后，在命令窗口输入命令 New，或单击标准工具栏上的按钮，或从【文件】菜单中选择“新建”命令，便可以打开【创建新图形】对话框来创建一个图形文件，如图 10-5 所示。在对话框中选择相应的样板文件后单击【确定】按钮即可。

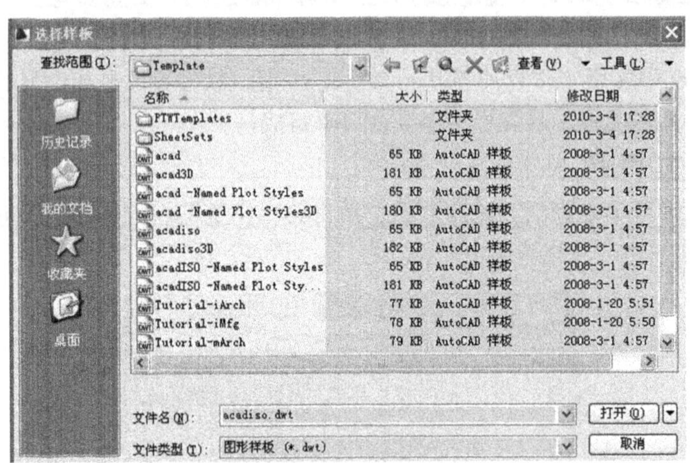

图 10-5　创建新图形对话框

2. 保存图形文件

在命令窗口输入命令 Save，或单击标准工具栏上的按钮，或从【文件】菜单中选择“保存”或“另存为”命令，即可打开文件存储对话框。在该对话框中，可选择适当的位置、相应的文件类型，输入合适的文件名称进行保存，如图 10-6 所示。

3. 打开图形文件

当 AutoCAD 2009 启动后，在命令窗口输入命令 Open，或单击标准工具栏上的按钮，或从“文件”菜单中选择“打开”命令，将打开一个【选择文件】对话框，选择已存储的图形文件并打开，如图 10-7 所示。

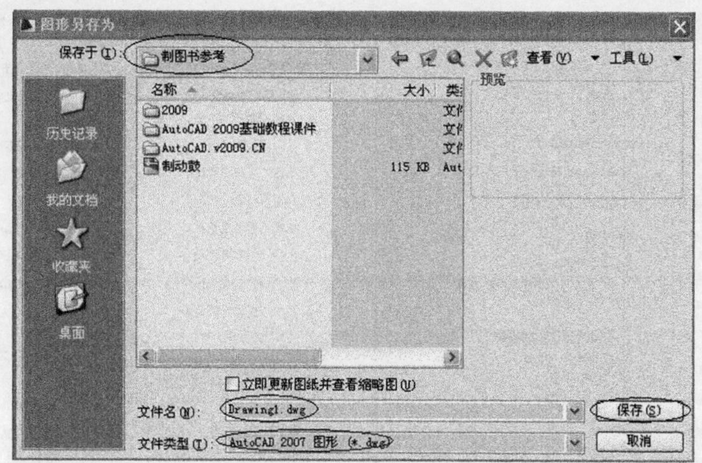

图 10-6 保存文件

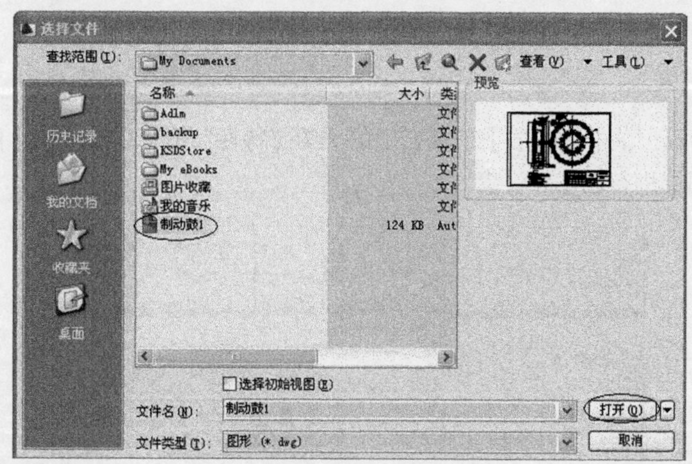

图 10-7 打开图形文件对话框

4. 样板文件的创建

AutoCAD 2009 可以针对用户的需要建立用户化样板文件，采用样板文件创建图形文件，是统一设计标准的有效方法。在样板文件中可以保存预先定义的图层设置、文字样式设置、标注设置及选项等其他设置。

创建样板文件时，要选择样板文件类型（扩展名为.dwt）进行保存，在创建图形文件时，选择通过样板文件创建图形文件，这样就可以用统一的模板绘制新图了。

（四）草图设置

草图设置包括捕捉和栅格、极轴追踪、对象捕捉、动态输入等，如图 10-8 所示。

栅格是由点构成的图案，显示在图形界限内。它就像一张坐标纸，利用它可以对齐对象和移动对象。栅格是编辑过程的一种视觉参考，不会被打印到图纸上。通过下方状态栏中的栅格按钮可以关闭或开启栅格。

对象捕捉可以准确地让鼠标选取对象的某个特定位置，如端点，中点，圆心等，如图 10-9 所示。

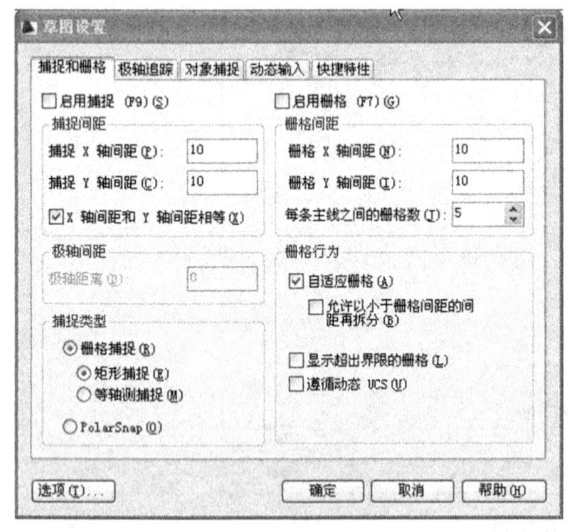

图 10-8　草图设置

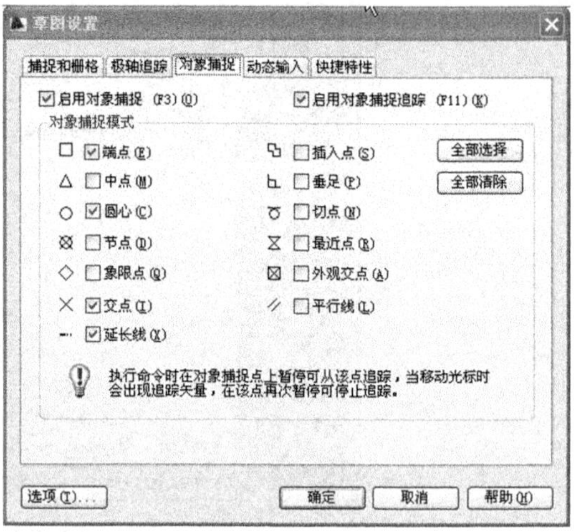

图 10-9　对象捕捉设置

（五）图层设置

如图 10-10 所示，单击【图层】工具栏中的“图层特性”图标，即弹出【图层特性管理器】对话框，可以对图层进行创建和设置。

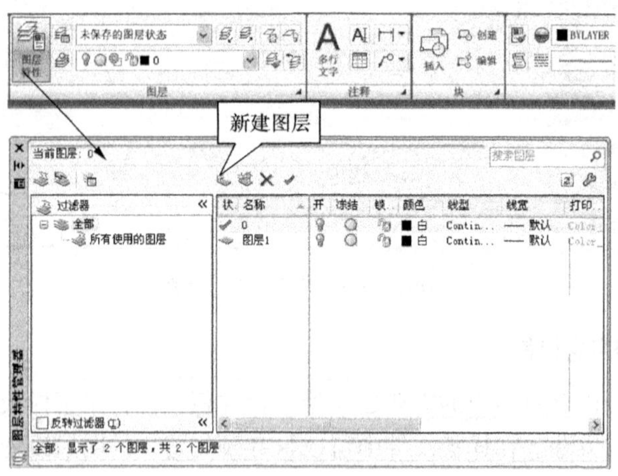

图 10-10　图层特性管理器对话框

1. 创建图层

如图 10-10 所示，单击【图层特性管理器】对话框中的“新建图层”图标，可以依次创建图层 1、图层 2……图层名称可以自定义。

2. 设置图层

（1）设置颜色

单击窗口中的“颜色”图标，可为图层设置不同颜色，以便于区别不同的图层。

（2）设置线型

单击“线型名称”图标，打开选择线型的对话框，选择相应的线型。若其中没有需要的线型可以加载线型文件 acadiso.lin 中的线型，如图 10-11 所示。

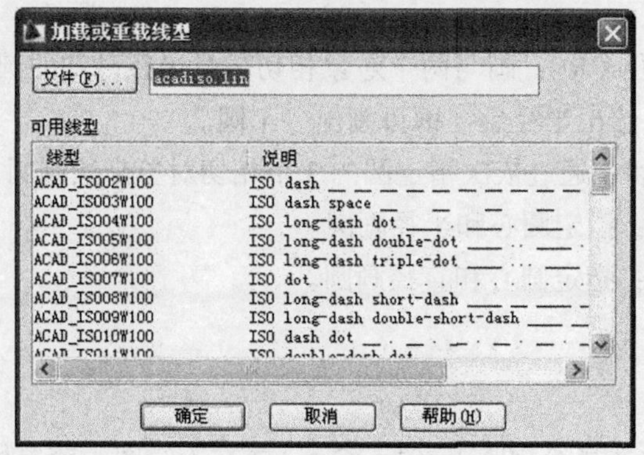

图 10-11　加载线型对话框

（3）设置线宽

单击图层中的“线宽”图标，显示线宽对话框，设置图层的线宽，如图 10-12 所示。

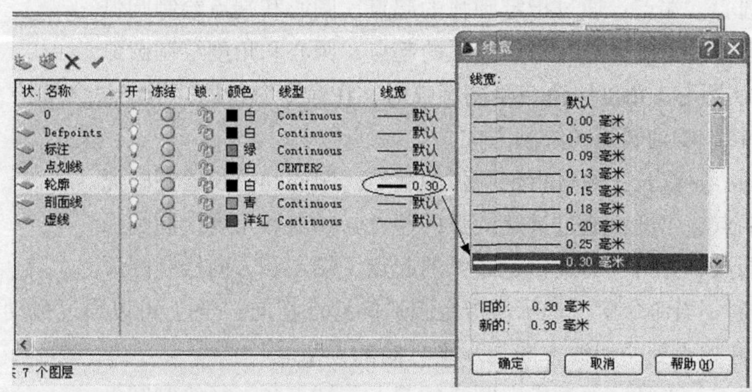

图 10-12　设置线宽

（六）基本绘图命令

1. 直线（Line）

（1）调用方法

在【绘图】工具栏中选择绘制直线图标，或在【绘图】菜单栏中选择“绘制直线”命令，也可以在命令窗口输入“L”或“Line”（命令不分大小写），并按【Enter】键确认。

（2）操作方法

依次输入点的坐标或点取一点便可绘制出一条或连续多条直线。

2. 圆（Circle）

（1）调用方法

在【绘图】工具栏中选择绘制圆图标，或在【绘图】菜单栏中选择“绘制圆”命令，也可以在命令窗口输入“C”或“Circle”，并按【Enter】键确认。

（2）操作方法

① 三点（3P）：根据三点画圆。依次输入三个点，即可绘制出一个圆。

② 两点（2P）：根据两点画圆。依次输入两个点，即可绘制出一个圆，两点间的距离为圆的直径。

③ 相切、相切、半径（R）：画与两个对象相切，且半径已知的圆。输入 R 后，根据命令行提示，指定相切对象并给出半径后，即可画出一个圆。

④ 相切、相切、相切：通过依次指定圆的 3 个相切对象来绘制圆。

⑤ 圆心、半径（R）：指定圆心和半径画圆。

⑥ 圆心、直径（D）：指定圆心和直径画圆。

3. 圆弧（Arc）

（1）调用方法

在【绘图】工具栏中选择绘制圆弧图标，或在【绘图】菜单栏中选择“绘制圆弧”命令，也可以在命令窗口输入“Arc”，并按【Enter】键确认。

（2）操作方法

① 三点：通过给定的 3 个点绘制一个圆弧，此时应指定圆弧的起点、通过的第 2 个点和端点。

② 起点、圆心、端点：通过指定圆弧的起点、圆心和端点绘制圆弧。

③ 起点、圆心、角度：通过指定圆弧的起点、圆心和角度绘制圆弧。

使用“起点、圆心、角度”命令绘制圆弧时，在命令窗口的“指定包含角:”提示下，所输入角度值的正负将影响到圆弧的绘制方向。

④ 起点、圆心、弦长：通过指定圆弧的起点、圆心和弦长绘制圆弧。

⑤ 起点、端点、角度：通过指定圆弧的起点、端点和角度绘制圆弧。

⑥ 起点、端点、方向：通过指定圆弧的起点、端点和方向绘制圆弧。

使用该命令时，当命令窗口提示“指定圆弧的起点切向:”时，可以通过拖动鼠标的方式动态地确定圆弧在起始点处的切线方向与水平方向的夹角。

⑦ 起点、端点、半径：通过指定圆弧的起点、端点和半径绘制圆弧。

⑧ 圆心、起点、端点：通过指定圆弧的圆心、起点和端点绘制圆弧。

⑨ 圆心、起点、角度：通过指定圆弧的圆心、起点和角度绘制圆弧。

⑩ 圆心、起点、长度：通过指定圆弧的圆心、起点和长度绘制圆弧。

4. 矩形（Rectangle）

（1）调用方法

在【绘图】工具栏中选择绘制矩形图标，或在【绘图】菜单栏中选择“绘制矩形”命令，也可以在命令窗口输入“Rec”或“Rectangle”，并按【Enter】键确认。

（2）操作方法

命令窗口提示如下时，

指定第一个角点或 [倒角（C）/标高（H）/圆角（F）/厚度（T）/宽度（W）]：输入点的坐标或拾取一点；

指定另一个角点或 [面积（A）/尺寸（D）/旋转（R）]：输入点的坐标或拾取一点，完成矩形绘制。

其中，倒角（C）——设定矩形的倒角；

圆角（F）——设定矩形的圆角；

宽度（W）——设定矩形的线宽；

尺寸（D）——设定矩形长和宽尺寸值。

5. 多边形（Polygon）

（1）调用方法

在【绘图】工具栏中选择绘多边形图标，或在【绘图】菜单栏中选择“绘制多边形”命令，也可以在命令窗口输入“Pol”或“Polygon”，并按【Enter】键确认。

（2）操作方法

命令窗口提示如下时，

输入边的数目<4>：输入所需绘制的多边形变数；

指定正多边形的中心点或 [边（E）]：输入点的坐标或拾取一点；

输入选项[内接于圆（I）/外切于圆（C）] <I>：确定由外接圆或是内切圆的大小来确定正多边形的尺寸；

指定圆的半径：输入半径值，完成多边形绘制。

6. 椭圆（Ellipse）

（1）调用方法

在【绘图】工具栏中选择绘制椭圆图标，或在【绘图】菜单栏中选择“绘制椭圆”命令，也可以在命令窗口输入“Ellipse”，并按【Enter】键确认。

（2）操作方法一

利用椭圆某一轴上的两个端点位置以及另一轴的半长可绘制椭圆。

（3）操作方法二

利用椭圆的中心坐标、某一轴上的一个端点位置以及另一轴的半长可绘制椭圆。

（4）操作方法三

利用指定起始角度和终止角度可以绘制椭圆弧。

7. 样条（Spline）

（1）调用方法

在【绘图】工具栏中选择绘制样条曲线图标，或在【绘图】菜单栏中选择“绘制样条曲线”命令，也可以在命令窗口输入“Spline”，并按【Enter】键确认。

（2）操作方法

输入样条曲线的起点、一系列中间点及端点，按【Enter】键确认后，再确定起点的切线方向（用光标指定），最后确定终点的切线方向（用光标指定）。

8. 图案填充（Bhatch）

（1）调用方法在【绘图】工具栏中选择图案填充图标，或在【绘图】菜单栏中选择“图案填充”命令，也可以在命令窗口输入“Bhatch”，并按【Enter】键确认。

（2）操作方法

如图 10-13 所示，单击“类型”右侧的下拉框，选择“预定义”；单击“图案”右侧按钮，选择所需要的填充图案；单击【拾取点】按钮，在需要填充的封闭区域内任意拾取一点，确认填充区域，单击【确定】按钮，完成图案填充。其中“角度”和“比例”分别可以调整剖面线的角度及疏密程度。

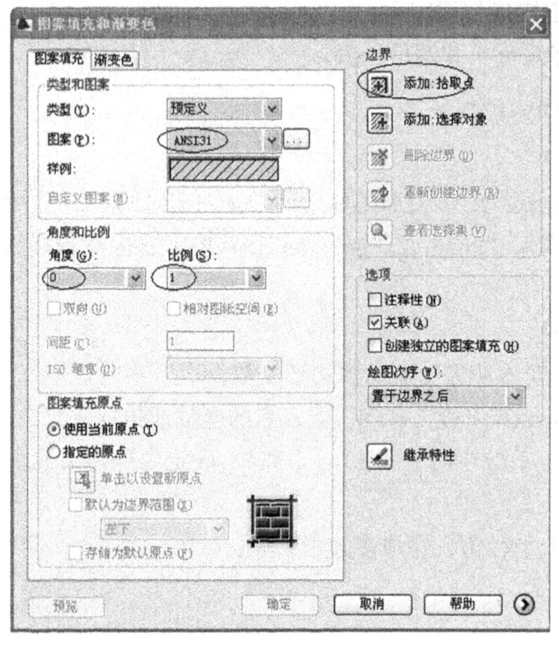

图 10-13　图案填充

（七）基本编辑操作

1. 移动（Move）

（1）调用方法

在【修改】工具栏中选择移动图标，或在【修改】菜单栏中选择“移动”命令，也可以在命令窗口输入“Move”，并按【Enter】键确认。

（2）操作方法

选取移动对象并按【Enter】键确认，选择移动的基点后指定新的坐标位置或直接输入移动的相对位移。

2. 删除（Erase）

（1）调用方法

在【修改】工具栏中选择删除图标，或在【修改】菜单栏中选择“删除”命令，也可以在命令窗口输入“E”或“Erase”，并按【Enter】键确认。

（2）操作方法

选择需要删除的对象，按【Enter】键确认。

3. 复制（Copy）

（1）调用方法

在【修改】工具栏中选择复制图标，或在【修改】菜单栏中选择“复制”命令，也可以在命令窗口输入“Copy”，并按【Enter】键确认。

（2）操作方法

选择对象并按回车键确认，再选择对象上的一点作为基点，然后输入复制图形基点的新坐标位置或相对位移即可复制对象。

4. 旋转（Rotate）

（1）调用方法

在【修改】工具栏中选择旋转图标，或在【修改】菜单栏中选择“旋转”命令，也可以在命令窗口输入“Rotate”，并按【Enter】键确认。

（2）操作方法

选取旋转对象并按【Enter】键确认，选定旋转的基点，最后指定旋转的角度值。

5. 镜像（Mirror）

（1）调用方法

在【修改】工具栏中选择镜像图标，或在【修改】菜单栏中选择“镜像”命令，也可以在命令窗口输入“Mirror”，并按【Enter】键确认。

（2）操作方法

选择镜像对象并按【Enter】键确认，指定镜像轴，按【Enter】键确认，即按所选镜像轴复制一个对象。

6. 偏移（Offset）

（1）调用方法

在【修改】工具栏中选择偏移图标，或在【修改】菜单栏中选择“偏移”命令，也可以在命令窗口输入“O”或“Offset”，并按【Enter】键确认。

（2）操作方法

首先指定偏移距离并按【Enter】键确认，然后选定要偏移的对象，最后指定偏移的一侧。

7. 阵列（Array）

（1）调用方法

在【修改】工具栏中选择阵列图标，或在【修改】菜单栏中选择“阵列”命令，也可以在命令窗口输入“Array”，并按【Enter】键确认。

（2）操作方法

如图 10-14 所示，首先确认阵列方式：矩形阵列或是环形阵列，并设置阵列参数，然后单

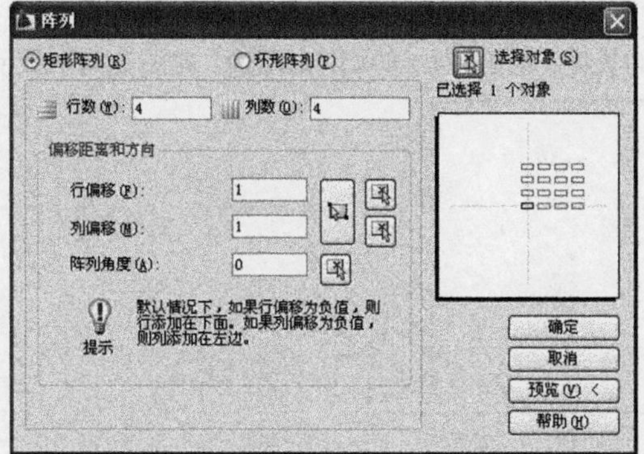

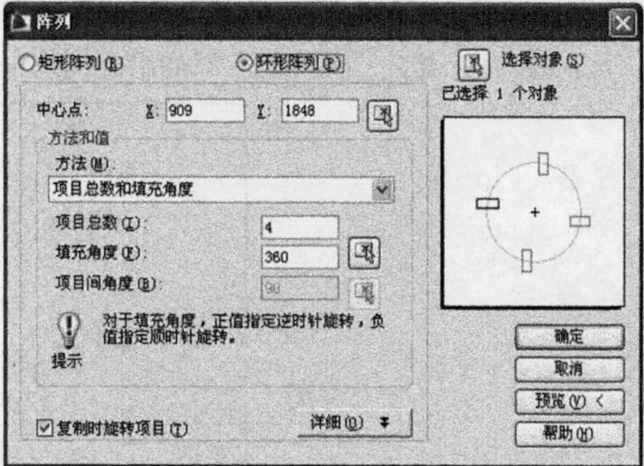

图 10-14 【阵列】对话框

击对话框中的“选择对象”图标，选取需要阵列的对象，按【Enter】键返回到当前对话框，单击“确定”按钮，结束操作。

8. 修剪（Trim）

（1）调用方法

在【修改】工具栏中选择修剪图标，或在【修改】菜单栏中选择“修剪”命令，也可以在命令窗口输入“Tr”或“Trim”，并按回车键确认。

（2）操作方法

选择作为修剪边界的对象并按【Enter】键确认，然后选择需要修剪的对象，按【Enter】键结束操作。

9. 延伸（Extend）

（1）调用方法

在【修改】工具栏中选择延伸图标，或在【修改】菜单栏中选择“延伸”命令，也可以在命令窗口输入“Ex”或“Extend”，并按【Enter】键确认。

（2）操作方法

选择作为延伸边界的对象并按【Enter】键确认，然后选择需要延伸的对象，按【Enter】键结束操作。

10. 圆角（Fillet）

（1）调用方法

在【修改】工具栏中选择圆角图标，或在【修改】菜单栏中选择“圆角”命令，也可以在命令窗口输入“F”或“Fillet”，并按【Enter】键确认。

（2）操作方法

首先输入 R，给定倒圆角半径，然后分别选择倒角的两边。

11. 倒角（Chamfer）

（1）调用方法

在【修改】工具栏中选择倒角图标，或在【修改】菜单栏中选择“倒角”命令，也可以在命令窗口输入“Cha”或“Chamfer”，并按【Enter】键确认。

（2）操作方法一

首先输入 D，给定倒角距离，然后分别选择倒角的两边。

（3）操作方法二

首先输入 A，给定倒角角度，然后给定倒角一边的长度，最后依次选择倒角两边，如图 10-15 所示。

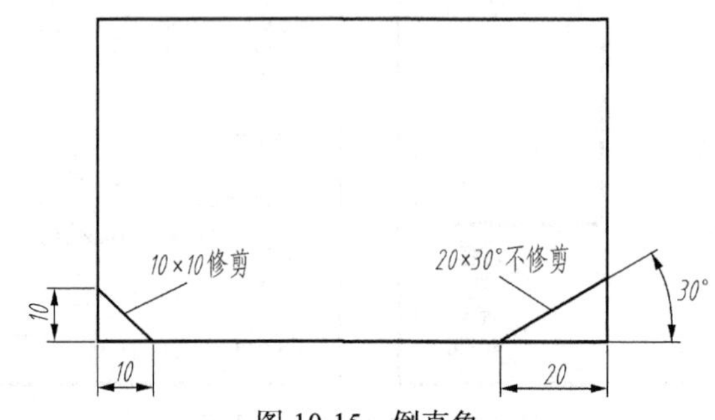

图 10-15 倒直角

（八）注释

1. 文字样式（Style）

（1）调用方法

在【注释】工具栏中选择文字样式图标A̸，或在【格式】菜单栏中选择“文字样式”命令，也可以在命令窗口输入“St”或“Style”，并按【Enter】键确认。

（2）操作方法

如图 10-16 所示，单击文字样式对话框中的“新建”按钮，创建新的文字样式，样式名称自定义，之后单击“确定”按钮，弹出文字样式对话框，通常绘图时都使用国标大字体，如图 10-17 所示。

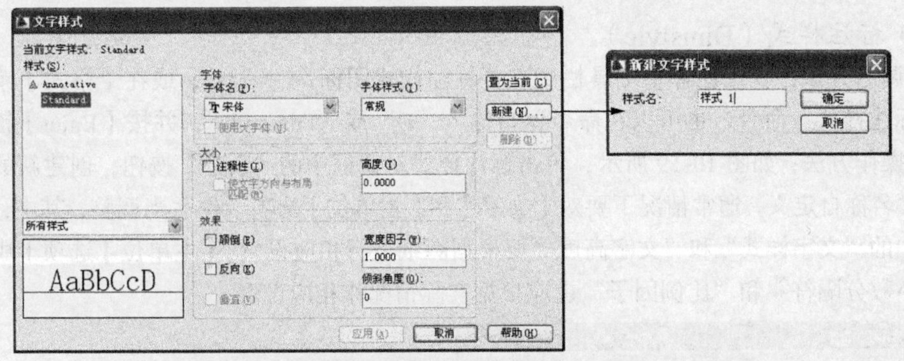

图 10-16　创建文字样式

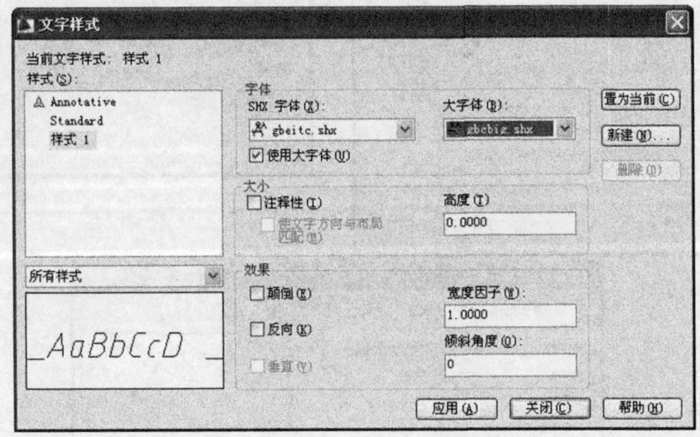

图 10-17　文字样式

2. 多行文字（Mtext）

（1）调用方法

在【注释】工具栏中选择多行文字图标A，或在【注释】菜单栏中选择“多行文字”命令，也可以在命令窗口输入“Mt”或“Mtext”，并按【Enter】键确认。

（2）操作方法

首先选择两对角点以确定文字放置区域，然后输入文字，关闭输入窗口即可结束操作，如

图 10-18 所示。

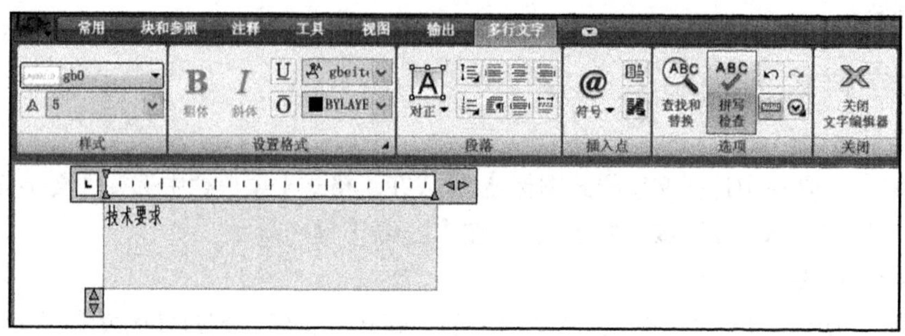

图 10-18 多行文字

3. 尺寸标注

（1）标注样式（Dimstyle）

① 调用方法：在【注释】工具栏中选择标注样式图标 标注样式 ，或在【格式】菜单栏中选择“标注样式”命令，也可以在命令窗口输入“D”或“Dimstyle”，并按【Enter】键确认。

② 操作方法：如图 10-19 所示，单击标注样式对话框中的“新建”按钮，创建新的标注样式，样式名称自定义，通常情况下要对【文字】和【主单位】选项卡作适当调整，其中，【文字】选项卡中的“文字样式”和“文字高度”要根据图纸进行相应设置，【主单位】选项卡中的“精度”、“小数分隔符”和“比例因子”也应根据实际情况作相应设置。

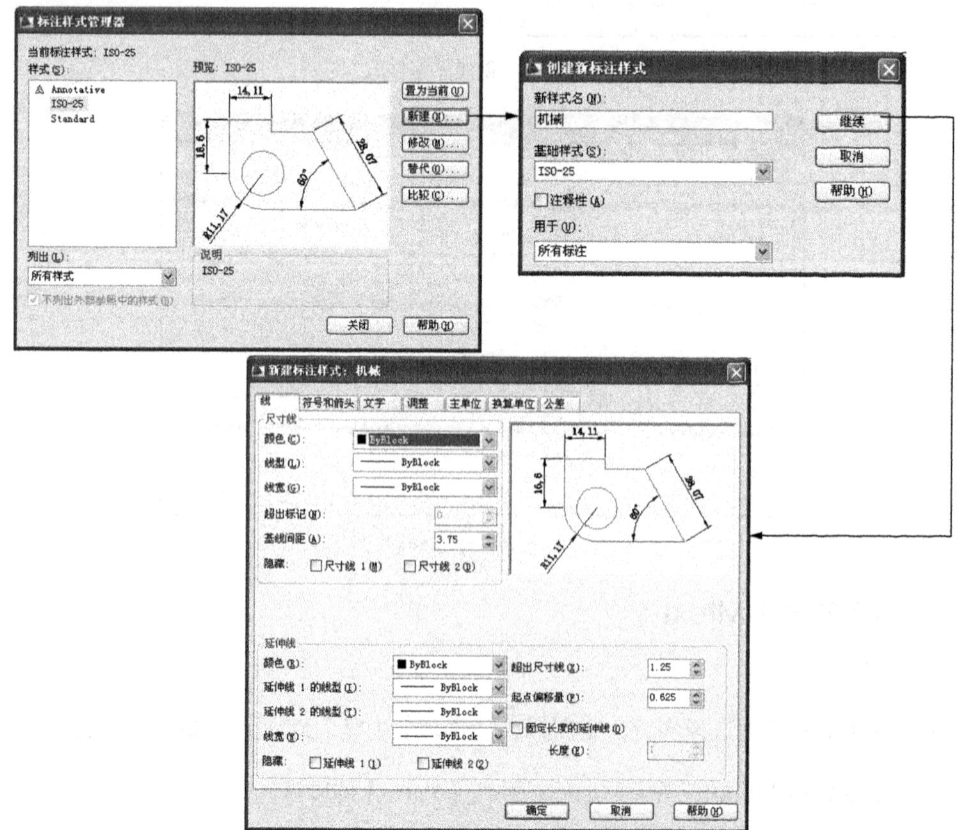

图 10-19 创建标注样式

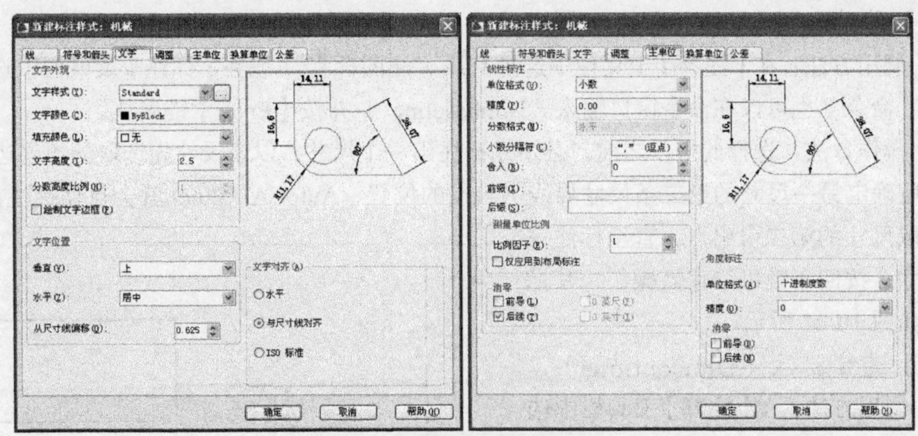

图 10-19　创建标注样式（续）

（2）线性标注（Dimlinear）

① 调用方法：在【注释】工具栏中选择线性标注图标，或在【标注】菜单栏中选择“线性标注”命令，也可以在命令窗口输入“Dimlinear”，并按【Enter】键确认。

② 操作方法：先选择第一条尺寸界限的原点（也可按【Enter】键后直接选择对象），再选择第二条尺寸界限的原点，最后确定尺寸线放置位置即可。

（3）对齐标注（Dimaligned）

① 调用方法：在【注释】工具栏中选择对齐标注图标，或在【标注】菜单栏中选择“对齐标注”命令，也可以在命令窗口输入“Dimaligned”，并按【Enter】键确认。

② 操作方法：先选择第一条尺寸界限的原点（也可按回车键后直接选择对象），再选择第二条尺寸界限的原点，最后确定尺寸线放置位置即可，其标注效果如图 10-20 所示。

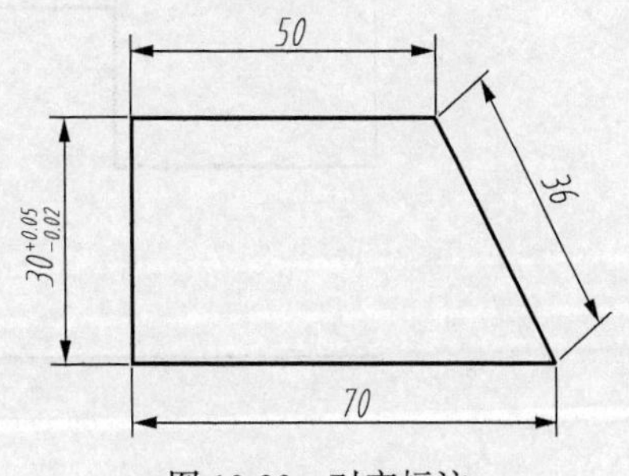

图 10-20　对齐标注

（4）角度标注（Dimangular）

① 调用方法：在【注释】工具栏中选择角度标注图标，或在【标注】菜单栏中选择“角度标注”命令，也可以在命令窗口输入“Dimangular”，并按【Enter】键确认。

② 操作方法：先选择第一条直线（起始边），再选择第二条直线（终止边），最后确定标注弧线放置位置即可。

（5）半径标注（Dimradius）

① 调用方法：在【注释】工具栏中选择半径标注图标，或在【标注】菜单栏中选择“半径标注”命令，也可以在命令窗口输入“Dimradius”，并按【Enter】键确认。

② 操作方法：选取要标注的圆或圆弧，然后确定尺寸线的位置即可。

（6）直径标注（Dimradius）

① 调用方法：在【注释】工具栏中选择直径标注图标，或在【标注】菜单栏中选择“直径标注”命令，也可以在命令窗口输入“Dimdiameter”，并按【Enter】键确认。

② 操作方法：选取要标注的圆或圆弧，然后确定尺寸线的位置即可。

（7）基线标注（Dimbaseline）

① 调用方法：在【注释】工具栏中选择基线标注图标，或在【标注】菜单栏中选择“基线标注”命令，也可以在命令窗口输入“Dimbaseline”，并按【Enter】键确认。

② 操作方法：选择此操作之前，必须先标注出一个尺寸，以该尺寸先选取的边界边作为基线，然后确定另一尺寸的第二条尺寸界线引出点的位置，AutoCAD 2009 就会自动标注出尺寸。继续选取尺寸的第二引出点，直至标注完所有尺寸，按回车键可结束该操作，其标注效果如图 10-21 所示。

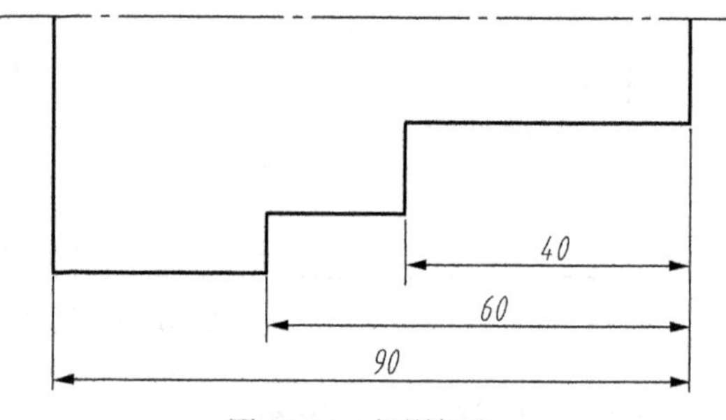

图 10-21　极限标注

（8）连续标注（Dimcontinue）

① 调用方法：在【注释】工具栏中选择连续标注图标，或在【标注】菜单栏中选择“连续标注”命令，也可以在命令窗口输入“Dimcontinue”，并按【Enter】键确认。

② 操作方法：在选择此操作之前，必须先标注出一个尺寸，以该尺寸后选取的边界边作为下一个连续尺寸的第一引出点位置。然后再确定第二引出点的位置，就可标注出尺寸。再确定另一尺寸的第二引出点位置，继续标注尺寸，直接按【Enter】键便结束该操作，其标注效果如图 10-22 所示。

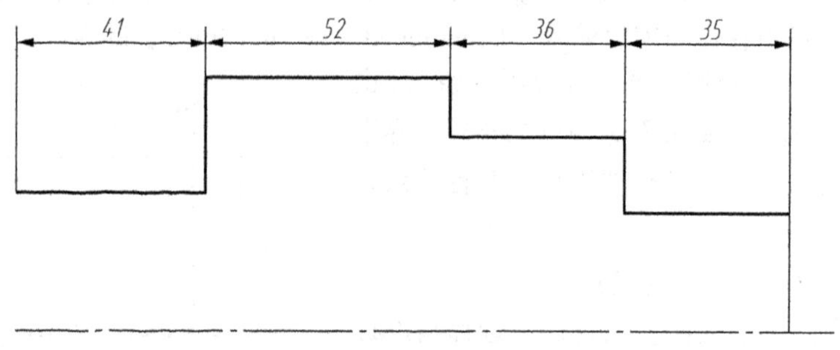

图 10-22　连续标注

4. 公差标注

（1）尺寸公差标注

① 调用方法：双击需要标注尺寸公差的尺寸，或在【修改】菜单栏中选择“特性”命令，也可以在命令窗口输入“Properties”，并按【Enter】键确认。

② 操作方法：选中特性对话框中“公差”项，对其中的“公差显示”、“公差下偏差”、“公差上偏差”、“公差精度”、“公差文字高度”等进行设置，关闭对话框即可完成操作。

（2）形位公差标注

① 调用方法：在命令窗口输入“LE”，并按【Enter】键确认。

② 操作方法：命令窗口提示为“指定第一个引线点或 [设置（S）] <设置>”时，直接按【Enter】键，将引线注释类型改选为公差，如图 10-23 所示，确认之后，指定指引线放置位置，随后在弹出的【形位公差】对话框（见图 10-24）中，给定公差符号、公差值、公差基准，按确定按钮即可。实际标注如图 10-25 所示。

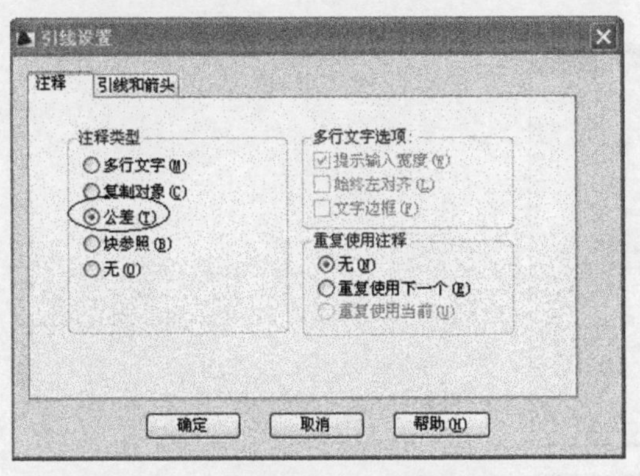

图 10-23　引线设置

图 10-24　形位公差对话框

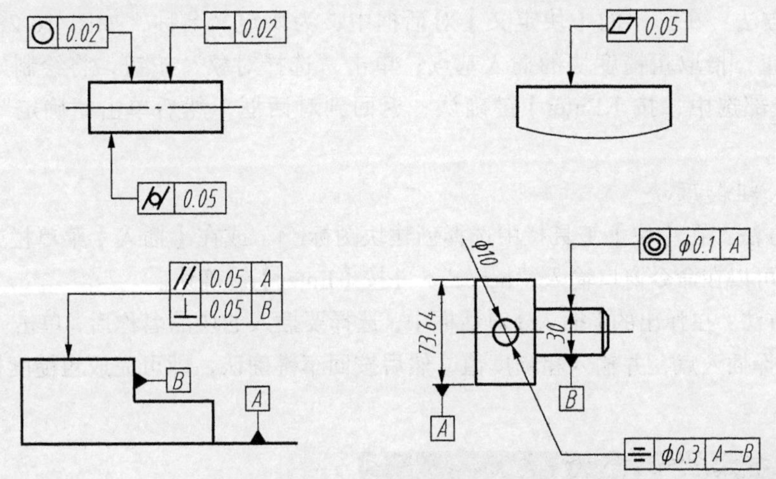

图 10-25　形位公差标注

5. 粗糙度标注

（1）绘制粗糙度符号

用直线命令，在 0 层按如图 10-26 所示的尺寸绘制粗糙度符号，其中 H=1.4h（h 为字高值）。

（2）为粗糙度定义块属性

① 调用方法：在【块】工具栏中选择定义属性图标，或在【绘图】菜单栏中块的子菜单中选择“定义属性”命令，也可以在命令窗口输入“Attdef”，并按【Enter】键确认。

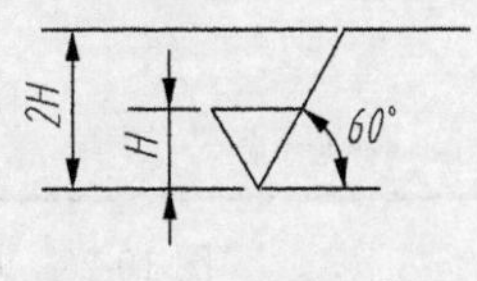

图 10-26　粗糙度符号

② 操作方法：在弹出的【属性定义】对话框中，对“标记”、“提示”、“默认”、“对正”、“文字样式”、“文字高度”等进行设置，按“确定”按钮，返回到绘图窗口，选取正确的放置位置，如图 10-27 所示。

（3）创建粗糙度块

① 调用方法：在【块】工具栏中选择创建块图标，或在【绘图】菜单栏中块的子菜单中选择“创建块”命令，也可以在命令窗口输入“WBlock”，并按【Enter】键确认。

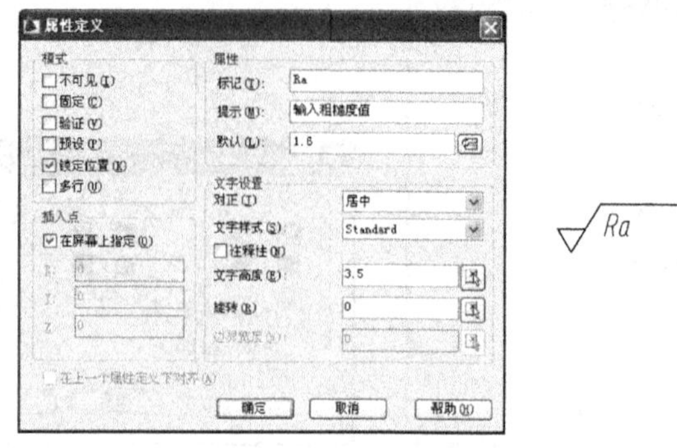

图 10-27 块定义属性

② 操作方法：在弹出的【块定义】对话框中，为块定义名称，如图 10-28 所示，单击“拾取点”按钮，拾取粗糙度块的插入基点；单击“选择对象”按钮，将绘制好的粗糙度符号连同属性全部选中，按【Enter】键确认，返回到对话框，然后单击“确定”按钮，完成块的创建。

（4）插入粗糙度块

① 调用方法：在【块】工具栏中选择创建块图标，或在【插入】菜单栏中选择“插入块”命令，也可以在命令窗口输入“Insert”，并按【Enter】键确认。

② 操作方法：在弹出的【插入】对话框中，选择要插入的块的名称后，单击“确定”按钮，在绘图窗口选择插入点，并输入粗糙度值，然后按回车键确认，即可完成粗糙度标注操作，如图 10-29 所示。

图 10-28 块定义对话框

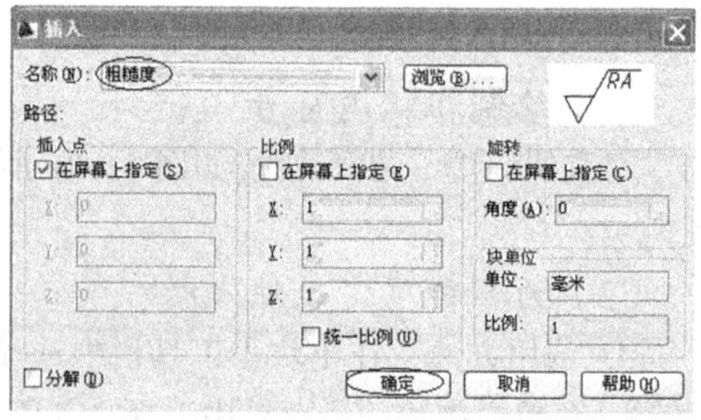

图 10-29 插入块

三、项目实施——绘制汽车制动毂零件图

1. 平面图形尺寸分析

首先明确本项目绘制的汽车制动毂图中的定形尺寸、定位尺寸和尺寸基准，做到心中有数，方便操作。

2. 平面图形线段分析

通过对图形的分析，明确图形中哪些是已知线段，这部分线段需要首先绘制出来，之后找出中间线段并绘出，最后完成连接线段。

3. 绘制汽车制动毂平面图形

（1）创建图层

根据图形分析，此处应创建轮廓线层、中心线层、虚线层、剖面线层、尺寸标注层，如图 10-30 所示。

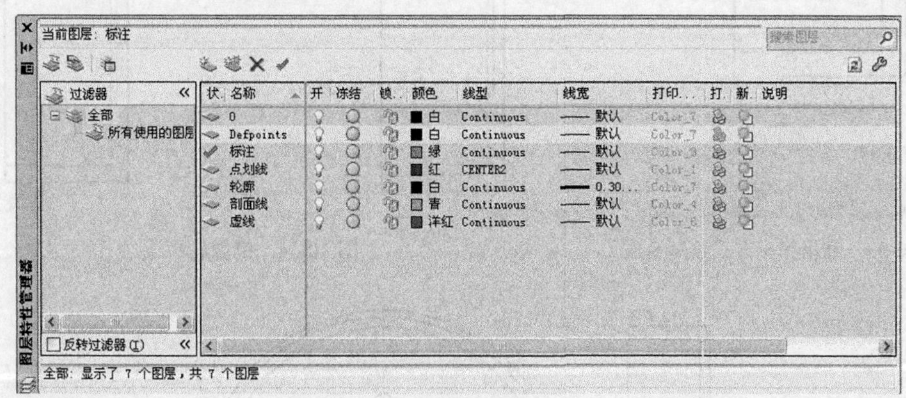

图 10-30 图层设置

（2）绘制图形中主要的定位基准线

选择中心线层，调用直线命令，绘制定位基准线，其中圆周上圆的基准线可采用环形阵列方式生成，参数设置如图 10-31 所示。绘图时要注意视图的整体布局，结果如图 10-32 所示。

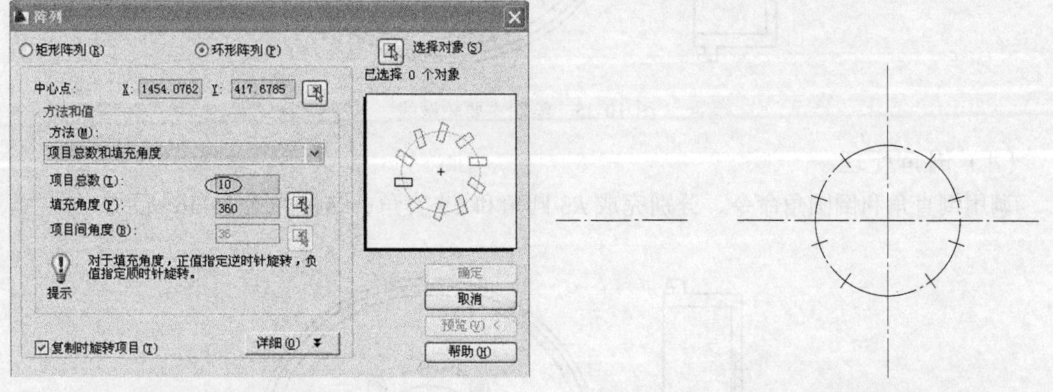

图 10-31 环形阵列　　　　图 10-32 绘制图形的主要定位基准线

（3）绘制主要轮廓线

选择轮廓线层，调用直线和圆命令，绘制出图形主要轮廓线，其中圆周上的圆也可以通过环形阵列方式生成。绘制水平和竖直线段时，可以将状态栏上“正交”打开，这样在绘制正交线时，可以直接输入线段长度，完成直线段的绘制，如图 10-33 所示，这样将明显提高绘图效率。在绘制主视图时，可以如图 10-34 所示采用镜像操作完成图形的绘制，最后绘制结果如图 10-35 所示。

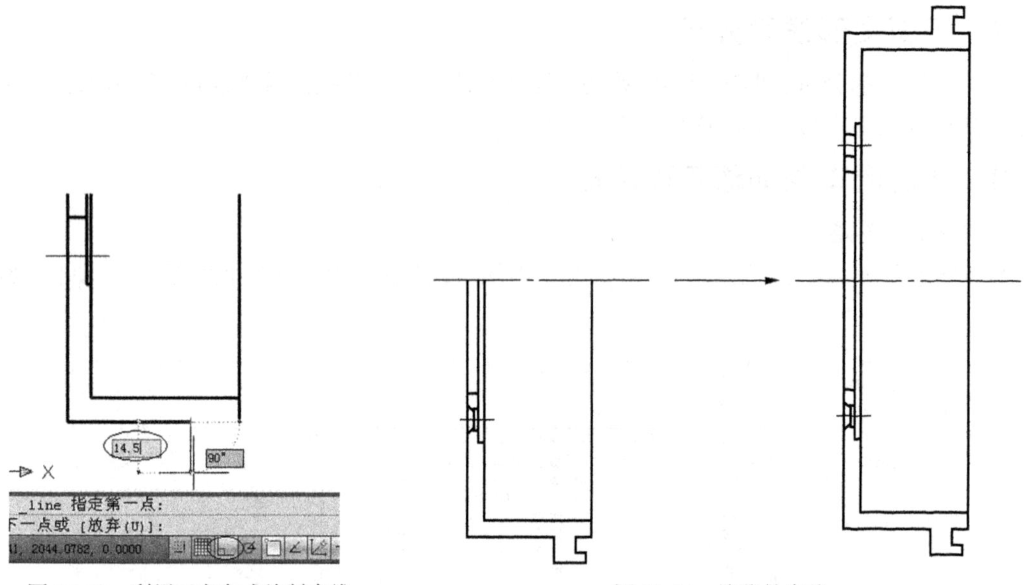

图 10-33　利用正交方式绘制直线

图 10-34　镜像轮廓线

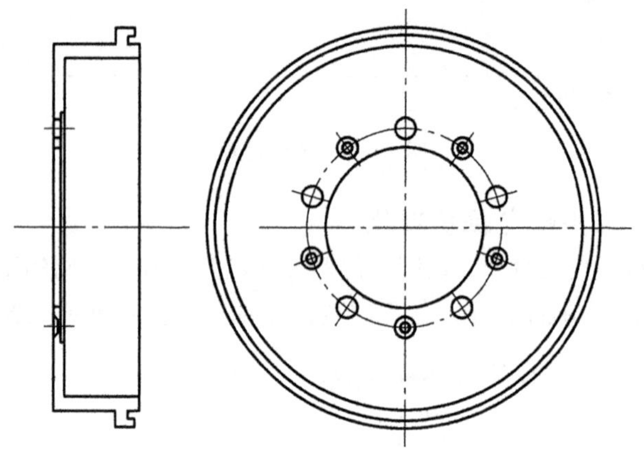

图 10-35　绘制主要轮廓线

（4）倒角处理

调用倒直角和倒圆角命令，分别完成 *R*3 圆角和 *C*3 直角，结果如图 10-36 所示。

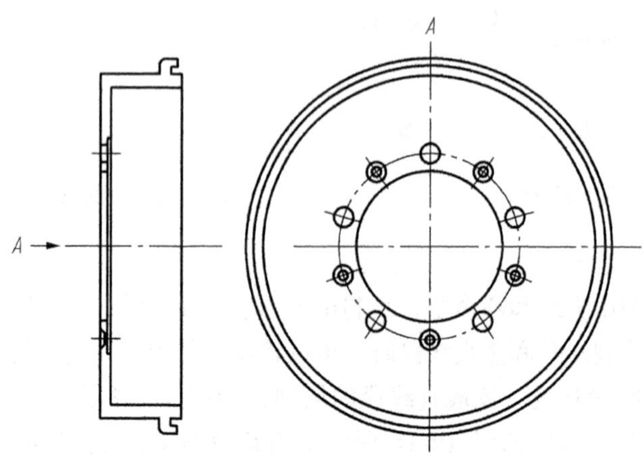

图 10-36　倒角处理

(5) 绘制不可见线

选择虚线层，调用绘制圆命令，绘制出不可见线，结果如图 10-37 所示。

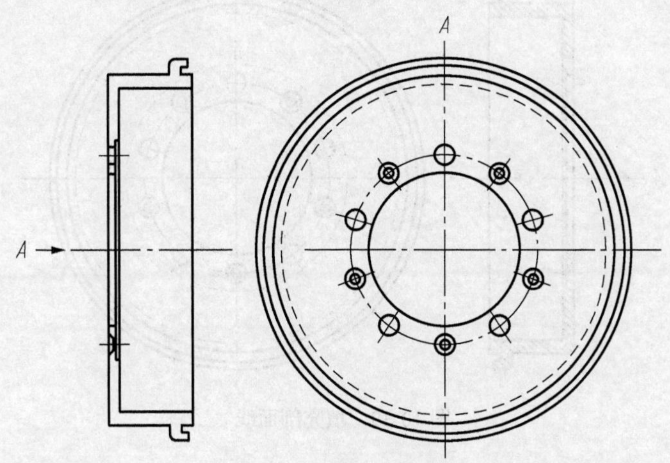

图 10-37　绘制不可见线

(6) 填充剖面线

选择剖面线层，填充剖面线，步骤如图 10-38 所示，结果如图 10-39 所示。

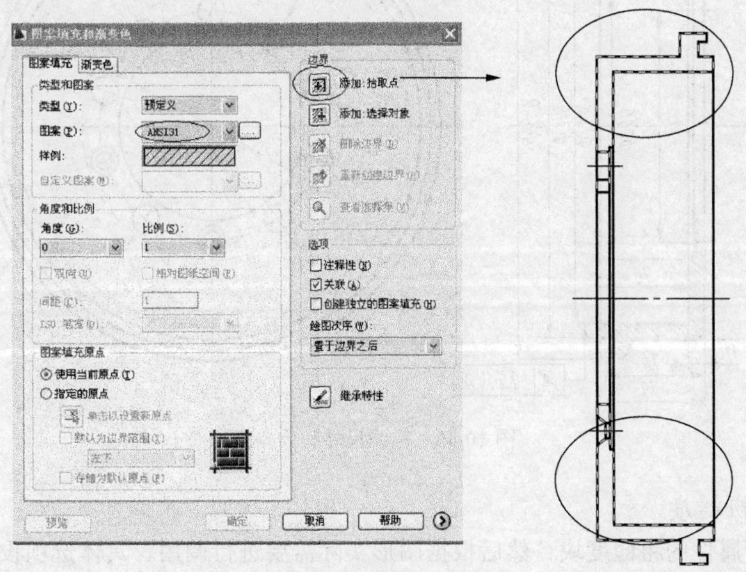

图 10-38　添加剖面线操作

(7) 标注尺寸与公差

设置标注样式，文字采用国标大字体，文字高度为 5 mm。先标注出所有基本尺寸，然后再通过对象特性添加前后缀，注意前缀ϕ，输入%%c 即可。标注结果如图 10-40 所示。

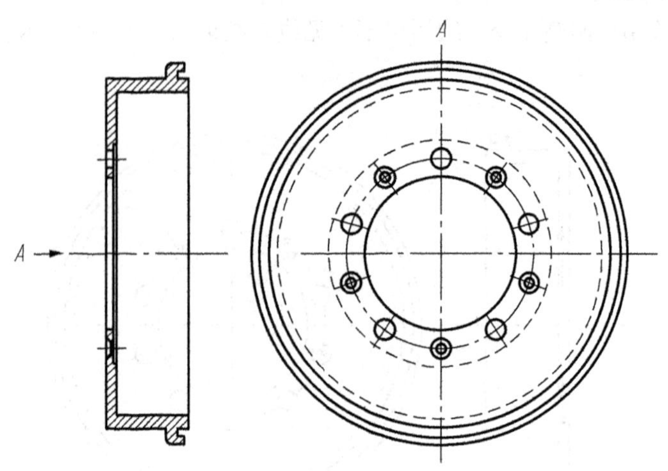

图 10-39　填充剖面线

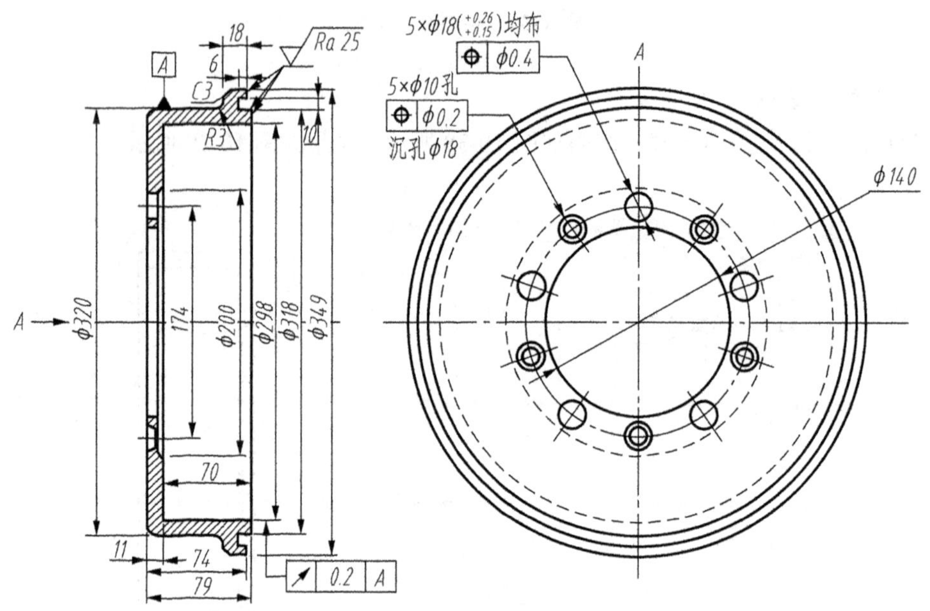

图 10-40　标注尺寸和公差

（8）标注粗糙度

首先创建带属性的粗糙度块，然后根据图形实际需要进行调用，具体选项设置如图 10-41 所示，结果如图 10-42 所示。

（9）绘制图框和标题栏

调用直线命令，绘制图框和标题栏，注意选用正确的图层。调用文字命令，填写标题栏。结果如图 10-43 所示。

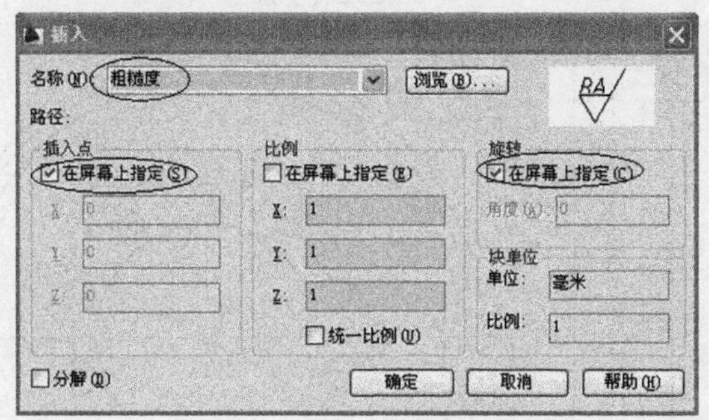

图 10-41　插入粗糙度块

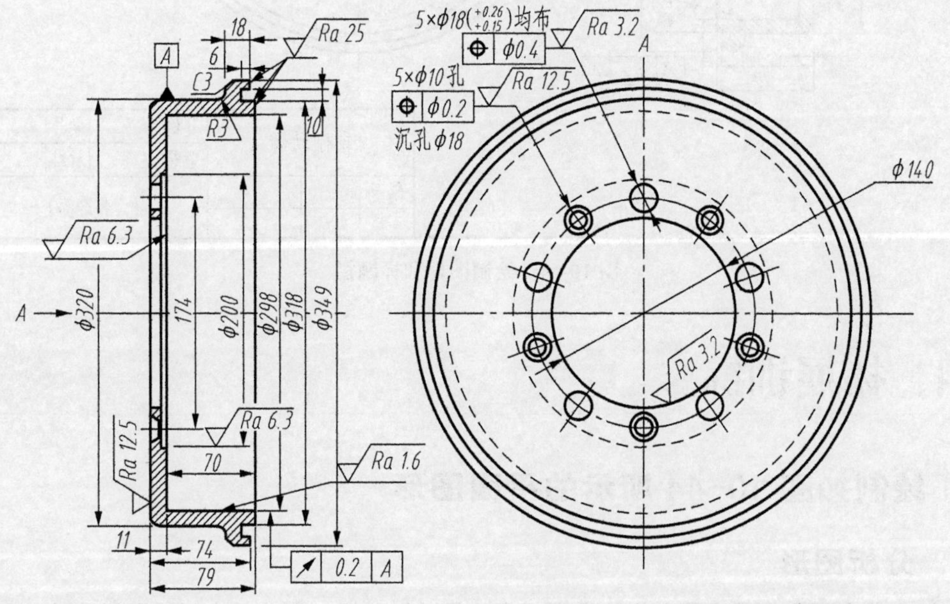

图 10-42　标注粗糙度

（10）填写技术要求

用多行文字命令，完成技术要求内容的填写，整幅图绘制完成。

4. 项目考核与评估

1. 项目成果评定（60%）
2. 学习过程评价（30%）
3. 团队合作评价（10%）

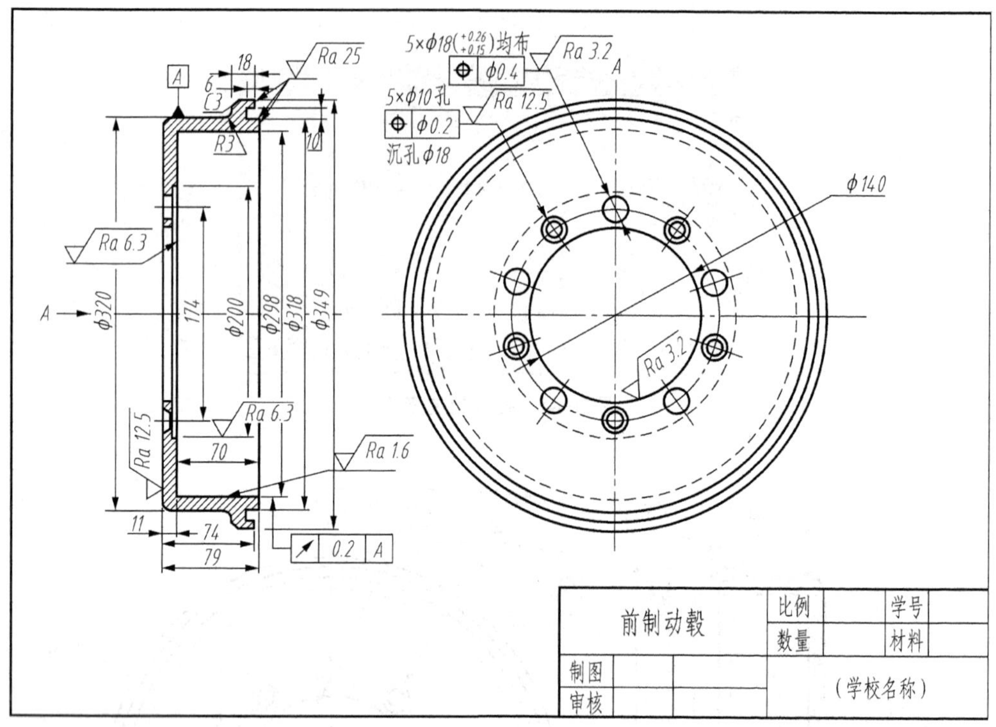

图 10-43　绘制图框和标题栏

四、拓展训练

（一）绘制如图 10-44 所示的平面图形

1. 分析图形

分析确定出图形中哪些是定位基准线、哪些是已知线段、哪些是中间线段及连接线段。

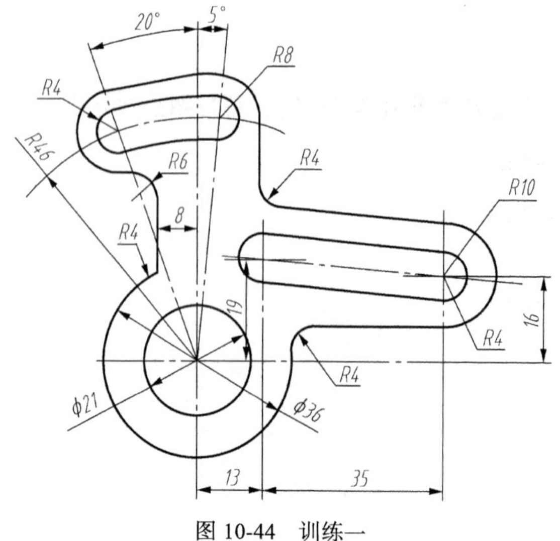

图 10-44　训练一

2. 绘制定位基准线

绘制图形中主要的定位基准线，如图 10-45 所示。

3. 绘制已知线段

画已知线段，如图 10-46 所示。

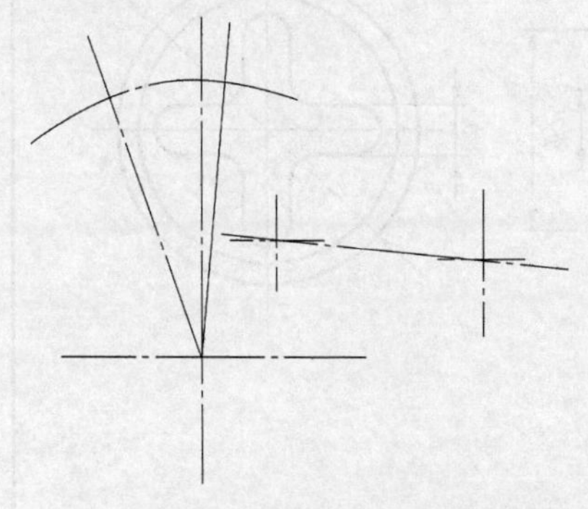

图 10-45　绘制主要的定位基准线

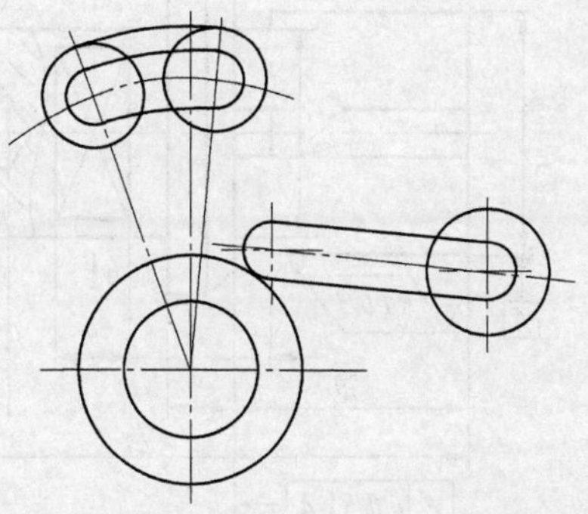

图 10-46　绘制已知线段

4. 绘制中间线段及连接线段

画出中间线段及连接线段，完成图形，如图 10-47 所示。

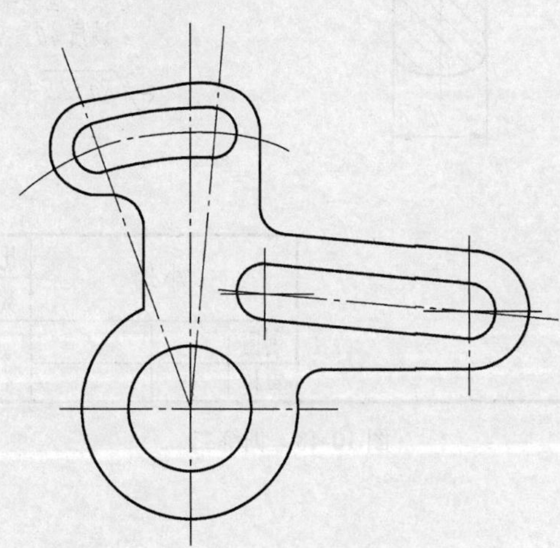

图 10-47　绘制中间线段及连接线段

（二）绘制如图 10-48 所示的平面图形

1. 分析图形

分析确定出图形中哪些是定位基准线、哪些是已知线段、哪些是中间线段及连接线段。

2. 绘制定位基准线

绘制图形中主要的定位基准线，如图 10-49 所示。

3. 绘制已知线段

画已知线段，如图 10-50 所示。

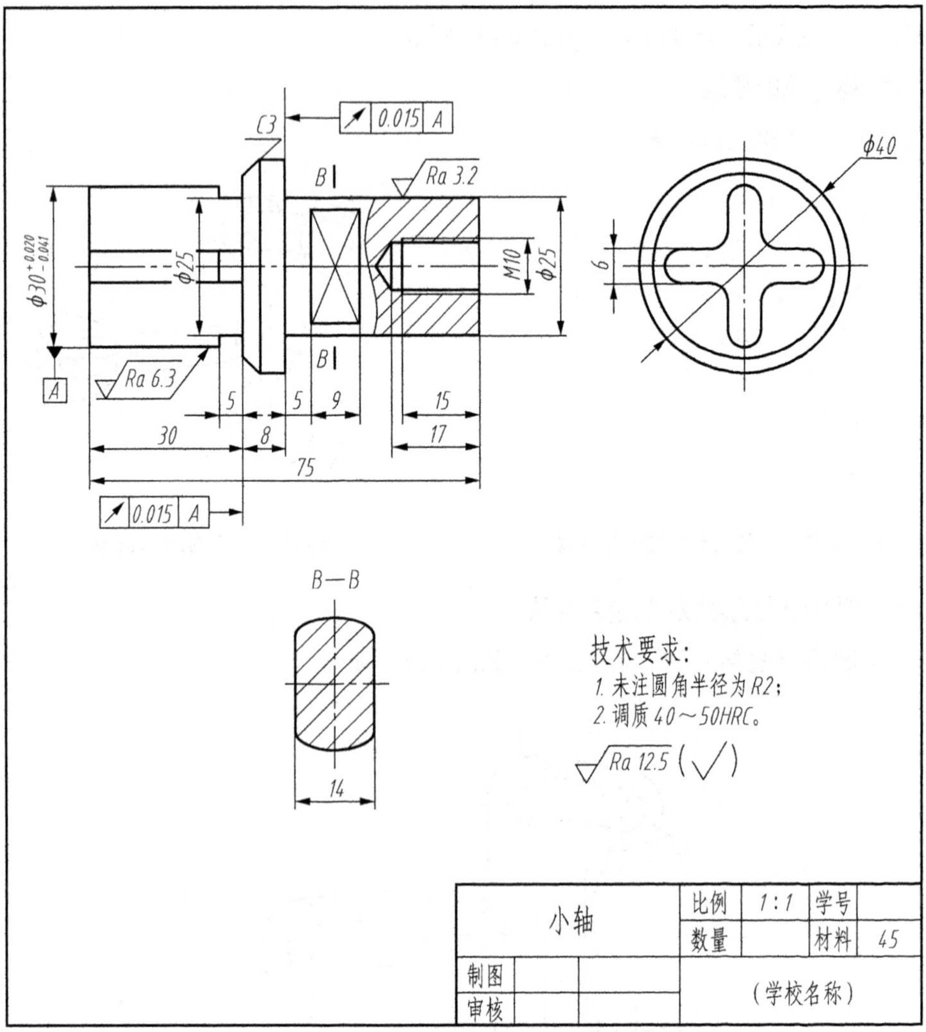

技术要求：

1. 未注圆角半径为 R2；
2. 调质 40～50HRC。

$\sqrt{Ra\ 12.5}$ ($\sqrt{}$)

小轴		比例	1:1	学号	
		数量		材料	45
制图			（学校名称）		
审核					

图 10-48 训练二

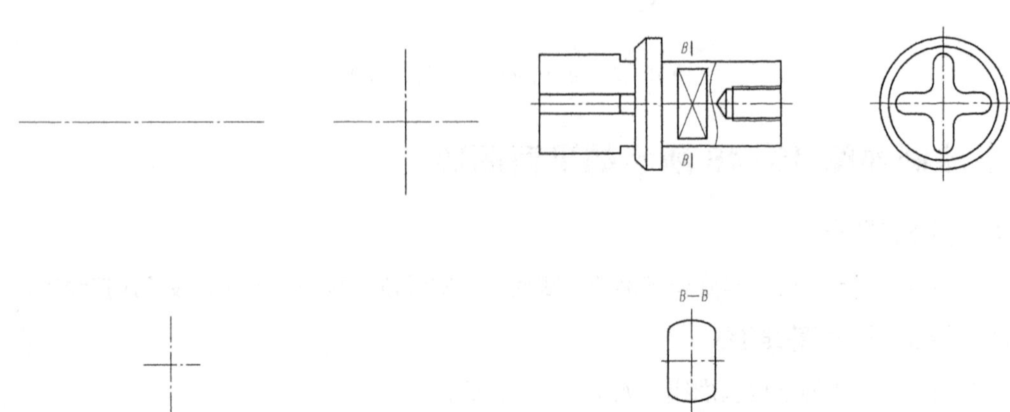

图 10-49 绘制主要的定位基准线

图 10-50 绘制已知线段

4. 绘制倒角及剖面线

画出倒角及剖面线，如图 10-51 所示。

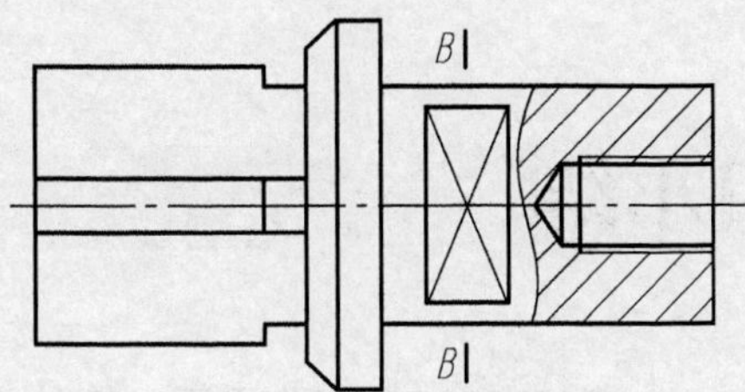

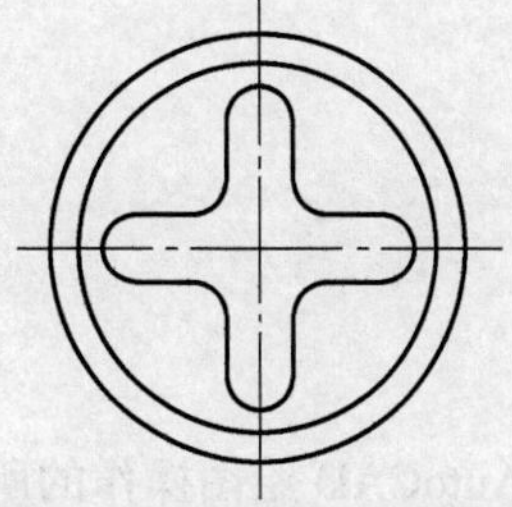

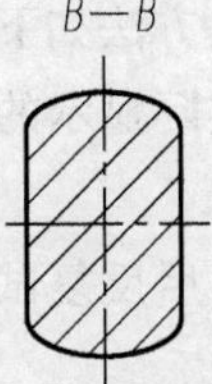

图 10-51　绘制倒角及剖面线

5. 标注

标注所有尺寸、公差及粗糙度，如图 10-52 所示。

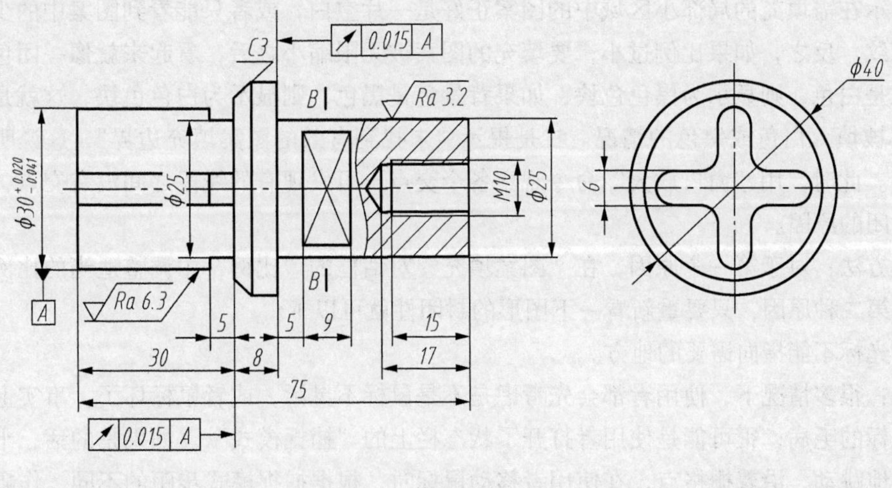

图 10-52　标注所有尺寸、公差及粗糙度

6. 绘制图框、标题栏

绘制图框、标题栏并填写技术要求，完成图形绘制，如图 10-48 所示。

项目小结

通过对 AutoCAD 绘图操作的所有知识点：AutoCAD 2009 的工作界面、基本操作、基本二维图形的绘制、二维绘图的基本编辑、图块的使用及剖面视图的填充、文字标注和尺寸标注等内容的介绍，读者应掌握 AutoCAD 2009 软件的基本绘图技能，并能完成汽车制动毂零件图的绘制。在实施本项目的过程中，易出现下列问题，解决方法如下。

（1）当使用“直线”命令绘制点画线和虚线时，实际显示的线型是实线。

分析：线型比例不当。

解决方法：在命令窗口中输入线型比例（ltscale）后反复试验，直到实线变为比例适当的点画线和虚线。

（2）“图案填充”命令不能执行。

分析：这可能是由以下两种原因造成的。一是执行“图案填充”命令后，要填充的区域没有被填入图案，或者全部被填入白色或黑色，出现这些情况都是因为“图案填充”对话框中的“比例”设置不当。要填充的区域没有被填入图案，是因为比例过大，要填充的图案被无限扩大之后，显示在需填充的局部小区域中的图案正好是一片空白，或者只能看到图案中的少数零星的局部花纹。反之，如果比例过小，要填充的图案被无限缩小之后，看起来就像一团色块，如果背景色是白色，则显示为黑色色块，如果背景色是黑色，则显示为白色色块，这就是前面提到的全部被填入白色或黑色的情况。二是提示“未找到有效的图案填充边界”，这说明填充边界不封闭。此时，用“窗口放大”命令观察各个交点，可发现有的线段之间没有交点，这就是图形不封闭的原因。

解决方法：对于第一个原因，在“图案填充”对话框的“比例”中调整适当的比例因子即可。对于第二种原因，只要重新看一下图形的封闭性就可以了。

（3）光标不能指向需要的地方。

分析：很多情况下，使用者都会先考虑是不是鼠标不灵活，或者鼠标坏了。事实上，如果排除了鼠标的毛病，很可能是使用者打开了状态栏上的“捕捉模式”。如果是的话，十字光标会有规则地跳动，沿着栅格点，在使用者移动鼠标时，根据捕捉模式步距的不同，作幅度大小不等的跳动。若恰巧状态栏的“栅格显示”又处于关闭状态，这种跳动很容易被误以为是鼠标不灵，使十字光标移动不畅。如果是鼠标不灵活的话，十字光标的移动状态是不规则的。要避免这种错觉，可以打开状态栏的“栅格显示”，当看到十字光标在栅格点上跳动时，原因就很明显了。

解决方法：检查状态栏，看“捕捉模式”是否处于打开状态，如果是，则再次单击“捕捉模式”按钮，切换成关闭。

（4）某些工具栏丢失，并且有别于工具栏关闭，因为在其他的工具栏上单击鼠标右键，会发现“丢失”的工具栏实际处于选中状态，并未关闭。

分析：改变用户界面的大小，看到“丢失”的工具栏在拖动中，被放置到软件的用户界面以外。

解决方法：使用户界面最小化，找出被遮挡的“丢失”工具栏。有时，工具栏还可能被拖动到桌面边缘，或者隐藏在任务栏的后面，此时要隐藏任务。

（5）文字的高度无法改变，不能按使用要求设定文字高度。

分析：原因是在“文字样式”中已设定了文字高度，因此写文字命令显示的文字高度固定不变。

解决方法：打开【主菜单】/【格式】/【文字样式】对话框，将高度一栏设置为 0，字体高度就能随设定而变了。

（6）在 AutoCAD 2009 中采用什么比例绘图好？

在 AutoCAD 2009 中，最好使用 1:1 比例绘图，输出比例可以随便调整。画图比例和输出比例是两个概念，输出时使用“输出 1 单位 = 绘图 500 单位”，就是按 1/500 比例输出，若使用“输出 10 单位 = 绘图 1 单位”，就是放大 10 倍输出。用 1:1 比例画图的好处很多。一是容易发现错误，由于按实际尺寸画图，很容易发现尺寸设置不合理的地方。二是标注尺寸非常方便，尺寸数字是多少，软件自己测量，万一画错了，一看尺寸数字就可以发现（当然，软件也能够设置尺寸标注比例，但总得多费工夫）。三是在各个图之间复制局部图形或者使用块时，由于都是 1:1 比例，调整块尺寸方便。四是由零件图拼成装配图或由装配图拆画零件图时非常方便。五是用不着进行烦琐的比例缩小和放大计算，提高了工作效率，防止出现换算过程中可能出现的差错。

（7）为什么有些图形能显示，却打印不出来？

如果图形绘制在 AutoCAD 2009 自动产生的图层（Defpoints、Ashade 等）上，就会出现这种情况。应避免在这些层上绘制实体。

（8）在进行尺寸标注以后，有时发现不能看到所标注的尺寸文本，这是什么原因引起的？

这是因为尺寸标注的整体比例因子设置得太小，将尺寸标注方式对话框打开，修改其数值变大即可。

1. 螺纹

附表 1 **普通螺纹**

直径与螺距系列和公称尺寸（GB/T 193—2003，GB/T 196—2003）

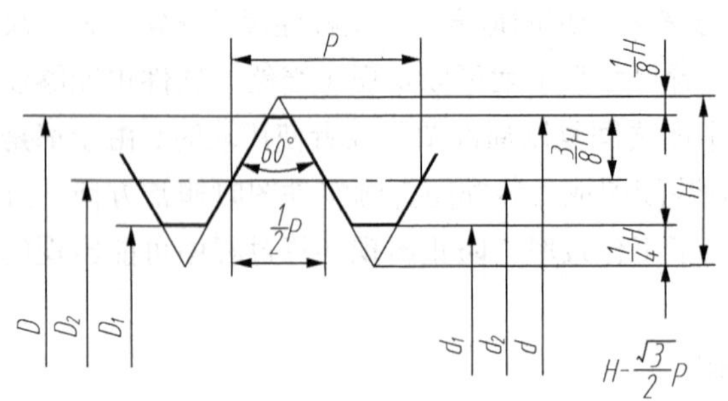

标记示例

公称直径 $d=10$，螺距 $P=1$，中径、顶径公差带代号 7H，中等旋合长度，单线细牙普通内螺纹：

M10×1—7H

mm

公称直径（大径）D、d		螺距 P		小径 D_1、d_1
第一系列	第二系列	粗牙	细牙	粗牙
3		0.5	0.35	2.459
	3.5	0.6		2.850
4		0.7	0.5	3.242
	4.5	0.75		3.688
5		0.8		4.134
6		1	0.75	4.917
	7			5.917
8		1.25	1，0.75	6.647
10		1.5	1.25，1，0.75	8.376
12		1.75	1.25，1	10.106
	14	2	1.5，1.25[a]，1	11.835
16			1.5，1	13.835
	18	2.5	2，1.5，1	15.294
20				17.294
	22			10.294
24		3		20.752
	27			23.752

续表

公称直径（大径）D、d		螺距 P		小径 D_1、d_1
第一系列	第二系列	粗牙	细牙	粗牙
30		3.5	（3），2，1.5，1	26.211
	33		（3），2，1.5	29.211
36		4	3，2，1.5	31.670

注：1. 螺纹公称直径应优先选用第一系列，第三系列未列入。

2. 括号内的尺寸尽量不用。

3. a 仅用于发动机的火花塞。

附表 2　　梯形螺纹

直径与螺距系列和基本尺寸（GB/T　5796.2—2005，GB/T　5796.3—2005）

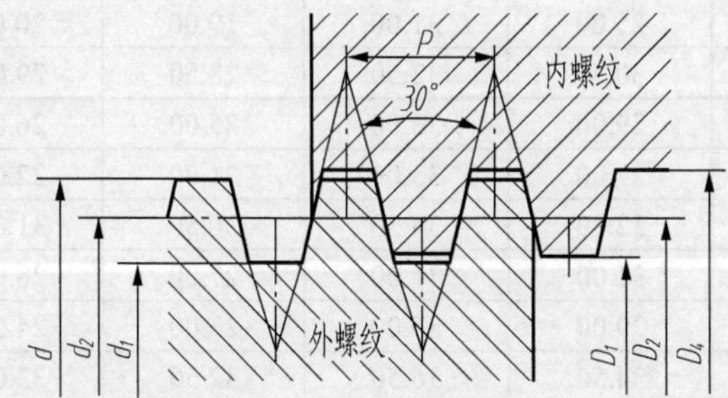

标记示例

公称直径 d=40，导程 Ph=14，螺距 P=7，中径公差带代号 8e，长旋合长度的双线左旋梯形螺纹：

Tr40 × 14(P7) − 8e − L − LH

mm

公称直径 d		螺距 P	中径 $d_2=D_2$	大径 D_4	小径	
第一系列	第二系列				d_1	D_1
8		1.5	7.25	8.30	6.20	6.50
	9	1.5	8.25	9.30	7.20	7.50
		2	8.00	9.50	6.50	7.00
10		1.5	9.25	10.30	8.20	8.50
		2	9.00	10.50	7.50	8.00
	11	2	10.00	11.50	8.50	9.00
		3	9.50	11.50	7.50	8.00
12		2	11.00	12.50	9.50	10.00
		3	10.50	12.50	8.50	9.00
	14	2	13.00	14.50	11.50	12.00
		3	12.50	14.50	10.50	11.00
16		2	15.00	16.50	13.50	14.00
		4	14.00	16.50	11.50	12.00
	18	2	17.00	18.50	15.50	16.00
		4	16.00	18.50	13.50	14.00
20		2	19.00	20.50	17.50	18.00
		4	18.00	20.50	15.50	16.00
	22	3	20.50	22.50	18.50	19.00
		5	19.50	22.50	16.50	17.00
		8	18.00	23.00	13.00	14.00

续表

公称直径 d		螺距 P	中径 $d_2=D_2$	大径 D_4	小径	
第一系列	第二系列				d_1	D_1
24		3	22.50	24.50	20.50	21.00
		5	21.50	24.50	18.50	19.00
		8	20.00	25.00	15.00	16.00
	26	3	24.50	26.50	22.50	23.00
		5	23.50	26.50	20.50	21.00
		8	22.00	27.00	17.00	18.00
28		3	26.50	28.50	24.50	25.00
		5	25.50	28.50	22.50	23.00
		8	24.00	29.00	19.00	20.00
	30	3	28.50	30.50	26.50	27.00
		6	27.00	31.00	23.00	24.00
		10	25.00	31.00	19.00	20.00
32		3	30.50	32.50	28.50	29.00
		6	29.00	33.00	25.00	26.00
		10	27.00	33.00	21.00	22.00
	34	3	32.50	34.50	30.50	31.00
		6	31.00	35.00	27.00	28.00
		10	29.00	35.00	23.00	24.00
36		3	34.50	36.50	32.50	33.00
		6	33.00	37.00	29.00	30.00
		10	31.00	37.00	25.00	26.00
	38	3	36.50	38.50	34.50	35.00
		7	34.50	39.00	30.00	31.00
		10	33.50	39.00	27.00	28.00
40		3	38.50	40.50	32.50	37.00
		7	36.50	41.00	32.00	33.00
		10	35.00	41.00	29.00	30.00

附表 3　　非密封管螺纹（GB/T 7307—2001）

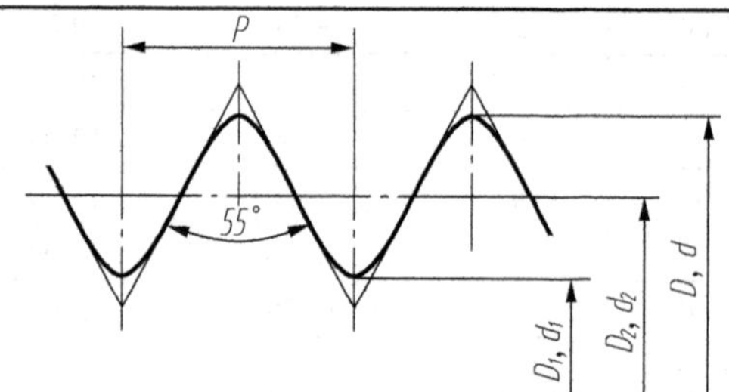

标记示例

尺寸代号 $1\frac{1}{2}$ 的左旋内螺纹：G$1\frac{1}{2}$ －LH

尺寸代号 $1\frac{1}{2}$ 的 B 级外螺纹：G$1\frac{1}{2}$ B

mm

尺 寸 代 号	每 25.4mm 内所包含的牙数 n	螺距 P	基 本 直 径	
			大径 $D=d$	小径 $D_1=d_1$
1/8	28	0.907	9.728	8.566
1/4	19	1.337	13.157	11.445
3/8	19	1.337	16.662	14.950
1/2	14	1.814	20.955	18.631

续表

尺寸代号	每 25.4mm 内所包含的牙数 n	螺距 P	基本直径	
			大径 $D=d$	小径 $D_1=d_1$
5/8	14	1.814	22.911	20.587
3/4	14	1.814	26.441	24.117
7/8	14	1.814	30.201	27.887
1	11	2.309	33.249	30.291
$1\frac{1}{8}$	11	2.309	37.897	34.939
$1\frac{1}{4}$	11	2.309	41.910	38.952
$1\frac{1}{2}$	11	2.309	48.803	44.845
$1\frac{3}{4}$	11	2.309	53.746	50.788
2	11	2.309	59.614	56.656
$2\frac{1}{4}$	11	2.309	65.710	62.752
$2\frac{1}{2}$	11	2.309	75.184	72.226
$2\frac{3}{4}$	11	2.309	81.534	78.576
3	11	2.309	87.884	84.926

附表 4　　螺栓

六角头螺栓—C 级（GB/T 5780—2000），六角头螺栓—A 和 B 级（GB/T 5782—2000）

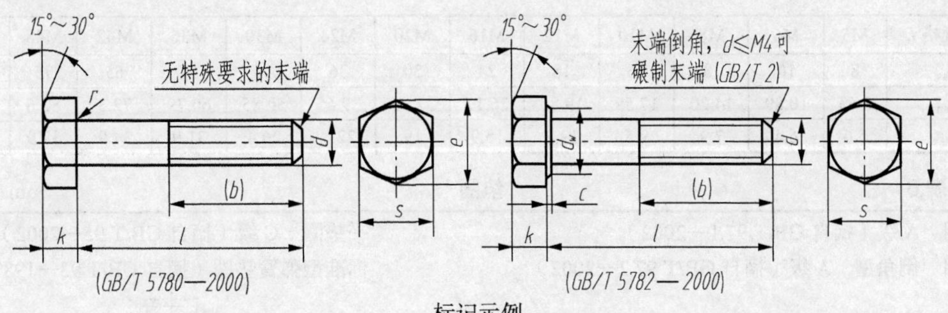

标记示例

螺纹规格 d=M12、公称长度 l=80、性能等级为 8.8 级、表面氧化、A 级的六角头螺栓：

螺柱 GB/T 5780　M12 × 80

mm

螺纹规格 d		M3	M4	M5	M6	M8	M10	M12	M16	M20	M24	M30
b 参考	l≤125	12	14	16	18	22	26	30	38	46	54	66
	125＜l≤200	18	20	22	24	28	32	36	44	52	60	72
	l≤200	31	33	35	37	41	45	49	57	65	73	85
c		0.4	0.4	0.5	0.5	0.6	0.6	0.6	0.8	0.8	0.8	0.8

续表

螺纹规格 *d*			M3	M4	M5	M6	M8	M10	M12	M16	M20	M24	M30
d_w	产品等级	A	4.57	5.88	6.88	8.88	11.63	14.63	16.63	22.49	28.19	33.61	—
		B、C	4.45	5.74	6.74	8.74	11.47	14.47	16.47	22	27.7	33.25	42.75
e	产品等级	A	6.01	7.66	8.79	11.05	14.38	17.77	20.03	26.75	33.53	39.98	—
		B、C	5.88	7.50	8.63	10.89	14.20	17.59	19.85	26.17	32.95	39.55	50.85
k 公称			2	2.8	3.5	4	5.3	6.4	7.5	10	12.5	15	18.7
r			0.1	0.2	0.2	0.25	0.4	0.4	0.6	0.6	0.8	0.8	1
s 公称			5.5	7	8	10	13	16	18	24	30	36	46
l(商品规格范围)			20～30	25～40	25～50	30～60	40～80	45～100	50～120	65～160	80～200	90～240	110～300
l 系列			12，16，20，25，30，35，40，45，50，55，60，65，70，80，90，100，110，120，130，140，150，160，180，200，220，240，260，260，280，300，320，340，360										

注：1. A 级用于 $d \leqslant 24$ 和 $l \leqslant 10d$ 或 $\leqslant 150$ 的螺栓；B 级用于 $d > 24$ 和 $l > 10d$ 或 > 150 的螺栓。

2. 螺纹规格 *d* 范围：GB/T 5780 为 M5～M64；GB/T 5782 为 M1.6～M64。

3. 公称长度 *l* 范围：GB/T 5780 为 25～500；GB/T 5782 为 12～500。

附表 5　　六角螺母　C 级（摘自 GB/T 41—2000）　　mm

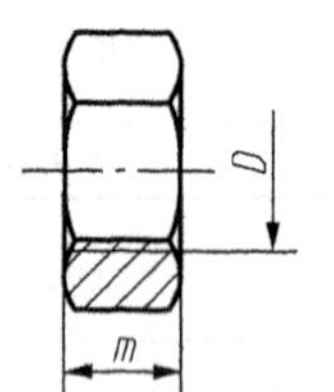

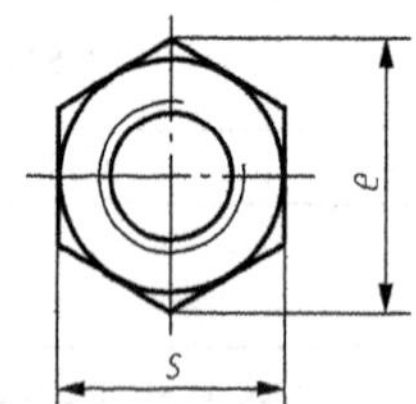

标记示例：

螺母　GB/T 41—2000　M10

（螺纹规格 *D*=M10、性能等级为 5 级、不经表面处理、产品等级为 C 级的六角螺母）

螺纹规格 *D*	M5	M6	M8	M10	M12	M16	M20	M24	M30	M36	M42	M48	M56
s_{max}	8	10	13	16	18	24	30	36	46	55	65	75	85
e_{min}	8.63	10.89	14.20	17.59	19.85	26.17	32.95	39.55	50.85	60.79	72.3	82.6	93.56
m_{max}	5.6	6.4	7.9	9.5	12.2	15.9	19	22.3	26.4	31.9	34.9	38.9	45.9

附表 6　　垫圈　　mm

平垫圈　A 级（摘自 GB/T 97.1—2002）

平垫圈　倒角型　A 级（摘自 GB/T 97.2—2002）

平垫圈　C 级（摘自 GB/T 95—2002）

标准型弹簧垫圈（摘自 GB/T 93—1987）

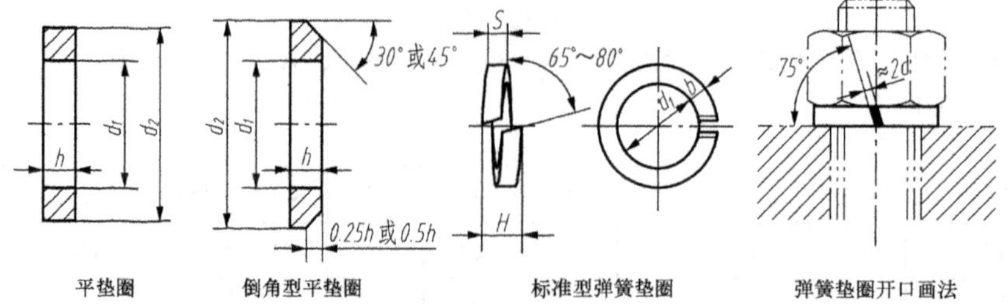

平垫圈　　倒角型平垫圈　　标准型弹簧垫圈　　弹簧垫圈开口画法

标记示例：

垫圈　GB/T 95—2002　8-100HV（标准系列、规格 *d*=M8、性能等级为 100HV 级、不经表面处理，产品等级为 C 级的的平垫圈）

垫圈　GB/T 93—1987　10（规格 *d*=M10、材料为 65Mn、表面氧化的标准型弹簧垫圈）

续表

公称尺寸 *d*（螺纹规格）		4	5	6	8	10	12	16	20	24	30	36	42	48
GB/T 97.1—2002（A 级）	d_1	4.3	5.3	6.4	8.4	10.5	13	17	21	25	31	37	45	52
	d_2	9	10	12	16	20	24	30	37	44	56	66	78	92
	h	0.8	1	1.6	1.6	2	2.5	3	3	4	4	5	8	8
GB/T 97.2—2002（A 级）	d_1	–	5.3	6.4	8.4	10.5	13	17	21	25	31	37	45	52
	d_2	–	10	12	16	20	24	30	37	44	56	66	78	92
	h	–	1	1.6	1.6	2	2.5	3	3	4	4	5	8	8
GB/T 95—2002（C 级）	d_1	4.5	5.5	6.6	9	11	13.5	17.5	22	26	33	39	45	52
	d_2	9	10	12	16	20	24	30	37	44	56	66	78	92
	h	0.8	1	1.6	1.6	2	2.5	3	3	4	4	5	8	8
GB/T 93—1987	d_1	4.1	5.1	6.1	8.1	10.2	12.2	16.2	20.2	24.5	30.5	36.5	42.5	48.5
	$S=b$	1.1	1.3	1.6	2.1	2.6	3.1	4.1	5	6	7.5	9	10.5	12
	H	2.75	3.25	4	5.25	6.5	7.75	10.25	12.5	15	18.75	22.5	26.25	30

注：1. A 级适用于精装配系列，C 级适用于中等装配系列。

2. C 级垫圈没有 *Ra*3.2 和去毛刺的要求。

附表 7　　双头螺柱

双头螺柱–$b_m = 1d$（GB/T897—1988）、双头螺柱–$b_m = 1.25d$（GB/T898—1988）、双头螺柱–$b_m = 1.5d$（GB/T899—1988）、双头螺柱–$b_m = 2d$（GB/T900—1988）

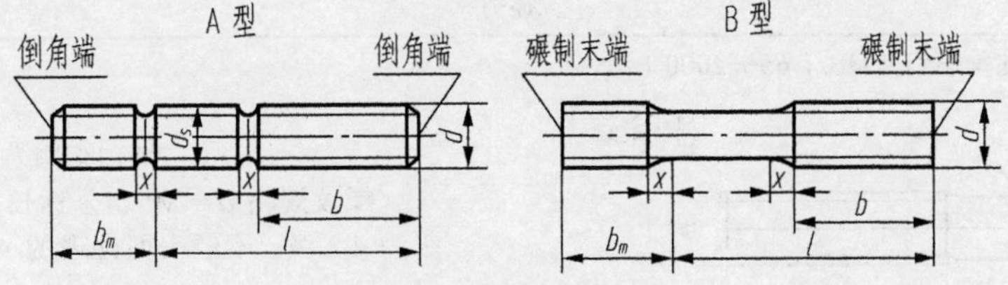

标记示例

两端均为粗牙普通螺纹、$d = 10$、$l = 50$、性能等级为 4.8 级、B 型、$b_m = 1d$ 的双头螺柱：

螺柱 GB/T897　M10 × 50

旋入机体一端为粗牙普通螺纹、旋螺母一端为螺距 $P = 1$ 的细牙普通螺纹、$d = 10$、$l = 50$、性能等级为 4.8 级、A 型、$b_m = 1d$ 的双头螺柱：

螺柱　GB/T897　AM10—M10 × 1 × 50

mm

螺纹规格 *d*		M5	M6	M8	M10	M12	M16	M20	M24	M30	M36	M42
b_m（公称）	GB/T 897	5	6	8	10	12	16	20	24	30	36	42
	GB/T 898	6	8	10	12	15	20	25	30	38	45	52
	GB/T 899	8	10	12	15	18	24	30	36	45	54	65
	GB/T 900	10	12	16	20	24	32	40	48	60	72	84
d_s(max)		5	6	8	10	12	16	20	24	30	36	42
x(max)		2.5*P*										

续表

螺纹规格 d	M5	M6	M8	M10	M12	M16	M20	M24	M30	M36	M42
$\frac{l}{b}$	$\frac{16\sim22}{10}$	$\frac{20\sim22}{10}$	$\frac{20\sim22}{12}$	$\frac{25\sim28}{14}$	$\frac{25\sim30}{16}$	$\frac{30\sim38}{20}$	$\frac{35\sim40}{25}$	$\frac{45\sim50}{30}$	$\frac{60\sim65}{40}$	$\frac{65\sim75}{45}$	$\frac{65\sim80}{50}$
	$\frac{25\sim50}{16}$	$\frac{25\sim30}{14}$	$\frac{25\sim30}{16}$	$\frac{30\sim38}{16}$	$\frac{32\sim40}{20}$	$\frac{40\sim55}{30}$	$\frac{45\sim65}{35}$	$\frac{55\sim75}{45}$	$\frac{70\sim90}{50}$	$\frac{80\sim110}{60}$	$\frac{85\sim110}{70}$
		$\frac{32\sim75}{18}$	$\frac{32\sim90}{22}$	$\frac{40\sim120}{26}$	$\frac{45\sim120}{30}$	$\frac{60\sim120}{38}$	$\frac{70\sim120}{46}$	$\frac{80\sim120}{54}$	$\frac{95\sim120}{60}$	$\frac{120}{78}$	$\frac{120}{90}$
				$\frac{130}{32}$	$\frac{130\sim180}{36}$	$\frac{130\sim200}{44}$	$\frac{130\sim200}{52}$	$\frac{130\sim200}{60}$	$\frac{130\sim200}{72}$	$\frac{130\sim200}{84}$	$\frac{130\sim200}{96}$
									$\frac{210\sim250}{85}$	$\frac{210\sim300}{91}$	$\frac{210\sim300}{109}$
l	16，（18），20，（22），25，（28），30，（32），35（38），40，45，50，（55），60，（65），70，（75），80，（85），90，（95）100，110，120，130，140，150，160，170，180，190，200，210，220，220，240，250，280，300										

注：P 是粗牙螺纹的螺距。

附表 8　螺钉

8.1　开槽圆柱头螺钉（GB/T 65—2000）

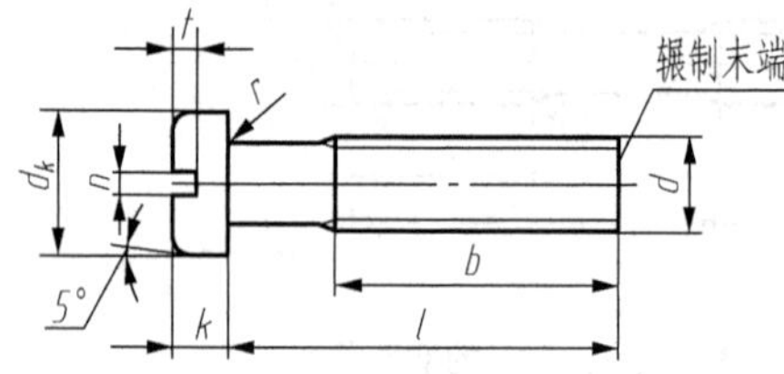

标记示例

螺纹规格 d = M5、公称长度 l = 20、性能等级为 4.8 级、不经表面处理的 A 级开槽圆柱头螺钉：

螺钉 GB/T65　M5 × 20

mm

螺纹规格 d	M4	M5	M6	M8	M10
P（螺距）	0.7	0.8	1	1.25	1.5
b	38	38	38	38	38
d_k	7	8.5	10	13	16
k	2.6	3.3	3.9	5	6
n	1.2	1.2	1.6	2	2.5
r	0.2	0.2	0.25	0.4	0.4
t	1.1	1.3	1.6	2	2.4
公称长度 l	5～40	6～50	8～60	10～80	12～80
l 系列	5,6,8,10,12,(14),16,20,25,30,35,40,45,50,(55),60,(65),70,(75),80				

注：1. 公称长度 l≤40 的螺钉，制出全螺纹。

2. 螺纹规格 d = M1.6～M10；公称长度 l = 2～80。

3. 括号内的规格尽可能不采用。

续表

8.2 开槽盘头螺钉（GB/T 67—2000）

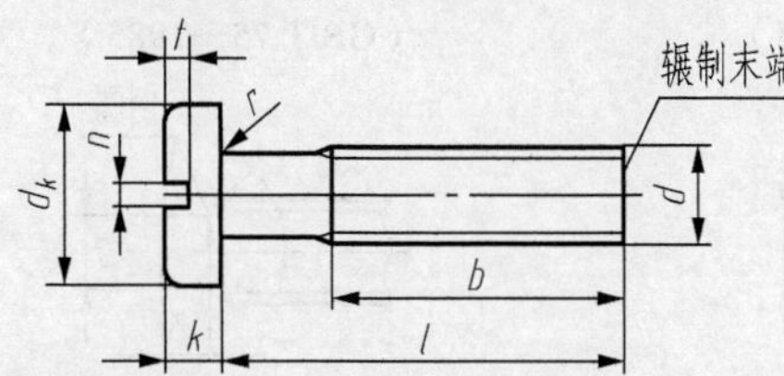

标记示例

螺纹规格 d = M5、公称长度 l = 20、性能等级为 4.8 级、不经表面处理的 A 级开槽盘头螺钉：

螺钉 GB/T67 M5 × 20

mm

螺纹规格 d	M1.6	M2	M2.5	M3	M4	M5	M6	M8	M10
P（螺距）	0.35	0.4	0.45	0.5	0.7	0.8	1	1.25	1.5
b	25	25	25	25	38	38	38	38	38
d_k	3.2	4	5	5.6	8	9.5	12	16	20
k	1	1.3	1.5	1.8	2.4	3	3.6	4.8	6
n	0.4	0.5	0.6	0.8	1.2	1.2	1.6	2	2.5
r	0.1	0.1	0.1	0.1	0.2	0.2	0.25	0.4	0.4
t	0.35	0.5	0.6	0.7	1	1.2	1.4	1.9	2.4
公称长度 l	2～16	2.5～20	3～25	4～30	5～40	6～50	8～60	10～80	12～80
l 系列	2,2,5,3,4,5,6,8,10,12,(14),16,20,25,30,35,40,45,50, (55),60,(65),70,(75),80								

注：1. M1.6～M3 的螺钉，公称长度 l≤30 的，制出全螺纹，M4～M10 的螺钉，公称长度 l≤40 的，制出全螺纹。

2. 括号内的规格尽可能不采用。

8.3 开槽沉头螺钉（GB/T 68—2000）

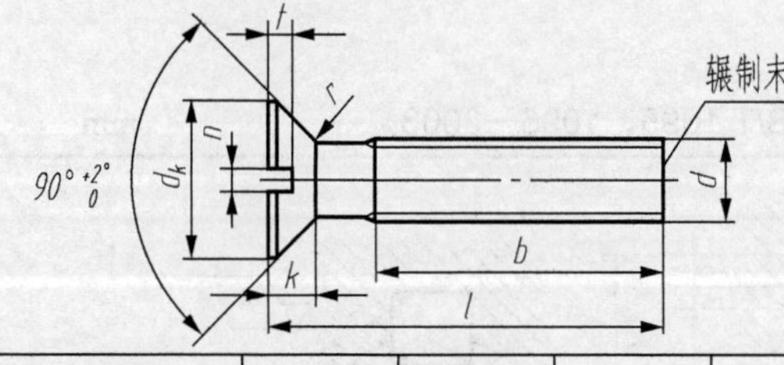

标记示例

螺纹规格 d = M5、公称长度 l = 20、性能等级为 4.8 级、不经表面处理的 A 级开槽沉头螺钉：

螺钉 GB/T68 M5 × 20

mm

螺纹规格 d	M1.6	M2	M2.5	M3	M4	M5	M6	M8	M10
P（螺距）	0.35	0.4	0.45	0.5	0.7	0.8	1	1.25	1.5
b	25	25	25	25	38	38	38	38	38
d_k	3.6	4.4	5.5	6.3	9.4	10.4	12.6	17.3	20
k	1	1.2	1.5	1.65	2.7	2.7	3.3	4.65	5
n	0.4	0.5	0.6	0.8	1.2	1.2	1.6	2	2.5
r	0.4	0.6	0.6	0.8	1	1.3	1.5	2	2.5
t	0.5	0.6	0.75	0.85	1.3	1.4	1.6	2.3	2.6
公称长度 l	2.5～16	3～20	4～25	5～30	6～40	8～50	8～60	10～80	12～80
l 系列	2,5,3,4,5,6,8,10,12,(14),16,20,25,30,35,40,45,50,(55),60,(65),70,(75),80								

注：1. M1.6～M3 的螺钉，公称长度 l≤30 的，制出全螺纹；M4～M10 的螺钉，公称长度 l≤45 的，制出全螺纹。

2. 括号内的规格尽可能不采用。

续表

8.4 开槽锥端紧定螺钉（GB/T 71—1985）	开槽平端紧定螺钉（GB/T 73—1985）	开槽长圆柱端紧定螺钉（GB/T 75—1985）
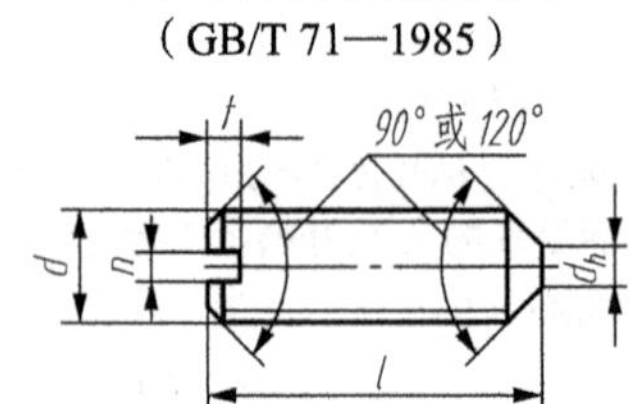	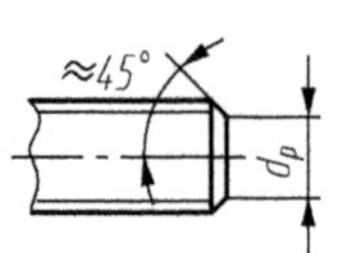	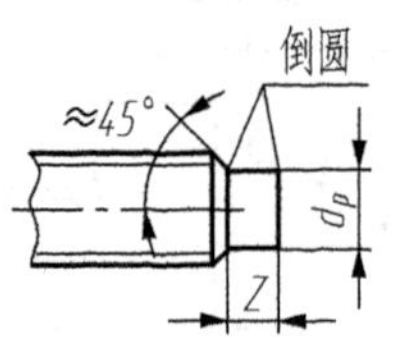

标记示例

螺纹规格 d = M5、公称长度 l = 12、性能等级为 14H 级、表面氧化的开槽长圆柱端紧定螺钉：

螺钉 GB/T75　M5 × 12

mm

螺纹规格 d		M1.6	M2	M2.5	M3	M4	M5	M6	M8	M10	M12
P（螺距）		0.35	0.4	0.45	0.5	0.7	0.8	1	1.25	1.5	1.75
n		0.25	0.25	0.4	0.4	0.6	0.8	1	1.2	1.6	2
l		0.74	0.74	0.95	1.05	1.42	1.63	2	2.5	3	3.6
d_1		0.16	0.2	0.25	0.3	0.4	0.5	1.5	2	2.5	3
d_p		0.8	1	1.5	2	2.5	3.5	4	5.5	7	8.5
z		1.05	1.25	1.5	1.75	2.25	2.75	3.25	4.3	5.3	6.3
l	GB/T 71—1985	2～8	3～10	3～12	4～16	6～20	8～25	8～30	10～40	12～50	14～60
	GB/T 73—1985	2～8	2～10	2.5～12	3～16	4～20	5～25	6～30	8～40	10～50	12～60
	GB/T 75—1985	2.5～8	3～10	4～12	5～16	6～20	8～25	10～30	10～40	12～50	14～60
l 系列		2,2.5,3,4,5,6,8,10,12,(14),16,20,25,30,35,40,45,50,(55),60									

注：1. l 为公称长度。

2. 括号内的规格尽可能不采用。

2. 常用键与销

附表 9　　平键及键槽各部尺寸（摘自 GB/T 1095、1096—2003）　　mm

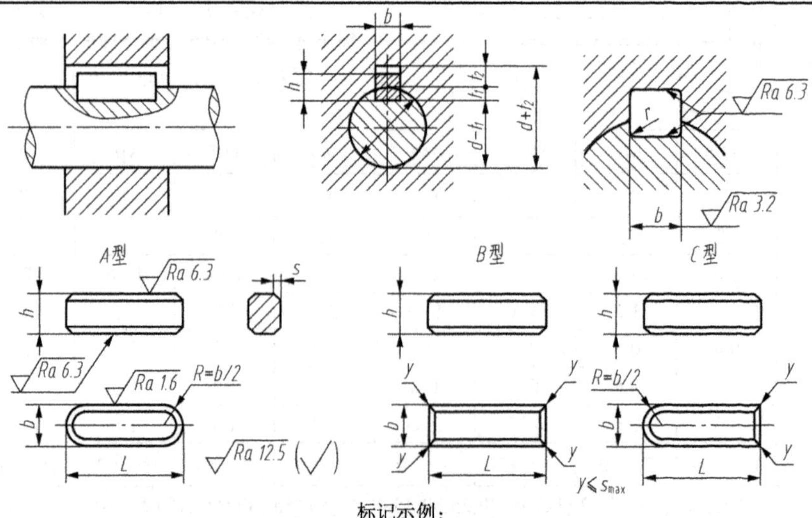

标记示例：

GB/T 1096—2003　键 16 × 10 × 100（普通 A 型平键、b=16 mm、h=10 mm、L=100 mm）

GB/T 1096—2003　键 B16 × 10 × 100（普通 B 型平键、b=16 mm、h=10 mm、L=100 mm）

GB/T 1096—2003　键 C16 × 10 × 100（普通 C 型平键、b=16 mm、h=10 mm、L=100 mm）

续表

键		键槽											
键尺寸 $b \times h$	标准长度范围 L	宽度 b						深度				半径 r	
		基本尺寸 b	极限偏差					轴 t_1		毂 t_2			
			正常联结		紧密联结	松联结		基本尺寸	极限偏差	基本尺寸	极限偏差	最小	最大
			轴 N9	毂 JS9	轴和毂 P9	轴 H9	毂 D10						
4×4	8～45	4						2.5		1.8		0.08	0.16
5×5	10～56	5	0 −0.030	±0.015	−0.012 −0.042	+0.030 0	+0.078 +0.030	3.0	+0.1 0	2.3	+0.1 0		
6×6	14～70	6						3.5		2.8		0.16	0.25
8×7	18～90	8	0 −0.036	±0.018	−0.015 −0.051	+0.036 0	+0.098 +0.040	4.0		3.3			
10×8	22～110	10						5.0		3.3			
12×8	28～140	12						5.0		3.3			
14×9	36～160	14	0 −0.043	±0.0215	−0.018 −0.061	+0.043 0	+0.120 +0.050	5.5		3.8		0.25	0.40
16×10	45～180	16						6.0	+0.2 0	4.3	+0.2 0		
18×11	50～200	18						7.0		4.4			
20×12	56～220	20						7.5		4.9			
22×14	63～250	22	0 −0.052	±0.026	−0.022 −0.074	+0.052 0	+0.149 +0.065	9.0		5.4		0.40	0.60
25×14	70～280	25						9.0		5.4			
28×16	80～320	28						10		6.4			
$L_{系列}$	6～22（2 进位）、25、28、32、36、40、45、50、56、63、70～110（10 进位）、125、140～220（20 进位）、250、280、320、360、400、450、500												

附表 10　　销

10.1　销　圆柱销（GB/T11.9—2000）—不淬硬钢和奥氏体不锈钢

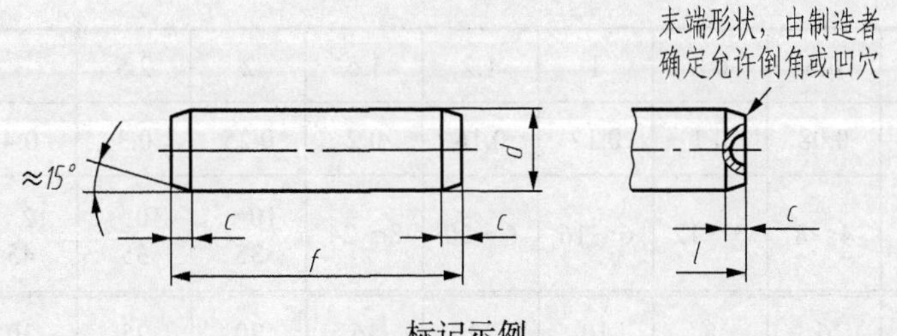

标记示例

公称直径 $d=6$、公差为 m6、公称长度 $l=30$、材料为钢、不经淬火、不经表面处理的圆柱销：

销　GB/T 119.1　6m6 × 30

mm

公称直径 d（m6/h8）	0.6	0.8	1	1.2	1.5	2	2.5	3	4	5
$c\approx$	0.12	0.16	0.20	0.25	0.30	0.35	0.40	0.50	0.63	0.80
l（商品规格范围公称长度）	2～6	2～8	4～10	4～12	4～16	6～20	6～24	8～30	8～40	10～50
公称直径 d（m6/h8）	6	8	10	12	16	20	25	30	40	50

续表

公称直径 *d*（m6/h8）	0.6	0.8	1	1.2	1.5	2	2.5	3	4	5
c≈	1.2	16	2.0	2.5	3.0	3.5	4.0	5.0	6.3	8.0
l（商品规格范围公称长度）	12～60	14～80	18～95	22～140	26～180	35～200	50～200	60～200	80～200	95～200
l 系列	2，3，4，5，6，8，10，12，14，16，18，20，22，24，26，28，30，32，35，40，45，50，55，60，65，70，75，80，85，90，95，100，120，140，160，180，200									

注：1. 材料用钢时，硬度要求为 125～245HV30，用奥氏体不锈钢 A1（GB/T 3098.6）时，硬度要求为 210～280HV30。

2. 公差 m6：*Ra*≤0.8μm；公差 h8：*Ra*≤1.6μm。

10.2　圆柱销（GB/T 117—2000）

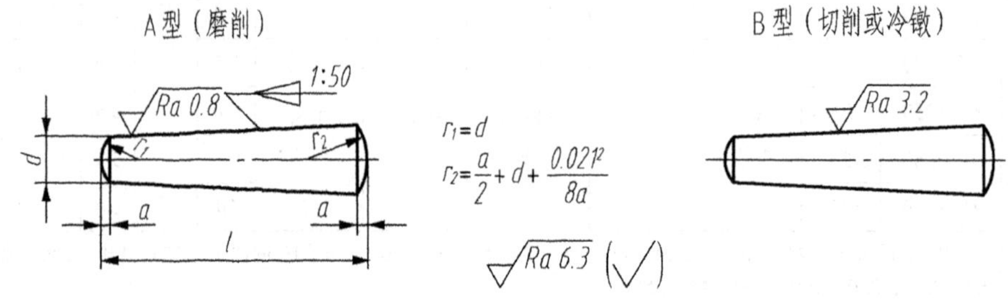

标记示例

公称直径 *d* = 100、公称长度 *l* = 60、材料为 35 钢、热处理硬度 28～38HRC、表面氧化处理的 A 型圆锥销：

销　GB/T 117　10 × 60

mm

d（公称）	0.6	0.8	1	1.2	1.5	2	2.5	3	4	5
a≈	0.08	0.1	0.12	0.16	0.2	0.25	0.3	0.4	0.5	0.63
l（商品规格范围公称长度）	4～8	5～12	6～16	6～20	8～24	10～35	10～35	12～45	14～55	18～60
d（公称）	6	8	10	12	16	20	25	30	40	50
a≈	0.8	1	1.2	1.6	2	2.5	3	4	5	6.3
l（商品规格范围公称长度）	22～90	22～120	26～160	32～180	40～200	45～200	50～200	55～200	60～200	65～200
l 系列	2，3，4，5，6，8，10，12，14，16，18，20，22，24，26，28，30，32，35，40，45，50，55，60，65，70，75，85，85，90，95，100，120，140，160，180，200									

3. 常用滚动轴承

附表 11 滚动轴承

深沟球轴承（摘自 GB/T 276—1994）

标记示例：

滚动轴承 6310 GB/T 276—1994

（深沟球轴承、内径 d=50mm、直径系列代号为 3）

圆锥滚子轴承（摘自 GB/T 297—1994）

标记示例：

滚动轴承 30212 GB/T 297—1994

（圆锥滚子轴承、内径 d=60mm、宽度系列代号 0，直径系列代号为 3）

推力球轴承（摘自 GB/T 301—1995）

标记示例：

滚动轴承 51305 GB/T 301—1995

（推力球轴承、内径 d=25mm、高度系列代号为 1，直径系列代号为 3）

轴承型号	尺寸（mm）		
	d	D	B
尺寸系列〔（0）2〕			
6202	15	35	11
6203	17	40	12
6204	20	47	14
6205	25	52	15
6206	30	62	16
6207	35	72	17
6208	40	80	18
6209	45	85	19
6210	50	90	20
6211	55	100	21
6212	60	110	22
尺寸系列〔（0）3〕			
6302	15	42	13
6303	17	47	14
6304	20	52	15
6305	25	62	17
6306	30	72	19
6307	35	80	21
6308	40	90	23
6309	45	100	25
6310	50	110	27
6311	55	120	29
6312	60	130	31
尺寸系列〔（0）4〕			
6403	17	62	17
6404	20	72	19
6405	25	80	21
6406	30	90	23
6407	35	100	25
6408	40	110	27
6409	45	120	29
6410	50	130	31
6411	55	140	33
6412	60	150	35
6413	65	160	37

轴承型号	尺寸（mm）				
	d	D	B	C	T
尺寸系列〔02〕					
30203	17	40	12	11	13.25
30204	20	47	14	12	15.25
30205	25	52	15	13	16.25
30206	30	62	16	14	17.25
30207	35	72	17	15	18.25
30208	40	80	18	16	19.75
30209	45	85	19	16	20.75
30210	50	90	20	17	21.75
30211	55	100	21	18	22.75
30212	60	110	22	19	23.75
30213	65	120	23	20	24.75
尺寸系列〔03〕					
30302	15	42	13	11	14.25
30303	17	47	14	12	15.25
30304	20	52	15	13	16.25
30305	25	62	17	15	18.25
30306	30	72	19	16	20.75
30307	35	80	21	18	22.75
30308	40	90	23	20	25.25
30309	45	100	25	22	27.25
30310	50	110	27	23	29.25
30311	55	120	29	25	31.50
30312	60	130	31	26	33.50
尺寸系列〔13〕					
31305	25	62	17	13	18.25
31306	30	72	19	14	20.75
31307	35	80	21	15	22.75
31308	40	90	23	17	25.25
31309	45	100	25	18	27.25
31310	50	110	27	19	29.25
31311	55	120	29	21	31.50
31312	60	130	31	22	33.50
31313	65	140	33	23	36.00
31314	70	150	35	25	38.00
31315	75	160	37	26	40.00

轴承型号	尺寸（mm）			
	d	D	T	d_1
尺寸系列〔12〕				
51202	15	32	12	17
51203	17	35	12	19
51204	20	40	14	22
51205	25	47	15	27
51206	30	52	16	32
51207	35	62	18	37
51208	40	68	19	42
51209	45	73	20	47
51210	50	78	22	52
51211	55	90	25	57
51212	60	95	26	62
尺寸系列〔13〕				
51304	20	47	18	22
51305	25	52	18	27
51306	30	60	21	32
51307	35	68	24	37
51308	40	78	26	42
51309	45	85	28	47
51310	50	95	31	52
51311	55	105	35	57
51312	60	110	35	62
51313	65	115	36	67
51314	70	125	40	72
尺寸系列〔14〕				
51405	25	60	24	27
51406	30	70	28	32
51407	35	80	32	37
51408	40	90	36	42
51409	45	100	39	47
51410	50	110	43	52
51411	55	120	48	57
51412	60	130	51	62
51413	65	140	56	68
51414	70	150	60	73
51415	75	160	65	78

注：圆括号中的尺寸系列代号在轴承型号中省略。

4. 极限偏差

附表 12　　常用及优先轴公差带极限偏差

公称尺寸/mm		常用及优先轴公差带												
		a	b		c			d				e		
大于	至	11	11	12	9	10	⑪	9	⑨	10	11	7	8	9
–	3	−270 −330	−140 −240	−140 −240	−60 −85	−60 −100	−60 −120	−20 −34	−20 −45	−20 −60	−20 −80	−14 −24	−14 −28	−14 −39
3	6	−270 −345	−140 −215	−140 −260	−70 −100	−70 −118	−70 −145	−30 −48	−30 −60	−30 −78	−30 −105	−20 −32	−20 −38	−20 −50
6	10	−280 −370	−150 −240	−150 −300	−80 −116	−80 −138	−80 −170	−40 −62	−40 −76	−40 −98	−40 −130	−25 −40	−25 −47	−25 −61
10 14	14 18	−290 −400	−150 −260	−150 −330	−95 −138	−95 −165	−95 −205	−50 −77	−50 −93	−50 −120	−50 −160	−32 −50	−32 −59	−32 −75
18 24	24 30	−300 −430	−160 −290	−160 −370	−110 −162	−110 −194	−110 −240	−65 −98	−65 −117	−65 −149	−65 −195	−40 −61	−40 −73	−40 −92
30	40	−310 −470	−170 −330	−170 −420	−120 −182	−120 −220	−120 −280	−80 −119	−80 −142	−80 −180	−80 −240	−50 −75	−50 −89	−50 −112
40	50	−320 −480	−180 −340	−180 −430	−130 −192	−130 −230	−130 −290							
50	65	−340 −530	−190 −380	−190 490	−140 −214	−140 −260	−140 −330	−100 −146	−100 −174	−100 −220	−100 −290	−60 −90	−60 −106	−60 −134
65	80	−360 −550	−200 −390	−200 −500	−150 −224	−150 −270	−150 −340							
80	100	−380 −600	−220 −440	−220 −570	−170 −257	−170 −310	−170 −390	−120 −174	−120 −207	−120 −260	−120 −340	−72 −107	−72 −126	−72 −159
100	120	−410 −630	−240 −460	−240 −590	−180 −267	−180 −320	−180 −400							
120	140	−460 −710	−260 −510	−260 −660	−200 −300	−200 −360	−200 −450							
140	160	−520 −770	−280 −530	−280 −680	−210 −310	−210 −370	−210 −460	−145 −208	−145 −245	−145 −305	−145 −395	−85 −125	−85 −148	−85 −185
160	180	−580 −830	−310 −560	−310 −710	−230 −330	−230 −390	−230 −480							
180	200	−660 −950	−340 −630	−340 −800	−240 −355	−240 −425	−240 −530							
200	225	−170 −1030	−380 −670	−380 −840	−260 −375	−260 −445	−260 −550	−170 −242	−170 −285	−170 −355	−170 −460	−100 −146	−100 −172	−100 −215
225	250	−820 −1110	−420 −710	−420 −880	−280 −395	−280 −465	−280 −570							
250	280	−920 −1240	−480 −800	−480 −1000	−300 −430	−300 −510	−300 −620	−190 −271	−190 −320	−190 −400	−190 −510	−110 −162	−110 −191	−110 −240
280	315	−1050 −1370	−540 −860	−540 −1060	−330 −460	−330 −540	−330 −650							
315	355	−1200 −1560	−600 −960	−600 −1170	−360 −500	−360 −590	−360 −720	−210 −299	−210 −350	−210 −440	−210 −570	−125 −182	−125 −214	−125 −265
355	400	−1350 −1710	−680 −1040	−680 −1250	−400 −540	−400 −630	−400 −760							
440	450	−1500 −1900	−760 −1160	−760 −1390	−440 −595	−440 −690	−440 −840	−230 327	−230 −385	−230 −480	−230 −630	−135 −198	−135 −232	−135 −290
450	500	−1650 −2050	−840 −1240	−840 −1470	−480 −635	−480 −730	−480 −880							

摘自 GB/T 1800.2—2009 μm

（带圈者为优先公差带）

f					*g*			*h*							
5	6	⑦	8	9	5	⑥	7	5	⑥	⑦	8	⑨	10	⑩	12
−6 −10	−6 −12	−6 −16	−6 −20	−6 −31	−2 −6	−2 −8	−2 −12	0 −4	0 −6	0 −10	0 −14	0 −25	0 −40	0 −60	0 −100
−10 −15	−10 −18	−10 −22	−10 −28	−10 −40	−4 −9	−4 −12	−4 −16	0 −5	0 −8	0 −12	0 −18	0 −30	0 −48	0 −75	0 −120
−13 −19	−13 −22	−13 −28	−13 −35	−13 −49	−5 −11	−5 −14	−5 −20	0 −6	0 −9	0 −15	0 −22	0 −36	0 −58	0 −90	0 −150
−16 −24	−16 −27	−16 −34	−16 −43	−16 −59	−6 −14	−6 −17	−6 −24	0 −8	0 −11	0 −18	0 −27	0 −43	0 −70	0 −110	0 −180
−20 −29	−20 −33	−20 −41	−20 −53	−20 −72	−7 −16	−7 −20	−7 −28	0 −9	0 −13	0 −21	0 −33	0 −52	0 −84	0 −130	0 −210
−25 −36	−25 −41	−25 −50	−25 −64	−25 −87	−9 −20	−9 −25	−9 −34	0 −11	0 −16	0 −25	0 −39	0 −62	0 −100	0 −160	0 −250
−30 −43	−30 −49	−30 −60	−30 −76	−30 −104	−10 −23	−10 −29	−10 −40	0 −13	0 −19	0 −30	0 −46	0 −74	0 −120	0 −190	0 −300
−36 −51	−36 −58	−36 −71	−36 −90	−36 −123	−12 −27	−12 −34	−12 −47	0 −15	0 −22	0 −35	0 −54	0 −87	0 −140	0 −220	0 −350
−43 −61	−43 −68	−43 −83	−43 −106	−43 −143	−14 −32	−14 −39	−14 −54	0 −18	0 −25	0 −40	0 −63	0 −100	0 −640	0 −250	0 −400
−50 −70	−50 −79	−50 −96	−50 −122	−50 −165	−15 −35	−15 −44	−15 −61	0 −20	0 −29	0 −46	0 −72	0 −115	0 −185	0 −290	0 −460
−56 −79	−56 −88	−56 −108	−56 −137	−56 −186	−17 −40	−17 −49	−17 −69	0 −23	0 −32	0 −52	0 −81	0 −130	0 −210	0 −320	0 −520
−62 −87	−62 −98	−62 −119	−62 −151	−62 −202	−18 −43	−18 −54	−18 −75	0 −25	0 −36	0 −57	0 −89	0 −140	0 −230	0 −360	0 −570
−68 −95	−68 −108	−68 −131	−68 −165	−68 −223	−20 −47	−20 −60	−20 −83	0 −27	0 −40	0 −63	0 −97	0 −155	0 −250	0 −400	0 −630

公称尺寸 /mm		常用及优先轴公差带														
		js			k			m			n			p		
大于	至	5	6	7	5	⑥	7	5	6	7	5	⑥	7	5	⑥	7
–	3	±2	±3	±5	+4 0	+6 0	+10 0	+6 +2	+8 +2	+12 +2	+8 +4	+10 +4	+14 +4	+10 +6	+12 +6	+16 +6
3	6	±2.5	±4	±6	+6 +1	+9 +1	+13 +1	+9 +4	+12 +4	+16 +4	+13 +8	+16 +8	+20 +8	+17 +12	+20 +12	+24 +12
6	10	±3	±4.5	±7	+7 +1	+10 +1	+16 +1	+12 +6	+15 +6	+21 +6	+16 +10	+19 +10	+25 +10	+21 +15	+24 +15	+30 +15
10	14	±4	±5.5	±9	+9 +1	+12 +1	+19 +1	+15 +7	+18 +7	+25 +7	+20 +12	+23 +12	+30 +12	+26 +18	+29 +18	+36 +18
14	18															
18	24	±4.5	±6.5	±10	+11 +2	+15 +2	+23 +2	+17 +8	+21 +8	+29 +8	+24 +15	+28 +15	+36 +15	+31 +22	+35 +22	+43 +22
24	30															
30	40	±5.5	±8	±12	+13 +2	+18 +2	+27 +2	+20 +9	+25 +9	+34 +9	+28 +17	+33 +17	+42 +17	+37 +26	+42 +26	+51 +26
40	50															
50	65	±6.5	±9.5	±15	+15 +2	+21 +2	+32 +2	+24 +11	+30 +11	+41 +11	+33 +20	+39 +20	+50 +20	+45 +32	+51 +32	+62 +32
60	80															
80	100	±7.5	±11	±17	+18 +3	+25 +3	+38 +3	+28 +13	+35 +13	+48 +13	+38 +23	+45 +23	+58 +23	+52 +37	+59 +37	+72 +37
100	120															
120	140	±9	±12.5	±20	+21 +3	+28 +3	+43 +3	+33 +15	+40 +15	+55 +15	+45 +27	+52 +27	+67 +27	+61 +43	+68 +43	+83 +43
140	160															
160	180															
180	200	±10	±14.5	±23	+24 +4	+33 +4	+50 +4	+37 +17	+46 +17	+63 +17	+54 +31	+60 +31	+77 +31	+70 +50	+79 +50	+96 +50
200	225															
225	250															
250	280	±11.5	±16	±26	+27 +4	+36 +4	+56 +4	+43 +20	+52 +20	+72 +20	+57 +34	+66 +34	+86 +34	+79 +56	+88 +56	+108 +56
280	315															
315	355	±12.5	±18	±28	+29 +4	+40 +4	+61 +4	+46 +21	+57 +21	+78 +21	+62 +37	+73 +37	+94 +37	+87 +62	+98 +62	+119 +62
355	400															
400	450	±13.5	±20	±31	+32 +5	+45 +5	+68 +5	+50 +23	+63 +23	+86 +23	+67 +40	+80 +40	+103 +40	+95 +68	+108 +68	+131 +68
450	500															

续表

（带圈者为优先公差带）

r			s			t			u		v	x	y	z
5	6	7	5	⑥	7	5	6	7	⑥	7	6	6	6	6
+14 +14	+16 +10	+20 +10	+18 +14	+20 +14	+24 +14	—	—	—	+24 +18	+28 +18	—	+26 +20	—	+32 +26
+20 +15	+23 +15	+27 +15	+24 +19	+27 +19	+31 +19	—	—	—	+31 +23	+35 +23	—	+36 +28	—	+43 +35
+25 +19	+28 +19	+34 +19	+29 +23	+32 +23	+38 +23	—	—	—	+37 +28	+43 +28	—	+43 +34	—	+51 +42
+31 +23	+34 +23	+41 +23	+36 +28	+39 +28	+46 +28	—	—	—	+44 +33	+51 +33	—	+51 +40	—	+61 +50
						—	—	—			+50 +39	+56 +45	—	+71 +60
+37 +28	+41 +28	+49 +28	+44 +35	+48 +35	+56 +35	—	—	—	+54 +41	+62 +41	+60 +47	+67 +54	+76 +63	+86 +73
						+50 +41	+54 +41	+62 +41	+61 +48	+69 +48	+68 +55	+77 +64	+88 +75	+101 +88
+45 +34	+50 +34	+59 +34	+54 +43	+59 +43	+68 +43	+59 +48	+64 +48	+73 +48	+76 +60	+85 +60	+84 +68	+96 +80	+110 +94	+128 +112
						+65 +54	+70 +54	+79 +54	+86 +70	+95 +70	+97 +81	+113 +97	+130 +114	+152 +136
+54 +41	+60 +41	+71 +41	+66 +53	+72 +53	+83 +53	+79 +66	+85 +66	+96 +66	+106 +87	+117 +87	+121 +102	+141 +122	+163 +144	+191 +172
+56 +43	+62 +43	+73 +43	+72 +59	+78 +59	+89 +59	+88 +75	+94 +75	+108 +75	+121 +102	+132 +102	+139 +120	+165 +146	+193 +174	+229 +210
+66 +51	+73 +51	+86 +51	+86 +71	+93 +71	+106 +71	+106 +91	+113 +91	+126 +91	+146 +124	+159 +124	+168 +146	+200 +178	+236 +214	+280 +258
+69 +54	+76 +54	+89 +54	+94 +79	+101 +79	+114 +79	+119 +104	+126 +104	+139 +104	+166 +144	+179 +144	+194 +172	+232 +210	+276 +254	+332 +310
+81 +63	+88 +63	+103 +63	+110 +92	+117 +92	+132 +92	+140 +122	+147 +122	+162 +122	+195 +170	+210 +170	+227 +202	+273 +248	+325 +300	+390 +365
+83 +65	+90 +65	+105 +65	+118 +100	+125 +100	+140 +100	+152 +134	+159 +134	+174 +134	+215 +190	+230 +190	+253 +228	+305 +280	+365 +340	+440 +415
+86 +68	+93 +68	+108 +68	+126 +108	+133 +108	+148 +108	+164 +146	+171 +146	+186 +146	+235 +210	+250 +210	+277 +252	+335 +310	+405 +380	+490 +465
+97 +77	+106 +77	+123 +77	+142 +122	+151 +122	+168 +122	+186 +166	+195 +166	+212 +166	+265 +236	+282 +236	+313 +284	+379 +350	+454 +425	+549 +520
+100 +80	+109 +80	+126 +80	+150 +130	+159 +130	+176 +130	+200 +180	+209 +180	+226 +180	+287 +258	+304 +258	+339 +310	+414 +385	+499 +470	+604 +575
+104 +84	+113 +84	+130 +84	+160 +140	+169 +140	+186 +140	+216 +196	+225 +196	+242 +196	+313 +284	+330 +284	+369 +340	+454 +428	+549 +520	+669 +640
+117 +94	+126 +94	+146 +94	+181 +158	+190 +158	+210 +158	+241 +218	+250 +218	+270 +218	+347 +315	+367 +315	+417 +385	+507 +475	+612 +580	+742 +710
+121 +98	+130 +98	+150 +98	+193 +170	+202 +170	+222 +170	+263 +240	+272 +240	+292 +240	+382 +350	+402 350	+457 +425	+557 +525	+682 +650	+822 +790
+133 +108	+144 +108	+165 +108	+215 +190	+226 +190	+247 +190	+293 +268	+304 +268	+325 +268	+426 +390	+447 +390	+511 +475	+626 +590	+766 +730	+936 +900
+139 +114	+150 +114	+171 +114	+233 +208	+244 +208	+265 +208	+319 +294	+330 +294	+351 +294	+471 +435	+492 +435	+566 +530	+696 +660	+856 +820	+1036 +1000
+153 +126	+166 +126	+189 +126	+259 +232	+272 +232	+295 +232	+357 +330	+370 +330	+393 +330	+530 +490	+553 +490	+635 +595	+780 +740	+960 +920	+1140 +1100
+159 +132	+172 +132	+195 +132	+279 +252	+292 +252	+315 +252	+387 +360	+400 +360	+423 +360	+580 +540	+603 +540	+700 +660	+860 +820	+1040 +1000	+1290 +1250

附表13 常用及优先孔公差带极限偏差

公称尺寸/mm		常用及优先孔公差带													
		A	B		C	D				E		F			
大于	至	11	11	12	⑪	8	⑨	10	11	8	9	6	7	⑧	9
－	3	+330 +270	+200 +140	+240 +140	+120 +60	+34 +20	+45 +20	+60 +20	+80 +20	+28 +14	+39 +14	+12 +6	+16 +6	+20 +6	+31 +6
3	6	+345 +270	+215 +140	+260 +140	+145 +70	+48 +30	+60 +30	+78 +30	+105 +30	+38 +20	+50 +20	+18 +10	+22 +10	+28 +10	+40 +10
6	10	+370 +280	+240 +150	+300 +150	+170 +80	+62 +40	+76 +40	+98 +40	+130 +40	+47 +25	+61 +25	+22 +13	+28 +13	+35 +13	+49 +13
10	18	+400 +290	+260 +150	+330 +150	+205 +95	+77 +50	+93 +50	+120 +50	+160 +50	+59 +32	+75 +32	+27 +16	+34 +16	+43 +16	+59 +16
18	24	+430 +300	+290 +160	+370 +160	+240 +110	+98 +65	+117 +65	+149 +65	+195 +65	+73 +40	+92 +40	+33 +20	+41 +20	+53 +20	+72 +20
24	30														
30	40	+470 +310	+330 +170	+420 +170	+280 +120	+119 +80	+142 +80	+180 +80	+240 +80	+89 +50	+112 +50	+41 +25	+50 +25	+64 +25	+87 +25
40	50	+480 +320	+340 +180	+430 +180	+290 +130										
50	65	+530 +340	+380 +190	+490 +190	+330 +140	+146 +100	+174 +100	+220 +100	+290 +100	+106 +60	+134 +60	+49 +30	+60 +30	+76 +30	+104 +30
65	80	+550 +360	+390 +200	+500 +200	+340 +150										
80	100	+600 +380	+440 +220	+570 +220	+390 +170	+174 +120	+207 +120	+260 +120	+340 +120	+126 +72	+159 +72	+58 +36	+71 +36	+90 +36	+123 +36
100	120	+630 +410	+460 +240	+590 +240	+400 +180										
120	140	+710 +460	+510 +260	+660 +260	+450 +200	+208 +145	+245 +145	305 +145	+395 +145	+148 +85	+185 +85	+68 +43	+83 +43	+106 +43	+143 +43
140	160	+770 +520	+530 +280	+680 +280	+460 +210										
160	180	+830 +580	+560 +310	+710 +310	+480 +230										
180	200	+950 +660	+630 +340	+800 +340	+530 +240	+242 +170	+285 +170	+355 +170	+460 +170	+172 +100	+215 +100	+79 +50	+96 +50	+122 +50	+165 +50
200	225	+1030 +740	+670 +380	+840 +380	+550 +260										
225	250	+1110 +820	+710 +420	+880 +420	+570 +280										
250	280	+1240 +920	+800 +480	+1000 +480	+620 +300	+271 +190	+320 +190	+400 +190	+510 +190	+191 +110	+240 +110	+88 +56	+108 +50	+137 +56	+186 +56
280	315	+1370 +1050	+860 +540	+1060 +54	+650 +330										
315	355	+1560 +1200	+960 +600	+1170 +600	+720 +360	+229 +210	+350 +210	+440 +210	+570 +210	+214 +125	+265 +125	+98 +62	119 +62	+151 +62	+202 +62
335	400	+1710 +1350	+1040 +680	+1250 +680	+760 +400										
400	450	+1900 +1500	+1160 +760	+1390 +760	+840 +440	+327 +230	+385 +230	+480 +230	+630 +230	+232 +135	+290 +135	+108 +68	+131 +68	+165 +68	+223 +68
450	500	+2050 +1650	+1240 +840	+1470 +840	+880 +480										

摘自 GB/T 1800.2—2009 μm

（带圈者为优先公差带）

G		H							JS			K			M		
6	⑦	6	⑦	⑧	⑨	10	⑪	12	6	7	8	6	⑦	8	6	7	8
+8 +2	+12 +2	+6 0	+10 0	+14 0	+25 0	+40 0	+60 0	+100 0	±3	±5	±7	0 −6	0 −10	0 −14	−2 −8	−2 −12	−2 −16
+12 +4	+16 +4	+8 0	+12 0	+18 0	+30 0	+48 0	+75 0	+120 0	±4	±6	±9	+2 −6	+3 −9	+5 −13	−1 −9	0 −12	+2 −16
+14 +5	+20 +5	+9 0	+15 0	+22 0	+36 0	+58 0	+90 0	+150 0	±4. 5	±7	±11	+2 −7	+5 −10	+6 −16	−3 −12	0 −15	+1 −21
+17 +6	+24 +6	+11 0	+18 0	+27 0	+43 0	+70 0	+110 0	+180 0	±5. 5	±9	±13	+2 −9	+6 −12	+8 −19	−4 −15	0 −18	+2 −25
+20 +7	+28 +7	+13 0	+21 0	+33 0	+52 0	+84 0	+130 0	+210 0	±6. 5	±10	±16	+2 −11	+6 −15	+10 −23	−4 −17	−0 −21	+4 −29
+25 +9	+34 +9	+16 0	+25 0	+39 0	+62 0	+100 0	+160 0	+250 0	±8	±12	±19	+3 −13	+7 −18	+12 −27	−4 −20	0 −25	+5 −35
+29 +10	+40 +10	+19 0	+30 0	+46 0	+74 0	+120 0	+190 0	+300 0	±9.5	±15	±23	+4 −15	+9 −21	+14 −32	−5 −24	0 −30	+5 −41
+34 +12	+47 +12	+22 0	+35 0	+54 0	+87 0	+140 0	+220 0	+350 0	±11	±17	±27	+4 −18	+10 −25	+16 −38	−6 −28	0 −35	+6 −48
+39 +14	+54 +14	+25 0	+40 0	+63 0	+100 0	+160 0	+250 0	+400 0	±12. 5	±20	±31	+4 −21	+12 28	+20 −43	−8 −33	0 −40	+8 −55
+44 +15	+61 +15	+29 0	+46 0	+72 0	+115 0	+185 0	+290 0	+460 0	±14. 5	±23	±36	+5 −24	+13 −33	+22 −50	−8 −37	0 −46	+9 −63
+49 +17	+69 +17	+32 0	+52 0	+81 0	+130 0	+210 0	+320 0	+520 0	±16	±26	±40	+5 −27	+16 −36	+25 −56	−9 −41	0 −52	+9 −72
+54 +18	+75 +18	+36 0	+57 0	+89 0	+140 0	+230 0	+360 0	+570 0	±18	±28	±44	+7 −29	+17 −40	+28 −61	−10 −46	0 −57	+11 −78
+60 +20	+83 +20	+40 0	+63 0	+97 0	+155 0	+250 0	+400 0	+630 0	±20	±31	±48	+8 −32	+18 −45	+29 −68	−10 −50	0 −63	+11 −86

公称尺寸/mm		常用及优先孔公差带（带圈者为优先公差带）											
		N			P		R		S		T		U
大于	至	6	⑦	8	6	⑦	6	7	6	⑦	6	7	⑦
–	3	−4 −10	−4 −14	−4 −18	−6 −12	−6 −16	−10 −16	−10 −20	−14 −20	−14 −24	—	—	−18 −28
3	6	−5 −13	−4 −16	−2 −20	−9 −17	−8 −20	−12 −20	−11 −23	−16 −24	−15 −27	—	—	−19 −31
6	10	−7 −16	−4 −19	−3 −25	−12 −21	−9 24	−16 −25	−13 −28	−20 −29	−17 −32	—	—	−22 −37
10	18	−9 −20	−5 −23	−3 −30	−15 −26	−11 −29	−20 −31	−16 −34	−25 −36	−21 −39	—	—	−26 −44
18	24	−11 −24	−7 −28	−3 −36	−18 −31	−14 −35	−24 −37	−20 −41	−31 −44	−27 −48	—	—	−33 −54
24	30										−37 −50	−33 −54	−40 −61
30	40	−12 −28	−8 −33	−3 −42	−21 −37	−17 −42	−29 −45	−25 −50	−38 −54	−34 −59	−43 −59	−39 −64	−51 −76
40	50										−49 −65	−45 −70	−61 −86
50	65	−14 −33	−9 −39	−4 −50	−26 −45	−21 −51	−35 −54	−30 −60	−47 −66	−42 −72	−60 −79	−55 −85	−76 −106
65	80						−37 −56	−32 −62	−53 −72	−48 −78	−69 −88	−64 −94	−91 −121
80	100	−16 −38	−10 −45	−4 −58	−30 −52	−24 −59	−44 −66	−38 −73	−64 −86	−58 −93	−84 −106	−78 −113	−111 −146
100	120						−47 −69	−41 −76	−72 −94	−66 −101	−97 −119	−91 −126	−131 −166
120	140	−20 −45	−12 −52	−4 −67	−36 −61	−28 −68	−56 −81	−48 −88	−85 −110	−77 −117	−115 −140	−107 −147	−155 −195
140	160						−58 −83	−50 −90	−93 −118	−85 −125	−127 −152	−119 −159	−175 −215
160	180						−61 −86	−53 −93	−101 −126	−93 −133	−139 −163	−131 −171	−195 −235
180	200	−22 −51	−14 −60	−5 −77	−41 −70	−33 −79	−68 −97	−60 −106	−113 −142	−105 −151	−157 −186	−149 −195	−219 −265
200	225						−71 −100	−63 −109	−121 −150	−113 −149	−171 −200	−163 −209	−241 −287
225	250						−75 −104	−67 −113	−131 −160	−123 −169	−187 −216	−179 −225	−267 −313
250	280	−25 −57	−14 −66	−5 −86	−47 −79	−36 −88	−85 −117	−74 −126	−149 −181	−139 −190	−209 −241	−198 −250	−295 −347
280	315	−25 −57	−14 −66	−5 −86	−47 −79	−36 −88	−89 −121	−78 −130	−161 −193	−150 −202	−231 −263	−220 −272	−330 −382
315	355	−26 −62	−16 −73	−5 −94	−51 −87	−41 −98	−97 −133	−87 −144	−179 −215	−169 −226	−257 −293	−247 −304	−369 −426
355	400						−103 −139	−93 −150	−197 −233	−187 −244	−283 −319	−273 −330	−414 −471
400	450	−27 −67	−17 −80	−6 −103	−55 −95	−45 −108	−113 −153	−103 −166	−219 −259	−209 −272	−317 −357	−307 −370	−467 −530
450	500						−119 −159	−109 −172	−239 −279	−229 −292	−347 −387	−337 −400	−517 −580

参考文献

1. 胡建生. 机械制图[M]. 北京：化学工业出版社，2007.
2. 李澄，吴天生，闻百桥. 机械制图[M]. 北京：高等教育出版社，2003.
3. 姚民雄，华红芳. 机械制图[M]. 北京：电子工业出版社，2008.
4. 高玉芬，朱风艳. 机械制图[M]. 大连：大连理工大学出版社，2008.
5. 杨惠英，王玉坤. 机械制图[M]. 北京：清华大学出版社，2007.
6. 金大鹰. 机械制图[M]. 北京：机械工业出版社，2000.
7. 焦永和，林宏. 画几何及工程制图[M]. 北京：北京理工大学出版社，2003.
8. 左宗义，冯异平. 工程制图[M]. 广州：华南理工大学出版社，2003.
9. 王其昌. 机械制图[M]. 北京：机械工业出版社，1995.
10. 王其昌. 机械制图习题集[M]. 北京：机械工业出版社，2000.
11. 张萌克. 机械制图[M]. 北京：机械工业出版社，2006.
12. 朱秀琳. 汽车机械基础[M]. 北京：电子工业出版社，2005.